Ernst Baasch

Die Hansestädte Hamburg, Bremen und Lübeck und ihre Beziehungen zu Algier und Marokko

Verlag
der
Wissenschaften

Ernst Baasch

Die Hansestädte Hamburg, Bremen und Lübeck und ihre Beziehungen zu Algier und Marokko

ISBN/EAN: 9783957002297

Auflage: 1

Erscheinungsjahr: 2014

Erscheinungsort: Norderstedt, Deutschland

Hergestellt in Europa, USA, Kanada, Australien, Japan
Verlag der Wissenschaften in Hansebooks GmbH, Norderstedt

Cover: Foto ©Wolfgang Pfensig / pixelio.de

Die
Hansestädte und die Barbaresken.

Mit einem Anhang.

Von

Dr. Ernst Baasch.

Kassel.
Verlag von Max Brunnemann.
1897.

Vorwort.

Die hier der Öffentlichkeit übergebene Schrift steht in engem Zusammenhang mit meinem im März dieses Jahres erschienenen Buche „Hamburgs Convoyschiffahrt und Convoywesen"; die Studien zu ihm mussten zu einer Betrachtung der Beziehungen zu den Barbaresken führen. Der Stoff zu beiden Arbeiten ist denn auch in der Hauptsache gleichzeitig gesammelt worden. Er entstammt zum grössten Teil dem Archiv der Handelskammer und dem Staatsarchiv in Hamburg; das Lübecker und Bremer Archiv lieferten wertvolles Material namentlich für die spätere Zeit. Ferner sind benutzt das Handelskammer-Archiv in Bremen, das Geh. Staatsarchiv in Berlin, das Haupt- und Staatsarchiv in Dresden, das Reichsarchiv im Haag.

Noch eine Bemerkung zur Rechtfertigung des Titels. Er sollte zuerst lauten „Hamburg und die Barbaresken". Im Verfolg der Arbeit fand ich aber, dass dem weitergefassten Titel mehr Berechtigung zukomme. Denn wenn auch das hamburgische Material besonders eingehend durchgearbeitet ist, und Hamburg bei Weitem den Löwenanteil an den guten wie schlechten Erfahrungen mit den Barbaresken gehabt hat und stets der Pionier für die zahlreichen Projekte gewesen ist, so glaube ich doch wenigstens in den Hauptumrissen auch der Stellung, die Bremen und Lübeck in diesen Verhältnissen eingenommen haben, gerecht geworden zu sein.

Mit weit mehr Berechtigung hätte anstatt „Barbaresken" gesagt werden müssen, „Algier und Marokko"; so sehr treten diese beiden in ihren Beziehungen zu den Hansestädten vor Tunis und Tripolis hervor; aber einzeln geschieht doch auch dieser letzteren Erwähnung. Und schliesslich kommt es bei diesen Beziehungen nicht auf ein Mehr oder Weniger seitens eines oder des andern Raubstaats an, sondern auf die von diesen im Allgemeinen, mochten sie nun heissen wie sie wollten, vertretene Sache; in dieser aber, dem Raubsystem, unterschieden sich die Kleinen von den Grossen bitter wenig.

Hamburg, im Oktober 1896.

Inhalt:

Vorwort.   Seite
1. Kapitel. Der Friede Hamburgs mit Algier 1
2. Kapitel. Der Conflikt Hamburgs mit Spanien. Bruch des Friedens mit Algier 1751—53 29
3. Kapitel. Die Hansestädte und Algier 1753—1806 60
4. Kapitel. Die Hansestädte und Marokko 1770—1810 80
5. Kapitel. Die Hansestädte und die Barbaresken nach 1814 130
Beilagen 181
Anhang. Ueber einige in Hamburg getroffene Massregeln zur Lösung von in die Sklaverei gerathenen Seeleuten 202
    I. Die Sklavenkasse 202
    II. Die Reklamationen fremder Regierungen und die Versicherung gegen Türkengefahr 221
    III. Art und Umfang der Sklavenlösung 234
Zusatz zu Seite 2 239

Druckfehler.

S. 3 Zeile 7 von oben lies: Es — statt: Er
S. 48 letzte Zeile von unten lies: jene — statt: seine
S. 54. Anm. 2. Zeile 2 von oben lies: niet — statt: met.
S. 68 Zeile 23 von oben lies: ihren — statt: seinen.
S. 122 Zeile 4 von unten lies: Geschenke — statt: Gensche.

1. Kapitel.
Der Friede Hamburgs mit Algier 1751.

Schon im 17. Jahrhundert hatte Hamburg sich bemüht, mit den Barbaresken, die der Schiffahrt der Stadt bedeutend Abbruch thaten und sie in ihrer freien Entwicklung hinderten, einen friedlichen Ausgleich herbeizuführen. Durch englische wie holländische Vermittlung hatte die Stadt gehofft, zu einem Frieden mit den Seeräubern zu gelangen.[1]) Erst als diese Hoffnung zu Schanden wurde und die Seeräuberei in erschreckender Weise zunahm, baute Hamburg eigene Kriegsschiffe und sicherte durch eine Convoyorganisation, so gut es das vermochte, seine Schiffahrt in den vornehmlich von den Barbaresken gefährdeten Gewässern.

Von einem Frieden mit den Raubstaaten ist nun für lange Jahrzehnte nicht die Rede. Während der grossen Seekriege vor und nach 1700 trat die Türkengefahr zurück hinter der durch die legitimen Feinde auf dem Meere geschaffenen Unsicherheit; fast ein Jahrzehnt lang dienten die hamburgischen wie die bremischen Convoyen lediglich dem Schutz der Schiffahrt gegen europäische, legitime Feinde.

Als dann die hamburgischen Convoyen nach 1715 noch einige Fahrten nach dem Westen unternahmen, auf denen sie in erster Linie dem Schutz gegen die Barbaresken zu dienen hatten, da hatte sich innerhalb der allgemeinen Rhedereiverhältnisse ein Wandel vollzogen, der zur Folge hatte, dass der Nutzen der Convoyschiffe für die hamburgische Schiffahrt stark in Frage gestellt wurde.

Wenn dieser Wandel sich zu Ungunsten Hamburgs vollzog, so war dies hauptsächlich verursacht durch das Verhältniss Hamburgs und der Hansestädte zu den Barbaresken. Während die meisten Seefahrt treibenden Staaten durch Verträge sich den Seeräubern gegenüber mehr oder weniger sicher gestellt hatten, war dies bei

---
[1]) vgl. meine „Convoyschiffahrt" S. 13 ff.

den Hansestädten nicht der Fall; sie sahen ihre Convoyschiffe im Hafen verfaulen, die Schiffahrt unter eigener Flagge nach der iberischen Halbinsel und dem Mittelmeer immer mehr dahinschwinden, sie beschränkten sich auf den Handel mit diesen Ländern und gaben die Schiffahrt Preis; was von letzterer nach dieser Richtung hin übrig blieb, war unbedeutend; nur europäische Seekriege warfen für die hanseatische Schiffahrt fettere Bissen ab.

Nun war man sich aber in den Hansestädten, vornehmlich Hamburg, der Bedeutung der eigenen Schiffahrt nach dem Westen stets bewusst. Mit Convoyen, das sah man ein, war wenig mehr zu machen; schon seit etwa 1722 zweifelte man stark an ihrem Werth; man hätte ihre Zahl bedeutend vermehren, die ganze Organisation verjüngen müssen. Alles dies hätte sehr viel Geld gekostet, ohne dass doch die Sicherheit bestand, einerseits nun eine ungefährdete Schiffahrt zu besitzen, andererseits grade der Rhederei den erstrebten Aufschwung zu verschaffen. Für fremde Schiffe grossen Convoy-Aufwand zu machen, dazu hätte es einer so vorurteilslosen und fortgeschrittenen wirtschaftlichen Auffassung bedurft, wie man sie von den Hamburgern um 1725 weder verlangen noch erwarten konnte. Es blieb nur ein Weg übrig, den ja auch das Beispiel der anderen Nationen wies: Verträge mit den Barbaresken. Merkwürdig genug ist es, dass dieser Weg für die Hansestädte damals als kaum gangbar erschien. In Hamburg, der einzigen Stadt, die ordentliche Convoyschiffe für die Westfahrt hielt, wird in den Convoyverhandlungen jener Zeit des Auswegs der Verträge nicht gedacht; wo rings herum eine Nation nach der anderen mit den Raubstaaten abschloss, ist hier ernsthaft nicht davon die Rede gewesen.

Nur einmal kam eine Anregung in dieser Richtung; doch ward sie schnell unterdrückt. Im Jahre 1726 schlossen die Generalstaaten mit Algier einen Vertrag und verstanden sich sogar zu Tributzahlungen. Dieser Vertrag und eine dem Gerücht nach in ihm enthaltene Bestimmung, dass nämlich den Algierern der freie Zutritt zu den holländischen Häfen verstattet sein sollte, gab dem Rath von Bremen[1]) Veranlassung, die Schwesterstädte zu einem Meinungsaustausch aufzufordern darüber, ob nicht die Städte in den Vertrag, der zwischen dem Kaiser und Algier in Vorbereitung sein sollte, aufgenommen werden könnten. Nun erwies

---

[1]) Lüb. u. Bremer Archiv.

sich zwar alsbald jenes Gerücht als falsch; dagegen hatte es mit der erwähnten Absicht des Kaisers seine Richtigkeit. Lübeck hatte schon vor der bremischen Anregung einmal an den Grafen von Metsch, kaiserlichen Gesandten in Hamburg, geschrieben und angefragt, „ob nicht Hanseatici dabey einzuschliessen seyn möchten". Hamburg zeigte sich nun aber gegen einen solchen Schritt vollkommen ablehnend. Er verkannte nicht die durch den holländisch-algierischen Frieden verstärkte Notwendigkeit eines Schutzes gegen die Seeräuber[1]), da zu vermuthen, „dass den Hanseestädtischen Schiffen von denen aus dem Raub lebenden Algierern desto mehr dürfte nachgestellet werden, als die holländischen Schiffe nunmehr ihrer Beute nicht mehr exponiret seyn." Zu einem Vertrag des Kaisers mit Algier hatte Hamburg aber nicht das Vertrauen, dass er von langer Dauer sein werde; ferner besorgte der Senat, dass, wenn wirklich die Hansestädte der Theilnahme an diesem Vertrag gewürdigt wären, dieses die hansischen Schiffe verbinden würde, nur noch kaiserliche Flaggen und Pässe zu führen; „welches", wie der Senat darlegte, „wir unserseits unsern Gerechtsahmen und Kaufmanschaft wegen aller daraus unausbleiblich resultirenden und sonderlich in Krieges-Conjuncturen sehr beschwerlichen Folgen viel nachtheiliger halten als selbst die von den Räubern zu gewarten habende Gefahr, welche durch gute Wehr und Convoye anderwerts ziemlich kann abgelehnet werden." Die Erfahrungen späterer Zeit haben gelehrt, dass die Verpflichtung, die Pässe und Flaggen betreffend, allerdings eine Bedingung war, die mit der Einschliessung in einen kaiserlichen Vertrag sich verknüpfte. Die Abneigung gegen die Annahme fremder Flagge musste jede Theilnahme an einem Vertrag mit solcher Bedingung für die Hansestädte wertlos machen. Den Gründen Hamburgs schlossen sich die Schwesterstädte an. Und in den Verträgen des Kaisers mit den Barbaresken 1725—27 wird wohl der „Deutschen" gedacht; aber weder die Hansestädte, noch sonst ein anderer Reichsstand hat irgend eine Wirkung von dieser Erwähnung gespürt; ihre Schiffe galten als unfrei und waren es.

Vierzehn Jahre später kam es abermals zu einem ähnlichen Schriftentausch; und es ist merkwürdig, dass nun die grundsätzliche Opposition nicht mehr bestand.

Der Kaiser war damals, 1740, in Unterhandlung mit der

---

[1]) vgl. meine Convoyschiffahrt S. 48.

Pforte wegen eines Handelsvertrags. Im August regte Bremen bei Lübeck an, ob man sich nicht bemühen wolle, in diesen Vertrag mit aufgenommen zu werden.[1]) Der Hamburger Rath schrieb dann am 28. September dem Lübecker: Von dem Nutzen einer solchen Einschliessung, wenn mit ihr zugleich die sichere Hoffnung auf Frieden mit den Barbaresken verbunden sei, sei der Rath überzeugt, ebenso auch von der Geneigtheit des kaiserlichen Hofes, die Hansestädte mit in den Vertrag einzubeziehen. Aber Hamburg wies zugleich auf die Schwierigkeit hin, die es haben werde, nachträglich Algier, Tunis und Tripolis zu dem Frieden zu bringen. Denn wenn man auch wohl wusste, dass diese Staaten die Hohe Pforte als ihren Schutzherrn ansahen, so war es nicht weniger bekannt, „dass dieselben solche Oberherrschaft der Pforte nicht weiter bei sich gelten lassen, als sie es mit ihrem Nutzen und Vortheil überein zu kommen glauben." Allezeit hatten deshalb die Mächte in einem Vertrag mit der Pforte allein genügende Garantie gegen die Seeräuber nicht erblickt, sondern stets mit ihnen besondere Verträge eingehen müssen. Aber, meinte Hamburg, zunächst könne man es ja einmal bei dem kaiserlichen Hof versuchen. Von den Bedenken, wie sie früher in dieser Hinsicht geäussert waren, findet sich hier keine Spur.

Es war aber schon zu spät; bereits am 20. August war der Vertrag abgeschlossen; der Hansestädte war in ihm nicht gedacht.

In Hamburg, wo am meisten Interesse an diesem Gegenstand bestehen musste, schritt man bald weiter. Den Verträgen anderer Mächte beizutreten, war stets eine halbe Massregel und war immer bedenklich. Von der Gewissheit, dass auf friedlichem Wege nur eigene Verträge mit den Barbaresken einem Staat nützen konnten, überzeugte sich der Hamburgische Senat immer mehr.

Im Oktober 1741 tauchte in Hamburg ein neuer Plan dieser Art auf.

Die Anregung scheint ausgegangen zu sein von Peter Höckel, einem sehr rührigen Bürger.[2]) Auf seine Veranlassung traten am 30. Oktober 1741 im Rathsweinkeller der Syndicus Surland, die Senatoren Widow und Otte, die Admiralitätsbürger Lastrop und Hinsche zusammen; ihnen legte der gleichfalls anwesende Höckel zunächst strengste Verschwiegenheit auf, erklärte, dass seine Hoff-

---

[1]) Nach lüb. Archiv.
[2]) Vgl. meine Convoyschiffahrt S. 46 f. — Das folgende nach dem Admiraitätsprotokoll.

nung, zum Ziel zu kommen, „nicht ungegründet" sei, vorläufig bedürfe es aber „zur Gewinnung einer grossen Persohn" einer Summe von ca. 1000 Thalern. Näheres wollte Höckel nicht mitteilen; doch hatte er vorher Surland in Alles eingeweiht und diesen sowohl von der Wahrheit wie von der Möglichkeit des Plans überzeugt. Dem ältesten Bürgermeister, Anderson, wurde Nachricht von der Sache gegeben, und Höckel bemühte sich weiter. Aus dem Protokoll über diese Verhandlung ergibt sich lediglich, dass es sich um eine „wie der gantzen Stadt, so besonders der Navigation höchst diensahme Freiheit" handelte; Näheres wird nicht angegeben. Erst später, im März 1742, fügte der Admiralitätsbürger Hinsche dem Protokoll die Bemerkung hinzu, es handle sich darum, „denen hiesigen Schiffen gleich denen holländischen eine sichere und freye Fahrt oder Pässe von denen Algierern zu procuriren." · Die Admiralität bewilligte damals 1000 Thaler Banco für die Sache, die noch äusserst geheim gehalten wurde.

Von einem förmlichen Frieden ist, wie aus Hinsche's Notiz sich ergiebt, noch nicht die Rede; allerdings musste die Gewährung von freier Fahrt u. dgl. auf dasselbe hinauslaufen.· Erst am 4. März 1743 erscheint die Angelegenheit im Admiralitätsprotokoll wieder. Die „geheime Deputation", wie die aus dem Synd. Surland, den Senatoren Brockes und Stampeel und den Admiralitätsbürgern Riecke und Lastrop bestehende Versammlung nun genannt wird, fand sich wieder auf dem Ratskeller ein; wie ausdrücklich bemerkt wird, zum ersten Mal wieder seit dem 30. Oktober 1741 in dieser Angelegenheit. Die Pläne Höckels, der selbst nicht anwesend war, wurden eingehend besprochen; sie bezweckten nun „womöglich einen Frieden mit Algiers zu schliessen;" doch erschien die Sache noch nicht klar genug. Aber weder der Rath noch die Admiralität sahen sie für aussichtslos an; letztere bewilligte anstandslos die vom Rath gewünschten 500 Dukaten. Surland arbeitete ein „Project" dieser Angelegenheit aus, das am 7. September in der „geheimen Deputation" berathen und auch vom Rath und Höckel gebilligt wurde. Am 20. September wurde der ganzen Admiralität die Sache vorgetragen und von ihr dem Rath „zur Erhaltung des obhandenen und dieser Stadt Navigation sehr erspriesslichen Endzweckes" eine Summe bis zu 18 000 Thalern bewilligt; dieser Endzweck bestand, wie der Rath darlegte, in einem „mit der Regierung zu Algier zu schliessenden Commerce- und Navigations-Tractat." So war aus den Pässen und freien Schiffen allmählich ein Friede und schliesslich ein Handels- und Schiffahrtsvertrag geworden.

Ueber den Höckel'schen Plan im Einzelnen wissen wir sonst nichts; auch nicht über die Verhandlungen. Es haben aber solche stattgefunden und zwar durch die Vermittlung eines gewissen John Ford. Dieser, der zeitweise englischer Viceconsul in Oran gewesen war, scheint ein sehr rühriger Mann gewesen zu sein; er war ein Gegner des damaligen englischen Consuls in Algier und machte diesem die grössten Schwierigkeiten.[1]) Der holländische Consul schilderte ihn später als „hochmüthig, ehrgeizig und unternehmend."[2])

Eine für diesen Mann bestimmte Instruktion wurde am 14. September erörtert. Doch entwickelte sich die Sache sehr langsam. Als im Juni 1744 Höckel einen Brief Ford's vorlegte, wurde ersterer veranlasst, ihm zu erwidern: man beklage, dass er soviel Schwierigkeiten mache und nun eine viel grössere Geldsumme als früher fordere: könne er für das bewilligte Geld und binnen 3—4 Monaten die Sache zum Abschluss bringen, so wolle man ihn dann freigebig regalieren; wo nicht müssten die Verhandlungen abgebrochen werden.

Letzteres scheint denn auch geschehen zu sein, wozu vielleicht auch der bald darauf erfolgte Tod Höckels beigetragen hat. Grade damals nahmen aber die Seeräubereien in erhöhtem Massstabe zu; die hamburgische Schiffahrt, die im letzten Jahrzehnt verhältnissmässig wenig darunter gelitten hatte, wurde von 1744 an wieder schwer heimgesucht.[3]) Zunächst versuchte man sich durch Verstärkung der in jener Fahrt beschäftigten Kauffahrteischiffe zu helfen; die Admiralität brachte hierfür manche Opfer. Trotzdem war die Fahrt sehr unsicher; mehrere Schiffe wurden genommen. Im Jahre 1746 ward noch einmal eine Convoy ausgeschickt; sie blieb fast ein Jahr unterwegs, hat aber für die Sicherung der hamburgischen Westfahrt nichts beigetragen; während dieser Convoyfahrt sind nicht wenige hamburgische Schiffe den Räubern

---

[1]) vgl. Playfair, The scourge of Christendom. Annals of brit. relations with Algiers. S. 184, 192 ff.

[2]) 1749. Sept. 21. „denzelve is hoogmoedig, ambitieus en entreprenant; vooral geen vriend van onze Natie, en tragt by alle weegen de demarches vand' Heer Stanyford, Engelsch Consul, te envemmeren, om daar door een eygelyk in syn eyge faveur te disponeeren, waar inne hy dagelyks progresse doet" etc. (R. A. Haag.)

[3]) Convoyschiffahrt S. 61.

zum Opfer gefallen. Nach Abschluss dieser Reise hatte das Convoyfahren ein Ende; nie ist wieder ernsthaft davon in Hamburg die Rede gewesen.

Aus der Asche der nun endgültig begrabenen Convoyidee blühte der Vertragsgedanke üppig hervor. Während etwa 80 Jahre folgen sich nun die Projecte, wie man mit den Raubstaaten auf friedlichem Wege zu einem erträglichen Verhältniss kommen konnte. Für den, der als Geschichtsforscher und späterer Beobachter dies Ringen deutscher Seestädte nach freier Schiffahrt betrachtet, bietet ohne Frage das frische, fröhliche Convoyfahren einen weit sympathischeren Anblick als das spätere Werben um Verträge, das Feilschen um Tributzahlungen; unseren Vorfahren ist dieser Unterschied in demselben Lichte erschienen. Aber die bittere Noth wirthschaftlichen Zwanges und Concurrenzkampfes kennt keine sentimentalen Regungen, am allerwenigsten da, wo es sich um einen letzten Rettungsweg handelt.

Bisher hatten Verträge mit den Barbaresken nur England, Frankreich, Holland, Schweden, Oesterreich und Venedig. Dänemark schloss gerade damals mit Algier ab. Es war das Streben aller Seemächte, die nur irgend einen Verkehr im Mittelmeer hatten, mit den Barbaresken zu einem Friedensschluss zu gelangen; ging es nicht direkt, so wurde es versucht durch Vermittlung und Vertrag mit der Pforte, die doch immer noch einen gewissen Einfluss auf die Raubstaaten, ausser Marokko, besass. Durch die Pforte, mit der Hamburg bisher kaum in Berührung gekommen war, hatte nun die Stadt schwerlich Aussicht zum Ziel zu kommen; diesem Gedanken wurde auch nie ernsthaft nachgegangen Am besten schien doch eine direkte Anknüpfung mit den Barbaresken.

Schon im Frühjahr 1746 hatte, gleichzeitig mit dem Vorschlag, die Convoy wieder auszuschicken, der Rath von Hamburg den Commerzdeputirten die Weiterverfolgung des Plans eines Friedens mit Algier in Aussicht gestellt[1]); mit der Offensive der Convoyfahrt beabsichtigte man offenbar den'Seeräubern zu imponiren und ihnen einen Frieden mit Hamburg zu empfehlen. Dass aber überhaupt die Commerzdeputirten, die bisher von diesen Friedensplänen nichts gewusst, jetzt darin eingeweiht wurden, beweist, wie ernst es nun dem Rath damit war. Und die Kaufmann-

---

[1]) Convoyschiffahrt S. 66.

schaft liess nicht lange mit der Initiative warten. Am 6. April 1747, d. h. zu einer Zeit, wo der negative Erfolg der Convoyfahrt schon feststand, überreichten eine Reihe der angesehensten Schiffsrheder[1]) den Commerzdeputirten eine Eingabe, in der sie Folgendes ausführten: Es sei „unsere gantze Schiffahrt nach dem Westen theils gehemmet, theils aber grosser Gefahr unterworfen"; die hamburgische Fahrt nach Cadiz und dem Mittelländischen Meer, „welche in den letzten Jahren sehr vortheilhaft gewesen und aus mehrern Schiffen bestanden als jemahls zuvor", sei durch die bisherigen Seeräubereien der Algierer so gut wie unmöglich gemacht. Nun stehe ein Gleiches zu befürchten von der Fahrt nach Portugal und der Bucht von Frankreich, indem nämlich die Seeräuber, wenn sie in ihren alten Gebieten nichts mehr fänden, weiter gehen und unsere Schiffe an den erwähnten Küsten aufsuchen würden. Das müsse dem „gemeinen Wesen" ebenso wie den Privatleuten zum grössten Schaden gereichen. Gewiss sei es wünschenswert, wenn man mit gewaffneter Hand den Barbaresken entgegentreten könnte; aus verschiedenen Ursachen sei das nicht möglich; und die Zuerteilung eines Convoyschiffs sei „dermahlen nicht applicable, weil solches theils zur Sicherheit nicht zulänglich, theils aber auch im Jahre nicht oft wiederholet werden kann"; ausserdem würden die andern Nationen, die Frieden mit den Raubstaaten hätten und zu allen Zeiten sicher fahren könnten, „hier und ausserhalb Landes immittelst mit den besten Frachten durchgehen." Alles was demnach zu wünschen sei, sei ein Frieden mit Algier. Seine Erhandelung, wie auch seine Erhaltung würde gewiss etwas Ansehnliches kosten; „allein durch die alsdann blühende Aufnahme hiesiger Fahrt und die mit derselben in genauester Verknüpfung stehende Handlung würde alsdann hinwiederum dem Gemeinen Wesen sowohl als dem Privat-Kaufmanne der so nützlich angelegte Aufwand mit reichem Wucher zufliessen."

Auf einen glücklichen Erfolg einer Unterhandlung mit Algier glaubten die Antragsteller sicher rechnen zu dürfen; nur bedürfe es möglichste „Secretesse"; ferner müsse „in fordersamster Eile ein geschicktes „Subject" nach Algier gesandt werden; auch müsse

---

[1]) Nämlich: Diederich Thorbecke, Baumbach & Dimpfel, Herzer & von Bobart, Herm. u. Jacob Goverts, Berend Roosen, Peter Kramer, Jacob Bostelmann, P. H. Stenglin & Sohn, Jürgen Henning Balcke, Joh. Ludw. Dorrien, Gottlieb Heinr. Haeseler, Joachim Kähler, Hellwig Syllm.

man dort einen Correspondenten haben, der bei dem Dey in genügendem Ansehen stehe. Zu den Kosten würden die Schiffs-Rheder gewiss beitragen, soviel sie vermöchten; das könne am besten nach Massgabe der jetzigen Fahrt geschehen. Jetzt wären ungefähr 50 hamburgische Schiffe in der Mittelländischen See, 8 auf Cadiz, 12 auf Oporto und Lissabon, 50 in der Bucht von Frankreich beschäftigt; rechne man jedes dieser Schiffe auf 90 Lasten und rechne für jede Reise ein Lastgeld von 9 Mk. auf das Mittelmeer, 4 Mk. auf Cadiz, 3 Mk. auf Oporto und Lissabon, 2 Mk. auf die Bucht von Frankreich, so würde jährlich ein sicherer Beitrag von über 40000 Mk. zu erwarten sein.

Dieser erste praktische Vorschlag in dieser Angelegenheit gewährt uns also zugleich einen wertvollen Einblick in den Umfang der damaligen Westfahrt Hamburgs.

Die Commerzdeputirten übergaben diesen Antrag dem Rath und traten schon 4 Wochen später, am 5. Mai, vor denselben mit einer dringenden Wiederholung des Gesuchs. Verschiedene Rheder, so legten sie dar, hätten schon die Absicht, ihre Schiffe nach der Heimkehr an Altonaer zu verkaufen. Das bedeute „nichts anders, als die so schätzbare Schiffahrt aus unsern Händen geben und unsern grössten Aemulis zukommen zu lassen." Andere Rheder hofften, privatim Türkenpässe zu erhalten; auch dies sei nicht gut, da dann der Nutzen der Fahrt nur wenigen Privatleuten zufalle. Deshalb sei Frieden mit Algier dringend notwendig. Die Commerzdeputirten machten auch schon einen Vorschlag hinsichtlich der Vermittlung, durch die man am Besten zu dem Frieden kommen könne. Holland, England, Dänemark und Schweden zögen von unserer Elbe soviel Gewinn, dass es zweifelhaft sei, ob sie zu ihrem Nachtheil ihren Consuln gestatten dürften, unsern Frieden mit Algier zu bewirken. Die französische Fahrt nach der Elbe sei dagegen, selbst in Friedenszeiten, von „gar keiner Wichtigkeit," während andererseits die Vortheile, die Frankreich daraus zog, dass wir mit unsern Schiffen seine Weine und Früchte aus der Provence und Languedoc holten, von grosser Bedeutung seien. Es sei deshalb von Frankreich die Erlaubniss zu erwirken, dass der Consul dieses Landes in Algier sich der Unterhandlung für Hamburg unterzöge; ferner sei „ein betrautes und für die Wohlfahrt seiner Vaterstadt redlich portirtes Subject" in Livorno oder Marseille mit Vollmacht und Instruktion zur Correspondenz mit jenem Consul zu versehen. Die Sendung eines eigenen Unterhändlers nach

Algier hielten die Commerzdeputirten für zu kostbar und überhaupt nicht für zweckmässig.

Als der Rath auf diese Anträge nicht antwortete, erinnerten die Commerzdeputirten im Dezember 1747 wieder daran: Die anhaltende Seeräuberei hätte die Fahrt nach dem Westen und ins Mittelmeer „fast gänzlich praecludiret;" „der wichtigsten Branche unserer Handlung und Seefahrt" drohe der gänzliche Untergang. Doch sahen die Deputirten ein, dass eine so wichtige Sache nicht so schnell gehen könne, und empfahlen vorläufig die Ausrüstung von zwei Fregatten, wie sie der Ehrb. Kaufmann schon im Jahre 1746 gewünscht hatte.[1])

Erst am 13. März 1748 liess der Rath hierauf antworten, dass Er nicht unterlasse, „denen Mitteln sorgfältig nachzudenken, wodurch die hiesige Schiffahrt im Mittelländischen Meere vornehmlich gegen die Algierischen Seeräuber in Sicherheit möchte können gestellet werden." Es sei die Schliessung eines Friedens mit Algier aber ein Werk, das mit vielen Schwierigkeiten verbunden sei, und zuverlässig sei nicht zu sagen, ob und wann es auszuführen.

Wenn auf die Mahnungen der Kaufleute der Rath erst so spät Antwort gab, so ist zum Theil vielleicht der Grund darin zu suchen, dass er erst die Rückkehr des Brockes und der Convoy abwarten wollte. Aber teilweise beruhte jene Zögerung gewiss auf einem andern Grunde. Hamburg erhielt im Jahre 1747 von einer Seite, von der ihm bisher nicht viel Gunst in dieser Angelegenheit erwiesen war, Aussicht, zum Ziel zu gelangen.[2])

Als im Frühjahr 1747 der Syndikus Surland und der Senator Rumpff in Wien waren, brachte in einer Audienz beim Kaiser dieser die Angelegenheit der hansestädtischen Schiffahrt im Mittelmeer zur Sprache. Kaiser Franz veranlasste nach dieser Unterrednng den toskanischen Finanzminister Baron von Toussaint, sich mit den beiden hamburgischen Rathsherren noch eingehender über diese Sache zu unterhalten. Die letzteren schilderten dem Minister sowohl die Wichtigkeit dieser Schiffahrt wie auch die Unmöglichkeit für die Hansestädte, sie bei der herrschenden Unsicherheit überhaupt zu treiben. Als die Rede auf einen Frieden mit der Pforte kam, bemerkten die Gesandten, dass Hamburg sehr wünsche,

---

[1]) Convoyschiffahrt S. 79.
[2]) Das folgende nach dem Lüb. Archiv.

in einen solchen eingeschlossen zu werden, vorausgesetzt, dass die Sicherheit der Schiffahrt dadurch verbürgt werde und Hamburg einige Handelsprivilegien in Livorno erhalte.

Diese Verhandlung in Wien blieb nicht ohne Wirkung. Am 25. Mai 1747 — die Gesandten waren kaum nach Hamburg zurückgekehrt — wurde von Baron Penckler der Vertrag[1]) zwischen der Pforte und dem Kaiser als Grossherzog von Toskana abgeschlossen; und richtig fanden sich Hamburg und Lübeck in den Vertrag eingeschlossen; doch wurde ihrer nur im Art. 1 gedacht und zwar in der Art, dass sie, wenn mit kaiserlicher Flagge und Patent fahrend, der Vorteile des Vertrages teilhaftig sein sollten; im 16. Artikel war bestimmt, dass der Vertrag den Staaten Algier, Tripolis und Tunis mitgeteilt und dass bewirkt werden sollte, dass zwischen diesen und den kaiserlichen Unterthanen Friede hergestellt werde; von den Hansestädten speziell ist hier nicht die Rede.

Dass ein solcher Vertrag für die Hansestädte nur wenig Wert haben konnte, lag auf der Hand; um so weniger Wert, als es den Anschein hatte, dass der Kaiser damals wenig Neigung hegte, mit den Seeräubern selbst einen Frieden zu schliessen; äusserte doch Toussaint wenige Monate später sich gegen Herrn von Fabrice, hamburgischen Agenten in Wien, „es sei besser, mit den Seeräubern keinen Frieden oder Vergleich einzugehen, sondern 3 wohlbewaffnete Begleitungs-Schiffe zu halten, welche denn auch hinlänglich sein würden, die freie Fahrt zu unterhalten, maassen die Malteser nur 2 dergleichen Schiffe hätten, und damit die Räuber ziemlich im Zaum hielten. Wie aber Toskana 3 solche Schiffe zu halten beschwerlich fallen werde, so hoffe man darunter von den Hansestädten eine Beyhülfe." Die Wertlosigkeit jenes Vertrages für die Hansestädte wurde also in Wien selbst anerkannt; man stellte hier schon Forderungen von Leistungen der Städte zu dem in Rede stehenden Zweck in Aussicht. Alles das konnte das Vertrauen zu der kaiserlichen Hülfe nicht vermehren. Vielleicht hätte sich aber doch noch etwas für die Städte in der angedeuteten Richtung in Wien erreichen lassen, wenn nicht gerade der in Geschäften dieser Art gründlich erfahrene Surland damals ernstlich erkrankt wäre.[2]) In Folge dessen wurde sogar verabsäumt, dem Kaiser für die Einschliessung in den Vertrag mit der Pforte zu

---

[1]) bei Martens, Supplément au recueil I. 290.
[2]) Er starb im Juli 1748.

danken, eine Unaufmerksamkeit, über die Toussaint sich bei Fabrice bitter beschwerte. Auch war es der Krankheit Surlands zuzuschreiben, dass Toussaint das ihm in Wien von dem Syndicus versprochene Promemoria über diese Frage nicht erhielt, obgleich er wiederholt daran erinnerte.

So war man denn in Hamburg schwer betroffen, als im Herbst des Jahres 1748 es zwar dem Kaiser gelang, mit Algier einen Frieden zu schliessen, aber ohne dass die Hansestädte in denselben aufgenommen wurden. Es war dies, wie die Commerzdeputirten am 29. November dem Rath vorstellten, eine „Nachricht, welche unserer bisher noch soutenirten Handlung und Schiffahrt um den Westen den völligen Untergang drohet." Fabrice bemühte sich allerdings in Wien, nachträglich Hamburg in den Vertrag einzuführen; noch im Februar 1749 schrieb er, es sei noch nicht alle Hoffnung aufzugeben.[1]) Dann wird ihrer nicht mehr Erwähnung gethan.

Inzwischen war der Rath nicht müssig. Ende 1748 wandte er sich an Frankreich; und am 22 Dezember benachrichtigte Graf Maurepas den französischen Residenten in Hamburg, Lagau, von der Geneigtheit seines Monarchen, bei der Schliessung eines Friedensvertrags Hamburgs mit Algier behülflich zu sein. Hierauf beschloss der Senat am 17. Januar 1749, „einen eigenen der Handlung und Schiffahrt kundigen Menschen" nach Algier zu senden. Die Admiralität billigte diesen Entschluss und erklärte sich bereit, die Kosten herzugeben.

Ueber die Person, die für diese Sendung zu wählen war, war man sich sogleich einig; es war Jacob Goverts, ein, wie es scheint, früher in Marseille ansässig gewesener Kaufmann, einer Hamburger Familie entstammend;[2]) „eine geschicktere Person," meinte die Admiralität, könne nicht ausfindig gemacht werden. Er erklärte sich bereit diese Aufgabe zu übernehmen.[3])

Gleich von vornherein war ins Auge gefasst worden, dass Goverts in Begleitung des neuen für Algier bestimmten französischen Consuls, Le Maire, nach dort reisen sollte. Maurepas rieth

---

[1]) Rathsprot. 1749. März 3.
[2]) vgl. Gaedechens, Hamb. Münzen und Medaillen II. 46.
[3]) Er bedang sich aus und erhielt die Zusicherung, dass, sollte er mit Tode abgehen, sodann seine Frau und 3 unmündige Kinder ein Kapital von 3000 Thalern erhalten sollten; für die Zeit seiner Abwesenheit bekamen sie jährlich 1200 Bco. Mk.

aber in einem Briefe an Lagau vom 16. Februar hiervon ab; letzterer empfahl Goverts, sich trotzdem nach Paris zu begeben und sich hier naturalisiren zu lassen; er käme dann mit grösserer Sicherheit nach Algier. Ob es geschehen, ist zweifelhaft [1]) Jedenfalls erhielt er einen französischen Pass und ein Empfehlungsschreiben der französischen Regierung an ihren Consul in Algier, Le Maire.[2])

Ueber des Goverts Reise ist wenig bekannt; im August finden wir ihn in Marseille, im September traf er in Algier ein. Er wohnte bei dem schon genannten Le Maire. Dieser bahnte ihm den Weg zur algierischen Regierung.[3])

Die Anwesenheit des Goverts konnte in Algier nicht lange verborgen bleiben. Der stets wachsame holländische Consul Paravicini berichtete am 22. December: Vor einiger Zeit sei hier von Marseille angekommen und wohne bei Le Maire ein Herr Namens Goverts. Man sage, er stamme aus dem von den Franzosen sogenannnten „Païs conquis" und beabsichtige, nach der Levante zu reisen; hierzu scheine er sich aber nicht zu beeilen. Er spreche französisch, englisch, hoch- und niederdeutsch, und einige vermutheten, dass er einen Frieden zwischen Algier und Hamburg schliessen wolle; es werde wohl nicht lange verborgen bleiben.

Die Verhandlung des Goverts scheint doch sehr geheim betrieben worden zu sein. Paravicini fand erst wieder Anlass darüber zu berichten, als die Verhandlung dicht vor ihrem Abschluss stand.[4])

Die Instruktion, die Goverts erhalten hatte, ist mit zahlreichen andern, diese interessante Episode betreffenden Aktenstücken dem Brande zum Opfer gefallen. Wir wissen nur, dass am 1. April 1749 mit dem Entwurfe eines Vertrages auch eine Instruktion vom Senat der Admiralität mitgeteilt und Beides von dieser gutgeheissen wurde. Die Instruktion ermächtigte Goverts u. A., even-

---

[1]) Le Maire traf schon am 21. Mai 1749 dort ein (Plantet, Corresp. des Deys d'Alger avec la cour de France II. 207. Note 2.)

[2]) Dieses und einige andere Notizen nach einer handschriftlichen Darlegung in dem Sammelband der Kommerzbibliothek „Schriften das Commercium betreffend".

[3]) Nach Plantet a. a. O. 217, Note 1 wäre L. der „négociateur de la paix entre les Algériens et les villes hanséatiques" (soll wohl heissen: Hamburg) gewesen. Die Stellung Le Maire's in dieser Verhandlung ist nicht ganz klar. Wichtige Dienste scheint dem Goverts auch Ford geleistet zu haben.

[4]) Am 22. Januar 1751: Goverts werde von Le Maire und Ford unterstützt.

tuell beträchtliche Summen aufzuwenden, um dortige Würdenträger und Diplomaten der Förderung des Unternehmens geneigt zu machen; so wurde nachträglich bestimmt[1]), dass er dem Consul Le Maire 2—3000 Thaler Banco und den „Mitgliedern der dasigen Regierung" 3—4000 Thaler Banco mehr als vorher bestimmt versprechen dürfe. Der 8. Artikel der Instruktion handelte über die Summe, die Hamburg bereit war, Algier beim Friedensschluss zu entrichten, nämlich 30 000 Thaler Banco.[2])

Da die Correspondenz des Goverts verloren ist, sind wir über den Gang und die Art der Verhandlung nur sehr unvollkommen unterrichtet.

Nachdem Goverts Ende Dezember 1749 gemeldet, dass er die „negociation" eingeleitet und „gute Hoffnung zu deren Fortgang" habe, schrieb er Mitte März 1750, dass durch Ford sowohl bei einem „Favoriten" des Dey wie bei diesem selbst Vorstellungen in Betreff der Angelegenheit gemacht seien; Beider Antworten seien nicht ungünstig gewesen. Am 22. Mai berichtet er, Ford habe wieder beim Dey „instance gethan"; letzterer habe ihm entgegnet, dass er in Kurzem mit Dänemark zu brechen gesonnen und dann geneigt sei, mit Hamburg einen Frieden einzugehen, falls die Stadt jährlich etwas mehr als Dänemark geben werde.

Darin, dass hier ein Bruch mit Dänemark als Voraussetzung des Friedens Hamburgs hingestellt wurde, scheint man wenigstens damals in Hamburg nichts Bedenkliches gefunden zu haben. Dagegen musste es den Senat stutzig machen, dass man an die Leistungen Hamburgs quantitativ und qualitativ den Massstab der dänischen Leistungen legte. Die Ende August einlaufenden Goverts'schen Briefe liessen hierüber keinen Zweifel mehr. Man hatte bisher sich in Hamburg immer mit der Hoffnung geschmeichelt, mit einer Baarzahlung, sei es einer einmaligen, wie sie im 8. Artikel der Instruktion vorgesehen war, sei es einem Jahrestribut den Frieden erkaufen zu können. Diese Hoffnung zerstörten nun des Goverts Berichte gründlich. Mit baarem Gelde war nichts auszurichten, damit war den Algierern nicht gedient, sie bedurften Kriegs- und Schiffsmaterialien jeder Art.

Nun war die Lieferung von derartigem Material nach den Barbareskenstaaten aus Europa nichts Ungewöhnliches mehr. Erst

---

[1]) Admir. Prot. 1749. April 15.
[2]) ebenda 1750 Aug. 29. Das folgende hauptsächlich nach den Raths-, Admiralitäts- und Commerzdeputations-Protokollen.

vor wenigen Jahren hatte sich Dänemark vertragsmässig zu dieser Art von Zahlung verstehen müssen. Selbst das seemächtige England lieferte gelegentlich jenen Staaten Kriegsmaterial.[1]) Und im Jahre 1728 hatte der Dey von Algier auch aus Hamburg sich eine ansehnliche Menge von Kanonen, Kugeln, Pulver u. s. w. verschrieben[2]); ob diese Sendung wirklich abgegangen ist, vermag ich nicht zu sagen.

Im Jahre 1744 hatte Peter Höckel, dem damals die Lösung hamburgischer Sklaven in Algier aufgetragen war, auf Veranlassung seines dortigen Correspondenten, wahrscheinlich Ford, diesem anstatt der Lösungsgelder eine Schiffsladung Eisen, Pech, Theer, Pulver, Taue, Balken u. s. w. zu senden beschlossen. Das Schiff, ein schwedisches, geführt von Oluf Nielsen und genannt „Catharina", war im Kanal von einem englischen Kaper genommen und nach Dover aufgebracht; die Sendung ist also wahrscheinlich vereitelt worden.[3] —

Für Hamburg, das nicht eigene Kriegsschiffe besass, war es aber sehr viel bedenklicher, sich zu Leistungen dieser Art zu verpflichten. Der Senat erkannte wohl, „das abseiten der Stadt nicht mit Sicherheit und wenigstens nicht ohne Schwierigkeiten solche Lieferung übernommen werden zu können scheinen mögte." Auch die Admiralität meinte, es wäre am Besten, wenn man „statt der zu liefernden Ammunition mit bahrem Gelde auslangen könte;" besonderen Anstoss erregte bei ihr die Lieferung von Masten, für die sie ein Aequivalent an Munition vorschlug.

Betraf dies die Leistung in qualitativer Hinsicht, so ging aus den Mitteilungen des Goverts hervor, dass in quantitativer Beziehung Algier Hamburg sogar noch höher belasten wollte als Dänemark. Die Differenz zu Ungunsten Hamburgs schätzte man hier auf etwa 16000 Thaler. Doch hätte sich dieser Unterschied fast ganz auf die einmalige Zahlung bezw. Leistung beschränkt, da Hamburg mehr Kriegsmaterial, namentlich Kanonen, liefern

---

[1]) vgl. z. B. Calendar of Treasury Papers, ed. Redington vol. 1714—19 S. 139 (1715); 1720-28. S. 62 (1721). Calendar of Home Office Papers of the reign of. George III. vol. 1760--65 (1762) S. 242.
[2]) Plantet, a. a. O. II. 132.
[3]) Peter Höckel u. Hieronym. Matthiessen an den Hamb. Rath 1744. Dec. 28. (H. St. A.) Die Gesuchsteller baten den Rath um ein Zeugniss, dass die Güter für Rechnung eines englischen Unterthanen gingen und nur nach Algier bestimmt seien. Weiteres findet sich nicht über diese Angelegenheit.

sollte als Dänemark. Für die Zukunft wären beide Staaten ziemlich gleich belastet gewesen.[1]) Schon dies fand man natürlich in Hamburg für den Verhältnissen nicht entsprechend.

Der Senat trug die so wichtige Angelegenheit der Admiralität und den Commerzdeputirten vor. Nur bei diesen letzteren, den Vertretern der Kaufmannschaft, erhob sich Opposition. Die Commerzdeputirten zogen ihre Altadjungirten, d. h. die ehemaligen Mitglieder ihres Collegiums, zu Rathe, und von diesem erklärte sogleich der älteste, Andreas Beckhoff: man könne den Frieden mit Algier auf diese Weise nicht annehmen; man dürfe überdies von Barbaren keinen Frieden gegen Lieferung von Munition und dgl. erkaufen. Beckhoff zuerst und, wie es scheint, er allein, warf in die Discussion die Warnung: Spanien und Portugal würden es nicht dulden, dass man ihren Feinden Munition zusende, ja das Reich selbst werde es nicht zugestehen.

Es wurde zwar versucht, diese Ansicht des alten erfahrnen Hansestädters zu widerlegen; es wurde auf die Verantwortung hingewiesen, die die Commerzdeputirten auf sich nähmen, wenn man diese gute Gelegenheit aus den Händen lasse: Beckhoff zog durch seine Darlegung noch drei andere Altjungirte zu sich hinüber; einer von diesen äusserte sogar, die Sache gehöre vor die Bürgerschaft. Die andern 3 Altjungirten traten den Commerzdeputirten bei. Da somit die Mehrheit der ersteren die Sache abgelehnt hatte, war das Resultat als ein negatives zu betrachten.

Der Senat drückte den Commerzdeputirten am 14. September hierüber sein äusserstes Missfallen aus. Der Ehrb. Kaufmann, so meinte er, habe so oft um einen Frieden nachgesucht, und nun diese Ablehnung! Er könne sich nicht vorstellen, dass nur die Munitionslieferung die Deputirten irre gemacht habe, Goverts habe, wie ihm in seiner Instruktion vorgeschrieben, diese Munitionslieferung schon auf jede Weise abgelehnt; auch werde der Senat sich weiterhin in dieser Richtung bemühen; falls aber ohne solche Lieferung der Friede nicht zu erlangen sei, was schon zu befürchten sei, da der Dey Geld genug haben solle und hoch betheuert habe, dass an keinen Frieden zu denken sei, auch wenn Hamburg ihm eine Million Dukaten gäbe: — so sei es ja selbstverständlich, dass der Zweck das Mittel heilige, das einzige, das noch zur Erreichung des Zieles übrig sei. „Der

---

[1]) Paravicini meinte 1. März 1751, der hamburgische Friedensvertrag mit Algier sei etwas billiger als der dänische. (Haag R. A.)

Stadt könne," so erklärte der Senat, „auch diese Ammunitions-Lieferung nicht im mindesten verarget werden, weil sie darunter Holland, Schweden und Dänemark zu Vorgängern habe"; den Beispielen dieser Staaten zu folgen, könne man um so weniger sich entziehen, weil, wenn der Friede jener Bedingung wegen Hamburgischerseits ausgeschlagen werde, nicht nur die Schiffahrt der Stadt nach dem Westen und durch die Strasse ganz aufhören werde, sondern auch zu befürchten stehe, dass die Algierer „bey ihrer immer mehr und mehr anwachsenden Macht und da sie von den nordischen Puissancen nichts zu besorgen haben," im Kanal und bis an die Elbmündung kreuzen und dann auch unsere Schiffahrt auf England, mithin die ganze Rhederei der Stadt zu Grunde richten würden; und sie würden sicher wegen der ihnen zugefügten Abweisung bei jeder Gelegenheit ihre Wuth gegen die Stadt auslassen und die Ranzionirung der sodann in ihre Gewalt gerathenen hamburgischen Sklaven sehr erschweren. Schliesslich packte der Senat die Commerzdeputirten an ihrer patriotischen Gesinnung, die ihnen den Weg, den sie zu nehmen hätten, doch klar vorzeichnen müsse. Auf die Warnung Beckhoffs, Spanien und Portugal betreffend, ging der Senat garnicht ein.

Man sieht, letzterem war an der Erledigung der Sache in dem gewünschten Sinne sehr viel gelegen. Und dass den Commerzdeputirten diese nicht weniger am Herzen lag, ergibt sich aus dem Ausweg, den man schliesslich wählte, um aus der Klemme zu kommen.

Dem Ehrb. Kaufmann die ganze Angelegenheit vorzutragen und seine Entscheidung anzurufen, wie es bei sonstigen zweifelhaften Fällen wohl geschah, war bei dieser Gelegenheit ausgeschlossen; dann wäre das bisher sehr sorgfältig behütete Geheimniss der Oeffentlichkeit Preis gegeben und das Zustandekommen des schwierigen Werkes erst recht in Frage gestellt worden. Die Commerzdeputirten beriefen nun am 16. September den Ehrb. Kaufmann und liessen von ihm für eine wichtige Angelegenheit 4 Kaufleute deputieren, die als Neu-Adjungirte bezeichnet wurden; diesen trugen sie, nach eingeholter Genehmigung des Senats, die Sache vor. Und nun wurde am 18. September die Abstimmung wiederholt. Es ist vielleicht nicht uninteressant hier anzuführen, wie die Adjungirten, alte und neue, stimmten.

Beckhoff blieb „beym vorigen."

Richters, Poppe und Kellinghusen nahmen den Antrag, wie er war, an.

Voss: für den Frieden, „aber nicht mittelst Ammunition".

Schlebusch: für den Antrag, „remittiret aber die Conditiones an gehörigem Ort."

Thorbecke: für den Antrag, doch solle Goverts befohlen werden, das Möglichste zur Abwendung der Munitionslieferung zu thun.

Ridel: für den Antrag, und dass Goverts befohlen werde, „dass unsere Flagge eben die Praerogativen widerfahren mögten, als den andern meist begünstigten Nationen."

Durch diese Abstimmung hatte die Kaufmannschaft und, da der Senat sich schon entschieden hatte, Hamburg für die Annahme des Friedens, wie er anders nicht zu erhalten war, sich ausgesprochen. Es ist aber doch sehr interessant, dass die Opposition gegen diese Art des Vertrages grade aus dem Schoosse der Kaufmannschaft hervorging und dass schliesslich diese kaufmännische Opposition Recht behalten hat.

Dem Vertrage waren nun die Wege geebnet, wenigstens in Hamburg. Goverts erhielt einen weiteren, grösseren Credit, sodann aber auch in zwei Punkten, die die Materiallieferung betrafen, eine neue Instruktion, nämlich:

Wenn das mit der Munition beladene Schiff verunglückte oder von malthesischen oder andern Schiffen aufgebracht und weggenommen würde, so dass die versprochene Leistung nicht zur rechten Zeit erfolgen könnte, so dürfe dies Algier keinen Anlass geben, den Frieden wieder zu brechen. Ferner: es könnte zwischen den Seemächten, z. B. Spanien, Frankreich, Holland, England, über kurz oder lang Krieg ausbrechen und alsdann Schiffe mit Munition, die ja durchgehends als Contrebande gelte, nirgends frei passieren dürfen; in diesem Falle müsse, da für Hamburg die Lieferung dann eine reine Unmöglichkeit sei, Algier sich mit einem Geldaequivalent zufrieden geben. —

So im Besitz der sicheren Aussicht auf den Frieden, suchte der Senat ihn der Stadt für die Zukunft möglichst zu befestigen. Man wusste in Hamburg wohl, dass mit den Barbaresken einen Frieden zu schliessen leichter sei, als ihn zu erhalten; kein Staat ist von bitteren Enttäuschungen dieser Art verschont geblieben, und Hamburg selbst hatte ja in diesem unsicheren Zustand immer noch einen Trost und Ersatz gefunden für seine Nichtbetheiligung an mit den Raubstaaten abgeschlossenen Friedenstractaten. Um so mehr fürchtete der Senat nun, wo es auch für Hamburg Ernst mit einem solchen Frieden werden sollte, dass nach dem Abschluss, nach soviel schweren Opfern die Untreue der Algierer Alles zu verlorner Mühe machen werde. Und es hätte kein Hahn darnach gekräht, wenn die Seeräuber, nachdem sie über ihre Geschenke, ihr Geld, die Masten und Kugeln dankend quittirt, kurz darauf wieder Feindseligkeiten mit der fernen, politisch isolirten Hansestadt angefangen hätten. Diese war nicht, wie England oder Frankreich, in der Lage, einen solchen Treubruch durch energische Massregeln zu züchtigen; keine Macht hätte sich für die dem heil. Römischen Reich zugehörige Hansestadt erhoben; jede war froh, für die eigene Schiffahrt vor den Räubern sicher zu sein. In Erkenntniss dieser Ohnmacht kam man in Hamburg auf den Gedanken, für den Frieden, für dessen Sicherheit ihm Algier selbst weder materiell noch moralisch die Garantie bieten konnte, einen mächtigen Garanten zu suchen. Die Admiralität schlug schon am 29. August vor, den französischen Hof, der sich von Anfang an der Sache angenommen habe, nun um seine Garantie für diesen Frieden zu bitten. Der Senat ging darauf ein; im Oktober wurden an den König, an den Marineminister Rouillé und den Marquis de Puyzieulx Briefe geschrieben. Die französische Regierung lehnte aber dies Ansuchen höflichst ab; der König, so hiess es, könne darauf nicht eingehen, da es dem Interesse der französischen Handlung und Schiffahrt, namentlich nach der Levante, zuwider laufe; wenn die übernommene Garantie den König verbinden würde, sich eventuell Hamburgs anzunehmen und Algier den Krieg zu erklären, so sei das zum grossen Nachtheil für den Handel Frankreichs; es komme hinzu, dass jener Friede wohl schwerlich anders als durch Munitionslieferung zu erhalten sein werde; es könne des Königs Verbündete beleidigen, wenn jene Lieferung unter französischer Garantie stattfände.

Hamburg unterhandelte nun auch ohne Garantie weiter. Uebrigens zogen sich die Verhandlungen sehr hin; Goverts klagte am 6. September, dass sie ihm durch den holländischen, namentlich aber den schwedischen Consul sehr erschwert würden. Der Grund dieses Verfahrens der Consuln ist ja klar; beide Staaten konnten an einem Frieden Hamburgs mit Algier, der die Rhederei der Stadt gegenüber den fremden, gegen Algier geschützten Schiffen stärken musste, nur ein starkes negatives Interesse haben.

Doch scheinen diese diplomatischen Gegenströmungen den Vertrag nie ernsthaft in Frage gestellt zu haben.

Bedenklicher war aber in dieser Beziehung das Verhältniss, in das Hamburg mit Dänemark durch einen algierischen Frieden zu gelangen befürchten musste. Bereits im Mai 1750 hatte, wie wir oben sahen, Goverts eine Mitteilung nach Hamburg geschickt, aus der hervorging, dass der Dey den Bruch mit Dänemark in eine gewisse Verbindung mit dem mit Hamburg zu schliessenden Frieden zu bringen geneigt war. Man scheint damals in Hamburg dieses nicht recht Ernst genommen zu haben. Am 12. December schrieb aber Goverts geradezu, dass ihm zum Frieden nur in dem Falle Hoffnung gemacht worden sei, wenn Algier den Frieden mit Dänemark gebrochen hätte. Der Dey, so schrieb Goverts, habe ihm eröffnen lassen, dass er noch so lange Geduld haben müsse, bis auf den Brief, den er, der Dey, an den dänischen Hof geschrieben, eine Antwort erfolgt wäre; falls diese nicht „gewierig lautete," würde er sogleich den Frieden mit Dänemark brechen und den unsrigen annehmen.

Wie das Verhältniss Algiers mit Dänemark in Wirklichkeit war, muss dahingestellt bleiben. Thatsache ist jedenfalls, dass der Hamburger Senat keinen Augenblick schwankte, was er dieser Meldung gegenüber zu thun hatte. Mit dem Raubstaat einen Frieden zu schliessen, der ausdrücklich den Bruch dieses Staates mit Dänemark zur Voraussetzung haben sollte, konnte dem hamburgischen Interesse nicht entsprechen. Dänemark konnte es nicht verborgen bleiben, was ihm seinen theuer erkauften Frieden mit Algier zerstört hätte, und Hamburg, dem dann die ganze Schuld an dem Bruch zugeschrieben worden wäre, hätte sicherlich nicht viel Freude von dem Vertrag gehabt; die Stadt kannte ihren alten Nachbar, der noch immer die Oberhoheit über sie beanspruchte. Dänemark hätte auf eine oder die andere Weise der Stadt den Bruch mit Algier schwer vergelten lassen. Der Senat konnte sich nicht darauf einlassen, wie er später darlegte, „auf der einen Seite einen ungewissen Nutzen für Uns zu befördern und auf der andern Seite sich einer Menge Widerwärtigkeiten bloss zu stellen.[1] Er liess deshalb, sobald jene Meldung des Goverts eingetroffen war (Mitte Februar 1751), an ihn schreiben, dass, wenn er bei Empfang des Briefes den Frieden noch nicht ge-

---

[1] Prot. Dep. Com. 1751. April 2.

schlossen hätte und nur durch einen Bruch Algiers mit Dänemark der Friede zu erhalten sei, er die Verhandlung abbrechen solle. Sowohl die Oberalten wie die Admiralität billigten diese Weisung.

Inzwischen schrieb Goverts am 12. Februar, dass Algier nicht mit Dänemark brechen wolle und dass deshalb Hamburg auf einen Frieden nicht mehr rechnen könne. Schon war dies am 15. und 19. März der Admiralität und den Commerzdeputirten mitgeteilt und die sofortige Rückberufung des Goverts angeregt, als am 31. März ein Brief des letzteren eintraf, in dem er berichtete, dass er am 22. Februar einen Vertrag abgeschlossen und am 28. unterzeichnet habe.

Die Kunde von diesem Ereigniss rief bei denjenigen, denen sie infolge ihrer Stellung sogleich zu Ohren kam, grosse Freude und Begeisterung hervor. Was seit mehr als einem Jahrhundert angestrebt und ersehnt, wozu ein Anlauf nach dem andern unternommen, was das Ziel heisser Wünsche gewesen war, Das war nun erreicht: wenigstens mit dem Hauptgegner war ein Friede geschlossen. „Senatus erfreue sich herzlich, dass die des zu erreichenden Friedens halber mit der eifrigsten Sorgfalt vielfältig angewandten Bemühungen einen so glücklichen Ausgang gewonnen hätten," heisst es in der Mitteilung, die der Senat den Commerzdeputirten zukommen liess.

Die Freude wurde auch nicht getrübt durch die Aussicht, etwa mit Dänemark durch den Frieden in Conflikt zu gerathen. Denn Algier hatte nicht vorher mit Dänemark gebrochen; dieser Bruch war also nicht die Voraussetzung zu dem Frieden mit Hamburg gewesen; wenn wirklich, was Goverts als bevorstehend meldete, Algier nun mit Dänemark brechen sollte, so konnte dieses Hamburg in keiner Weise die Schuld daran beimessen. Der Senat zögerte denn auch nicht, den Tractat, nachdem er ihn geprüft und annehmbar gefunden, zu ratifizieren. Das wurde bereits am 5. April beschlossen. Alle um ihre Zustimmung angegangenen Faktoren — Oberalte, Admiralität, Commerzdeputirte sammt ihren Alt- und Neu-Adjungirten — waren damit einverstanden. An eine Ablehnung des Vertrages oder, was gleichbedeutend war, eine namentlich in Bezug auf die Leistungen Hamburgs vorzunehmende wesentliche Aenderung dachte man hier wohl kaum; der Senat meinte, dass „da der Ruf von dem geschlossen Tractat nicht allein hier, sondern auch an allen negociirenden Örtern gantz gemein werden, man ohne Schimpf davon nicht abgehen könte, zumahl auch die Republic Algiers zu keiner Zeit sich mit uns in einige negotiation würde einlassen wollen." In der That wäre es absurd gewesen, jetzt noch von dem Vertrage zurückzutreten.

Betrachten wir nun den Vertrag[1]) selbst etwas näher. Auffallend ist er zunächst durch Das was in ihm nicht steht und doch die Hauptsache war. Von den materiellen Leistungen an Algier, einmaligen und jährlichen, zu denen sich Hamburg verpflichtete, findet sich in dem Vertrage keine Spur einer Erwähnung. Die Abmachung hierüber war nicht in den öffentlichen Vertrag aufgenommen. Später, im December des Jahres, wird im Rathsprotokoll einmal der „Geheimen Articul" erwähnt, über deren Verheimlichung die französische Regierung verstimmt war. In welcher Form diese Artikel abgefasst gewesen, muss dahingestellt bleiben. Uebrigens findet sich auch in den Verträgen der anderen Staaten, die gleich Hamburg bestimmte Geld- und Materiallieferungen an Algier zu machen hatten, hierüber nichts. Das hatte, wenigstens damals, wohl weniger seinen Grund in einer zarten Rücksichtnahme auf die öffentliche Meinung, als in der Erwägung, dass man das Wichtigste bei einem Geschäft nicht Jedermann zur Kenntniss zu bringen für gut hielt.

Die einzige Bestimmung in dem Vertrage, die auf jene Leistungen indirect hindeutet, ist die im Art. 2 enthaltene, dass Waaren, die man Contrebande nenne, d. h. Kriegs-, Schiffs- und Baumaterialien zollfrei eingehen sollten. So macht denn der Vertrag auf den mit jenen Leistungen unbekannten Leser einen merkwürdigen Eindruck. Von gegenseitigen Praestationen ist in dem Vertrag fast garnicht die Rede; den Hamburgern werden eine Reihe mehr oder weniger bedeutender Concessionen und Versprechungen gemacht; sie selbst gewähren dafür nichts, garnichts. Es scheint ein vollkommen einseitiger Vertrag. Stets wird nur gesprochen von Verhältnissen der Algierer zu den Hamburgern auf See und in Algier, nie in Hamburg. Das ist natürlich, denn dass algierische Unterthanen oder gar Schiffe nach Hamburg kamen, konnte als Eventualität kaum in Betracht kommen.

Auch in dieser Beziehung gleicht, wie überhaupt, der Vertrag den anderen von den Barbaresken abgeschlossenen Verträgen jener Zeit. Bei dem hamburgischen scheint speziell der algierisch-

---

[1]) Gedruckt bei Martens, Supplément au recueil d. princip. traités II. 1, ff bei Tönnies, Merkantilisch-geschichtl. Darstellung der Barbaresken-Staaten (Hamb. 1826) S. 118 ff. und Gaedechens a. a. O. S. 47 ff.

dänische von 1746 als Vorbild gedient zu haben; nur ist ersterer etwas ausführlicher. Doch fehlt in dem Vertrag mit Hamburg eine prinzipiell wichtige Bestimmung, die sich sowohl in dem dänischen Vertrage wie auch in anderen Barbareskenverträgen findet; das ist die im 8. Artikel des letzteren enthaltene Bestimmung, nach der es keinem algierischen Schiffe erlaubt sein sollte, „im Gesichte einigen Landes zu seglen, noch in einigen Hafen einzulaufen, so Dänemark und Norwegen zugehörig ist, weil solches Gelegenheit zu Missverständniss geben könnte."

Der Vertrag entsprach, wie der Senat den Commerzdeputirten mittheilte, im Allgemeinen der Goverts ertheilten Instruktion, „ausser einigen wenigen ihm unmöglich gewordenen Punkten"; in einigen Stücken hielt der Senat den Vertrag für noch günstiger als den dänischen. Eine Erörterung fand nur statt über den 11. Artikel; in Betreff dieses, der über die Sklaven, die etwa in Algier auf hamburgische Schiffe flüchten sollten, handelte, meinte der Senat, es sei gut, noch eine Bestimmung hinzuzufügen, wonach „diejenige unserer Leute, welche einen solchen Sklaven im Schiff verstecket, ernstlich dafür sollten angesehen, daneben auch der gewöhnliche für einen dergleichen Sclaven zu zahlende Preis in Algier wieder solte entrichtet werden." Wir sehen aus diesem Vorschlag, wie besorgt der Senat war, jede Veranlassung zu einer etwaigen späteren Trübnng des guten Einvernehmens mit Algier schon von vornherein aus dem Wege zu räumen. In den Vertrag ist dieser Zusatz nicht aufgenommen worden, ebensowenig ein anderer dieselbe Angelegenheit betreffender Zusatz, dass nämlich nur die Rücklieferung der auf hamburgische Kriegsschiffe geflüchteten Sklaven verlangt werden dürfe. Der Senat beschloss, „da dieser Vorfall wohl nicht leicht existiren wird und ein desfalls zu proponirender Separatarticul den Dey leichtlich irritiren dürfte, die Sache vor der Hand ruhen zu lassen."

Gleichzeitig mit der Ratifikation[1]) beschäftigte sich der Senat damit, dem 17. Artikel des Vertrages Genüge zu thun, d. h. einen Consul in Algier zu ernennen. Bei den eigenartigen Verhältnissen des Landes und Hofes, mit dem Hamburg nun Friede und Freundschaft geschlossen, war die Anwesenheit eines diplomatischen Vertreters daselbst in hohem Grade erwünscht. Ein Bewerber um das Consulat hatte sich schon gemeldet, nämlich

---

[1]) Anfang Mai wurde die Ratifikationsurkunde nach Algier abgeschickt (Buys 7. Mai 1751. R. A. Haag.)

der bereits mehrfach erwähnte Ford,[1]) den auch Goverts empfahl. Ford wurde gewählt; da er aber noch im englischen Nexus sich befand, wurde die Sache vorläufig geheim gehalten.

Die wichtigste Aufgabe, die nun zu lösen, war die Erledigung der die für Algier bestimmten Geschenke und Leistungen betreffenden Frage; diese Aufgabe war schwerer als man anscheinend vorher gedacht hatte.

Die Admiralität, als die zuständige Stelle, hat offenbar die Frage, ob die Sendung von Hamburg ausgehen sollte oder von einem andern Hafen, nun wo der Friede gesichert war, nicht erörtert. An den Transport von einem fremden Hafen scheint auch früher Niemand gedacht zu haben. Doch hatte die Admiralität noch Ende August 1750 vorgeschlagen, eventuell die Geschenke u. s. w. auf französischen Schiffen zu versenden; zum Transport der Masten werde sich wohl ein grosses holländisches Schiff empfehlen, weil andere Nationen nicht so grosse Schiffe hätten.[2]) Daraus geht doch klar hervor, dass, wenigstens was den Transport der Geschenke betrifft, die Admiralität die Verladung auf hamburgischen Schiffen für nicht sicher genug hielt. Davon ist nun nach Abschluss des Friedens im Admiralitätsprotokoll nicht mehr die Rede. Die Commerzdeputirten aber, die sich früher über diesen Punkt noch nicht geäussert, gaben am 29. April 1751 dem Bürgermeister Widow ihrer Verwunderung darüber Ausdruck, dass die Admiralität die Geschenke von hier aus abzusenden gedenke; das werde „dem hiesigen Commercio, in Ansehung unsrer so considerablen Handlung mit den Kronen Portugal und Spanien weit grössern Nachteil als der Friede mit den Algierern Nutzen bringen." Auf diese Warnung von Männern, die leider zu gute Propheten waren, antwortete der Bürgermeister, die Sendung geschehe von hier „um des grossen Vorrathes, den man hier davon hätte, sich zu bedienen," worauf dem sparsamen Stadtoberhaupt der Praeses der Commerzdeputirten entgegnete: diesen Vorrath könne man hier immer noch gebrauchen, es sei besser, zwei Schiffe in Frankreich zu miethen; davon sei eins, dass Kanonen, Kugeln und Bomben

---

[1]) Er hatte, wie Paravicini am 15. Oktober 1751 schrieb, sich geweigert, das dänische Consulat zu übernehmen.

[2]) Nach einem Briefe des holländischen Residenten Buys vom 7. Mai hat man auch in Erwägung gezogen, zu der Beförderung das Convoyschiff zu benutzen. In den hamburgischen Akten findet sich davon nichts.

transportire, in Schweden, das andere mit Masten und Tauwerk in Riga zu befrachten. Auf die 1000 Thaler, die Das vielleicht mehr koste, könne es, wenn die Sicherheit dadurch erhöht würde, nicht ankommen.

Eine schriftliche Vorstellung, die über dieselbe Sache von den Commerzdeputirten noch an den Senat gerichtet wurde, fand ebenso wenig Beachtung; sie erhielten gar keine Antwort. Allerdings bedurfte es, wie die Folge lehrte, nicht mehr der Sendung der Geschenke von Hamburg aus, um Spanien zu reizen; der Vertrag selbst genügte schon.

Die Admiralität beschloss also ausdrücklich, alle nach Algier bestimmten Geschenke mit hamburgischen Schiffen und unter hamburgischer Flagge zu expedieren; sie sollten stark armirt werden, sowohl der Sicherheit wegen als auch „zur Bezeugung der honeurs;" doch sollten sie nicht, wie der Senat noch besonders bestimmte, zusammen fahren, namentlich um alles Aufsehen zu vermeiden, wie auch aus nautischen Gründen. Der Sendung eine Person zur Begleitung beizugeben, wurde nicht für angemessen erachtet.

In dem Geheimartikel war festgesetzt, dass das erste Geschenk, das Hamburg dem Dey zu machen habe, bestehen solle in:[1]

50 eiserne Kanonen von 12—18 Pfund, mit ihren Lafetten,
4 gegossene Mörser von 100—150 Pfund, mit Lafetten,
4000 Bomben von 100 und 150 Pfund,
1000 Quintal Pulver,
8000 Kanonenkugeln von 12—18 Pfund,
50 Schiffsmasten von 45—50 Fuss lang und entsprechender Dicke.
10 Kabeltaue von je 125 Faden Länge,
30 Stück kleinere Taue von derselben Länge,
500 Quintal kleines Tauwerk,
je 1000 Eichenplanken und Tannenplanken,
Ausserdem die Juwelen, Bijouterien u. s. w.

Die jährliche Leistung war dagegen folgendermassen festgesetzt:
300 Quintal Pulver,
300 dito Blei,
500 dito leichtes Tauwerk,

---

[1] Nach dem Dresd. Archiv, mit dessen Aufzeichnung diejenige im Haag genau übereinstimmt. Der holländische Resident in Hamburg schickte am 5. Nov. 1751 dies Verzeichniss nach Holland mit der Bemerkung, es sei ihm „van goeder hand gecommuniceert."

100 Balken von 20—24 Fuss,
100 Stück Segeltuch,
10 Masten von 45—50 Fuss Länge, die Dicke nach Verhältniss,
10 Kabeltaue, 125 Faden lang,
25 Stück anderes kleineres Tauwerk,
3000 Kanonenkugeln von 3—8 Pfd.

Wie viel genau wirklich abgegangen ist, steht nicht fest.

Als erstes Schiff wurde beladen das „Kleeblatt," geführt von Jochim Staats und besetzt mit 24—28 Mann und 14 Geschützen; als zweites die „Europa." Wir wissen nur, dass das Artillerie-Departement folgende Gegenstände zu dem genannten Zwecke lieferte:

52 Stück Lafetten zu Kanonen,
4 Stück Lafetten zu Mörsern,
1800 Stück 18 pfündige Kugeln,
1500 Stück 12 pfündige Kugeln,
1000 Fass Pulver.

Alles zusammen im Werth von 64824 Mark.[1]

Schwierigkeit machte namentlich die Lieferung der Masten; sie mussten erst verschrieben werden, was Zeit kostete. Am 1. Juli berichtete dann Ford aus Algier: er habe mit Goverts zusammen Audienz beim Dey gehabt, und dieser habe erklärt, er sei zufrieden, wenn die Masten mit dem Schiffe kämen, welches die ersten Jahresgeschenke überreichte, — also im Laufe des Jahres 1752. Schliesslich sind dann, da das dritte Schiff, welches doch noch 50 Masten mitnehmen sollte, garnicht abfuhr, überhaupt keine Masten nach Algier geliefert.

Ausserdem wurden auch Geschenke gesandt, sowohl für den Dey wie seine ersten Minister. Goverts, der Anfang Oktober 1751 wieder in Hamburg ankam,[2] hatte diese Sachen teilweise auf seiner Rückreise in Paris eingekauft; so Diamantringe für den Dey und die Minister, goldene Tabatieren u. s. w.; andere Geschenke, wie zwei goldene Repetieruhren, holländische Leinwand etc. sind nie abgesandt worden.

Goverts drängte sehr auf baldige Expedition der Schiffe; die

---

[1] Gaedechens S. 54 und Rathsprotokoll 1751. Mai 5.

[2] Am 4. Oktober stattete er persönlich in der Admiralität Bericht ab. Er war am 8. Juli von Algier abgereist; 5 Schüsse wurden ihm zu Ehren vom Castell abgefeuert, als er die Schaluppe bestieg (Paravicini 1751. Juli 16.).

beiden genannten Schiffe scheinen Mitte Oktober abgefahren zu sein. Ein drittes wurde beladen; wahrscheinlich ist es ein Schiff von 320 Lasten gewesen, das Ende Oktober von Archangel auf die Elbe kam.[1)]

Nachdem Ende August die Nachricht eingetroffen war, dass der Dey den Frieden bestätigt habe, konnte letzterer in Hamburg publiziert werden; schon Anfang Juni hatte die Börse den Wunsch nach baldiger Veröffentlichung kundgegeben. Nun erfolgte am 15. September die Publikation.

Dem König von Frankreich wurde vom Senat für seine Unterstützung gedankt und er gebeten, „der Republique Algiers zu verstehen zu geben, dass dieser geschlossene Friede Sr. Majestät in Ansehung des unter uns roulierenden grossen Commercii angenehm wäre."

Nur eine wichtige Frage, die der Vertrag mit sich brachte, war noch zu regeln; nämlich die Seepässe und Signale, deren sich die hamburgischen in jenen Gewässern verkehrenden Schiffer von nun an zu bedienen hatten.

Der Senat hielt es für unumgänglich nothwendig, dass alle hamburgischen Schiffer, die ausserhalb des Kanals führen, verbunden sein müssten, sich mit algierischen Seepässen von Hamburg aus zu versehen. Es war dies besonders deshalb erwünscht, weil sonst der so theuer erkaufte Frieden durch unvermuthete Vorfälle leicht in Frage gestellt werden konnte.

Die zwischen dem Senat und den Commerzdeputirten in dieser Sache obschwebende Meinungsverschiedenheit darüber, wer die Pässe auszustellen hätte und wer ihrer überhaupt nur theilhaftig werden dürfte, wurde durch gegenseitiges Entgegenkommen aus der Welt geschafft; am 15. September konnte der Senat die „Verordnung, die algierischen Seepässe betreffend"[2)] veröffentlichen.

Hinsichtlich der Signale wurde, nachdem bei Goverts und Ford Erkundigungen eingezogen waren, folgende den Schiffern mitzugebende Instruktion[3)] verfasst:

„Sobald denen Capitainen der von Algiers aus creutzenden Schiffe oder Fahrzeuge ein Schiff oder Fahrzeug unter Hamb. Flagge zu Gesichte kömmt, werden sie einen rothen Wimpel an dem sogenandten Top der Vormast aufziehen, damit die Hamb. Schiffer dadurch versichert sein mögen, dass solches Schiff oder Fahrzeug

---
[1)] Admir. Prot. 1751. Nov. 1.
[2)] Gedruckt bei Gaedechens a. a. O. S. 51 ff.
[3)] Admir. Prot. 1751. Okt. 1.

zu Algiers und zu keinem andern Staate in der Barbarey gehöre und sie, die Hamburger, folglich ohne Besorgniss einiger Gefahr sich sothaner Equipage nähern und mit den darauf befindlichen Personen reden können. Wann nun obbeschriebener Massen abseiten der Algierer das Zeichen gegeben worden ist, so müssen die Hamb. Schiffer mittelst gleichmässiger Aufsteckung eines rothen Wimpels auf dem sogenandten Top der Vormast den creutzenden Algierern sofort ein Gegenzeichen ertheilen und durch keine Verzögerung verursachen, dass ihre, der Hamburger, Schiffe von jenen, den Algierern, angehalten werden. Auch wird hiermit erinnert, dass die Hamb. Schiffer, wenn sie Algierische Schiffe rencontrieren, und die darauf befindliche Commandeurs verlangeten, dass jene, die Hamburger, das Boot aussetzen sollten, sie solches unverzüglich zu thun und auch sonst in allen Stücken sich höflich und bescheiden gegen die Algierer zu bezeugen haben, so lieb es ihnen sein wird, alle unnöthige verdriessliche Weitläuftigkeiten sorgfältigst zu vermeiden."

Diese Instruktion war eine geheime und sollte den Schiffern versiegelt mitgegeben werden; über alle solche Schiffer wollte die Admiralität ein geheimes Protokoll führen. Auch sollten die Rheder, die ihren schon unterwegs befindlichen Schiffern Pässe nachgesandt hatten, angehalten werden, „in ihren Eid mitzunehmen, dass sie die Schiffer, denen die geheime Instruktion wegen des Signals mit dem Passe versiegelt nachgesandt werde, dahin verpflichten wollen, dass sie, die Schiffere, sothane Instruktion, die sie wegen der Abwesenheit erforderlicher Weise nicht hätten beschwören können, aufs äusserste verschwiegen halten sollten, angesehen sie bei ihrer Rückkunft allhier mit ihrem körperlichen Eide die von ihnen desfalls beobachtete Verschwiegenheit eidlich erhärten müssten."

Leider sollten alle diese Vorsichtsmassregeln praktisch nie zur Anwendung kommen.

2. Kapitel.
Der Conflikt Hamburgs mit Spanien.
Bruch des Friedens mit Algier 1751—53.

Hamburg war nun am Ziel seiner Wünsche; es hatte seinen Vertrag. Neben dem Kaiser war es der einzige deutsche Reichsstand, der ein Vertragsverhältniss mit einem Barbareskenstaat hatte. Unzweifelhaft war es ein werthvoller Erfolg, den die Stadt errungen hatte; erst durch ihn war sie in die Reihe derjenigen Handels-Mächte eingetreten, die für die Mittelmeerfahrt in Betracht kommen konnten.

Mit Unruhe werden die Concurrenten das Vorgehen und den Erfolg der Stadt betrachtet haben. Jeder neue Friedensschluss eines Raubstaates schuf den Consuln der andern Staaten Beklemmungen hinsichtlich der Festigkeit und Dauer ihrer mühsam errungenen Verträge. Die Ankunft eines jeden wirklichen oder vermeintlichen Unterhändlers wurde argwöhnisch beobachtet. Als 1745 Hanncken nach Algier gekommen war und erklärt hatte, Kaufhandel treiben zu wollen, hatte der holländische Consul Paravicini[1]) sogleich hinter diesem Incognito bedenklichere Absichten vermuthet, nämlich den Plan, für Dänemark oder Hamburg Frieden mit Algier schliessen zu wollen, was ja theilweise richtig war.

Kaum war der hamburgische Vertrag geschlossen, so bemächtigte sich Paravicinis die Besorgniss, dass der Vertrag mit Holland gefährdet sein möchte. Er fürchtete, dass der Dey von der Unzufriedenheit seiner Soldaten zu einem Friedensbruch gedrängt werden könnte. Zwar erklärte ein vertrauter Freund dem Consul, dass der Dey an einen Friedensbruch nicht denke und nur gezwungen von seinen Soldaten sich auf einen solchen einlassen werde, dass aber Holland nicht zuerst an die Reihe käme. Paravicini hielt es doch für gut, dem Dey sogleich seine Aufwartung zu machen; namentlich empfahl aber der Consul den Generalstaaten,

---
[1]) An Fagel 13. Sept. 1745. (R. A. Haag.)

schleunigst recht viele und schöne Geschenke zu schicken. Aus allen seinen Briefen blickt die Furcht, dass die Holländer die Zeche bezahlen müssten. Der Schatzmeister des Dey, so schreibt er, habe geäussert: nun haben wir zwei Beys mehr, die Tribut zahlen (nämlich Dänemark und Hamburg); nun müssen wir brechen mit einem von Denen, die keinen Jahrestribut geben. Und als dann die hamburgischen Geschenke kamen und Ford als hamburgischer Consul auftrat, meinte Paravicini voll düsterer Ahnung: Nun seien in Algier 7 Consuln und jeder kämpfe dafür, den Frieden seiner Nation möglichst dauerhaft zu machen, wozu er, Paravicini, in Anbetracht seiner geringen Bezüge am wenigsten im Stande sei.[1])

Aber nicht an dem hamburgischen Vertrag sollten die guten Beziehungen Hollands zu Algier scheitern; das geschah wenige Jahre später auf andere Weise.

In Hamburg schien Alles in schönster Ordnung. Getrübt wurde die Freude höchstens durch beunruhigende Nachrichten von stärkeren Rüstungen der Tuneser und Tripolitaner. Bereits Anfang Mai 1751 berichtete der holländische Consul in Tripolis, Kluppel, dass der hamburgisch-algierische Friede die Tripolitaner anzuspornen scheine, ihre Seemacht zu vergrössern, um sich ihren Antheil an der Beute zu sichern, da ja nun die Hamburger das Mittelmeer befahren würden.[2]) Der französische Resident Champeaux fragte schon im September an, ob der Senat auch mit den übrigen Raubstaaten Frieden schliesen wolle, erhielt aber eine ausweichende Antwort. Vielleicht wollte man erst den Erfolg des Friedenszustandes mit Algier abwarten.

Ein unparteiischer und den Hamburgern wohlwollender Beobachter, wie der sächsische Resident von der Lith, bezweifelte von Beginn an den Bestand des Friedens; im November meinte er, es werde den Hamburgern mit dem Vertrag gehen, wie den Dänen mit Marokko. Auch manchem Ratsherrn mag das Herz geklopft haben, als die Schiffe mit dem schönen Kriegsmaterial abfuhren; die aufsteigende Besorgnis wurde unterdrückt von dem stolzen Gefühl, dem Schiffsverkehr mit dem Mittelländischen Meer,

---

[1]) Paravicini's Briefe vom 1. März, 12. Mai, 9. Juni 1751; 2. Januar 1752 Der schwedische Consul, so schrieb Paravicini am 1. März 1751, erhalte den Frieden nur durch seine offene Tafel und die grossen Geschenke.

[2]) R. A. im Haag.

mit der Levante, dem Aufblühen der eigenen Rhederei die Bahn gebrochen zu haben.

Was aber nun geschah, scheint man doch nicht erwartet zu haben.

Noch waren keine 8 Wochen seit der Publikation des Vertrags verflossen, als ein Ereignis eintrat, das erbarmungslos alle Luftschlösser zerstörte, allen Hoffnungen ein schnelles Ende bereitete.

Am Morgen des 10. November erschien bei dem ältesten Bürgermeister Widow der spanische Resident Poniso und überreichte jenem ein Promemoria.[1]) In diesem legte er Namens seines Monarchen Folgendes dar:

Die Stadt Hamburg, die in Spanien freiesten Handel treibe und deshalb dem König zu besonderem Danke verpflichtet sein müsse, habe mit den unversöhnlichen Feinden der Spanier einen Vertrag geschlossen[2]); die Stadt öffne in diesem den Algierern ihre Häfen, sodass die letzteren sich noch weiter als bisher in den Ocean wagen könnten; ja, Hamburg liefere ihnen sogar Kriegsmaterialien u. s. w., d. h. Dinge, die sie bedürften allein für ihre Räubereien gegen die Christenheit; denn sonst wären sie für die Algierer überflüssig. So unterstützten die Hamburger eines imaginären Handelsvorteils wegen die Feinde des christlichen Namens. Der König, hierdurch von der Undankbarkeit der Hamburger überzeugt, sehe, wie sie seiner alten Freundschaft das Bündnis mit diesem Feinde vorzögen. Er befehle deshalb allen seinen Unterthanen, jeden Verkehr mit Hamburg abzubrechen, und verbiete die Zulassung hamburgischer Waaren etc. in seinem Lande; die Consuln und Agenten der Stadt hätten das Land zu verlassen; spanische Schiffe sollten nicht mehr den hamburgischen Hafen besuchen, der Resident habe sofort Hamburg zu verlassen. Für die Ausführung dieser Massregeln setzte der König eine Frist

---

[1]) Beilage Nr. I.

[2]) Ich möchte hier doch kurz auf eine Meldung des holländischen Gesandten in Madrid, van Wassenaer, hinweisen; dieser berichtete am 2. August 1751 an die Generalstaaten: „Men will, dat men tegenwoordig hier in bedenking neemt, hoe men best met de Algerynen een vrede of Treve soude kunne maken; dog sulx sal groote difficulteiten ontmoeten, en het sal misschien ongemalyker vallen, als men nu denkt, van als het er op aan mogt komen, syne Majesteit er toe te kunne persuadeeren, dewyl er een ontheffing van den Eed moet syn, daar de Koningen van Spagne sig mede verbinden van met de Ongelooyigen in geen Accommodement te komen".

von drei Monaten; für die Zulassung der unterwegs befindlichen Schiffe und Ladungen aber nur eine Frist von 50 Tagen.

Zugleich mit diesem Schritt Ponisos kam die Nachricht aus Cadiz, dass am 6. Oktober zwei spanische Schiffe in See gegangen seien, die, dem Gerüchte nach, die von Hamburg nach Algier mit Geschenken bestimmten Schiffe aufbringen sollten, eine Nachricht, die, wie sich später ergab, nicht ganz der Wahrheit entbehrte[1])

Es war ein harter Schlag, der damit Hamburg traf. Was Beckhoff und Genossen vorausgesagt, war eingetroffen. Nun war guter Rat theuer.

Der Konflikt war natürlich weit mehr eine Macht- als eine Rechtsfrage. Eine Verletzung irgend eines zwischen Hamburg und Spanien bestehenden Vertrages war nicht erweisbar und ist auch, wie es scheint, damals nicht behauptet worden.[2]) Auch nach allgemeinem völkerrechtlichen Gesichtspunkt war die Sache zweifelhaft. Gewiss verbot das Völkerrecht einem Staate, den Feinden eines befreundeten Staates Waffen zu liefern; aber hinsichtlich der afrikanischen Raubstaaten war dieser Grundsatz doch

---

[1]) Im Juli 1752 erzählte der spanische Escadrechef Don Pedro Stuart dem Syndicus Klefeker, er habe im verflossenen Jahre Ordre gehabt, alle hamburgischen Schiffe, es möchten Kriegs- oder Kauffahrteischiffe sein, die ihm begegneten, in den Grund zu schiessen und die Überführung der Geschenke zu hindern. — Am 8. November 1751 berichtete Alex. Smits, der Sekretär des beurlaubten holländischen Gesandten in Madrid: in Malaga seien 2 spanische Kriegsschiffe unter Kommando Stuarts eingelaufen, die auf königliche Ordre am 1. November nach Cadiz gesegelt wären. — Das Auslaufen Stuarts berichtet auch der Mercure hist. et pol. 1751. II. S. 523.

[2]) Wie es scheint, hat zuerst Büsch in seinem „Versuch einer Geschichte der hamb. Handlung" (1797) § 37 als Grund des hamburgischen Konflikts mit Spanien eine Verletzung des „Handlungstraktats von 1652" genannt; dieser soll eine Bedingung enthalten, nach der „Hamburg keinen Frieden mit den Ungläubigen schliessen solle". Nun ist im Jahre 1652 überhaupt kein Handlungstractat mit Spanien abgeschlossen; allerdings etwas Aehnliches; die Hansestädte wurden in Bezug auf Handel und Schiffahrt mit Spanien ganz den Niederlanden auf Grund des neuen spanisch-niederländischen Vertrages gleichgestellt. In diesem Vertrage ist von den „Ungläubigen" oder Barbaresken absolut nicht die Rede (vgl. Marquard, Tractatus de jure mercatorum S. 641 ff); auch wird nie während des ganzen Verlaufs der hamburgisch-algierischen Friedensangelegenheit einer solchen Bestimmung gedacht, weder vorher bei den Erörterungen in Hamburg noch bei den Verhandlungen in Spanien; wenn eine solche Bestimmung bestanden, würde sicherlich ihrer Erwähnung gemacht worden sein. Auch die übrigen älteren Verträge und Privilegienbestätigungen von 1607 und 1647—48 enthalten nichts Derartiges. Die Angabe von Büsch ist also irrig.

schon so oft durch die Praxis verletzt worden, dass eine Ausnahme hier wohl anerkannt werden konnte.

„Diejenige, welche rigorem belli defendiren, geben Spanien, welche aber libertatem commerciorum vertheydigen, der Stadt Hamburg Recht", schrieb am 20. November der sächsische Resident von der Lith. Aber aus demselben Bericht des genannten Diplomaten sehen wir, dass eine Auffassung bestand, die das Verfahren Spaniens durchaus verurtheilte. „Dasjenige", so schrieb er, „was in dem Betragen des Madritischen Hofes gegen die Stadt Hamburg nicht vor regulmässig gehalten wird, ist, dass wieder ihr ohne vorhergängige Signification und Warnung gleich mit Violentz und Gewalt verfahren worden, vornehmlich da Spanien in seinem Promemoria selbst gestehet, dass es von der hamburgischen Negociation mit den Algierern schon lange benachrichtiget, folglich wäre es dieser Cron ein geringes gewesen, die Stadt durch zeitige Dehortation, auch allenfalls vorläufige Bedrohung davon ab—und zurückzuhalten.

Es scheinet auch mit der spanischen Grossmuth nicht überein zu kommen, wieder eine schwache Stadt als Hamburg respectu Spaniens und welche nicht im Stande ist, sich dieser mächtigen Puissance zu opponiren, Gewalt auszuüben, insonderheit da vielen andern Nationen und namentlich der grossbritannischen, dänischen, schwedischen und holländischen, welche wegen ihrer mit den Algierern habenden Tractaten in ihren liefernden Kriegs- und andern Geräthschaften in eadem culpa versiren, dieserhalben nicht eine böse Mine von Spanien gemacht wird. Es hat also erwehnter Nationen ruhiger und unangefochtener Vorgang die Hamburger zur Nachfolge verleitet, in der Hoffnung, dass es ihnen damit eben so gut werden würde, als jenen, worin sie sich aber betrogen finden; mithin behauptet das in vielen andern Angelegenheiten wahr befundene Axioma: quod duo, cum faciunt idem, non sit idem, auch in gegenwärtigem Vorfall wiederum seinen Platz."

Durch diese Darlegung wird die Sachlage vortrefflich beleuchtet: es war eine Machtfrage. Spanien glaubte sich dem kleinen Hamburg gegenüber schon etwas erlauben zu dürfen.

Für Hamburg aber musste die Frage, ob Recht, ob Macht, zurücktreten hinter der Erwägung vom commerziellen Standpunkt. Es war das Unglück Hamburgs zur Zeit des alten Reichs, dass es stets nur auf seinen kaufmännischen Weitblick angewiesen war und dass da, wo dieser ihm neue Bahnen eröffnete, die politische Ohnmacht ihr Betreten verhinderte.

Denn was bedeutete für Hamburg ein Bruch mit Spanien? Statistisch und zahlengemäss hierauf eine Antwort zu geben, sind wir allerdings nicht in der Lage. Wir müssen uns mit einem kurzen allgemeinen Hinweis begnügen.

Der Aussenhandel Spaniens lag, abgesehen von dem direkten Verkehr mit seinen Colonien, fast ausschliesslich in den Händen der Fremden; unter diesen nahmen die Holländer den ersten Platz ein; es folgten die Engländer, Franzosen und nordischen Nationen. Spaniens Produkte wurden auf fremden Schiffen aus dem Lande geführt, in das Land brachten fremde Schiffe die Manufacturen und Erzeugnisse Hollands, Englands, Deutschlands, des Nordens und Ostens. In den spanischen Seestädten ragten fremde Kaufleute vor den einheimischen hervor.

Die Hansestädter, seit Jahrhunderten in Spanien ansässig, genossen dort einen vortrefflichen kaufmännischen Ruf. Nach Spanien verlud in direkten Schiffssendungen Hamburg die Erzeugnisse der schlesischen und sächsischen Textilindustrie, Nürnberger Eisen und Kramwaaren, Braunschweiger, Zerbster und sonstiges Bier, und vieles andere mehr. London, Amsterdam und Hamburg werden von einem spanischen Schriftsteller jener Zeit als die Häfen genannt, deren ausgedehnter Handel mit Spanien so allgemein bekannt sei, dass man nicht mehr viel darüber zu reden brauche.[1]

Spanien und Portugal hatten für den hamburgischen Handel eine ganz besondere Bedeutung dadurch, dass er sich auf diesem Gebiete namentlich unabhängig gehalten hatte von der übermächtigen holländischen Concurrenz. Kraft ihrer alten traditionellen Sesshaftigkeit in den spanisch-portugisischen Häfen, vermöge der fortdauernd aufrecht erhaltenen persönlichen Verbindung zwischen diesen Niederlassungen und der deutschen Heimat, endlich durch ihre kaufmännische Tüchtigkeit war es den Hansestädten gelungen, den direkten Verkehr mit der iberischen Halbinsel ununterbrochen zu unterhalten. Eine portugiesische Einwanderung in Hamburg hatte ferner das ihre zur Festigung dieser unmittelbaren Beziehungen beigetragen.

---

[1] vgl. Uztariz, The theory and practice of commerce and marit. affairs Transl. by Kippax. II. 399. (Lond. 1751). Die erste spanische Auflage dieses Buches erschien 1724. Ueber dasselbe vgl. Wirminghaus, Zwei span. Merkantilisten.

Ein Bruch mit Spanien wäre deshalb in erster Linie den Holländern zu Gute gekommen; die hamburgische Schiffahrt, der hamburgische Handel wären jenen mehr denn je tributpflichtig geworden. Was das für Deutschland bedeutet hätte, ist klar; es wäre ein grosser nationalwirtschaftlicher Verlust gewesen. Ein Theil deutscher Waaren ging ja schon von Hamburg oder vom Westen Deutschlands über Holland nach Spanien; die Wogen eines hamburgisch-spanischen Conflikts hätten dem holländischen Strand reiche Beute zugetrieben.

Wir haben ja ein Zeugnis aus einem binnenländischen Handelszentrum, aus Leipzig, darüber, wie man sich hier bei einem dauernden Zwiespalt zwischen Hamburg und Spanien einzurichten gedachte. Als der Kurfürst von Sachsen Ende November bei dem Rat der Stadt Leipzig anfragen liess, „ob und was für Nachteil der Leipzigischen mit denen Hamburgern im Verkehr stehenden Kaufmannschaft" aus dem Konflikt erwachsen und wie derselbe abgewendet werden könne, berichtete der Rat am 7. Dezember, dass, wenn wirklich Hamburg die Sache nicht in Güte beilegen könne, „es leicht sein würde, durch andere Vermittelung mit Spanien zu handeln. Auch handelten Leipziger Handelsleute vielfach direkt nach Spanien über Altona." [1)]

Ähnlich hätten sich auch wohl andere deutsche Exporteure zu helfen gewusst; der Aussenhandel des westlichen Deutschland gravitierte ohnedies schon stark nach Holland.

Also: Holland, Altona, Bremen wären die lachenden Erben Hamburgs geworden. Und diese Erbschaft war nicht zu verachten. Die Holländer spürten um die Mitte des Jahrhunderts auf fast allen Gebieten des Handels und der Schiffahrt die schwere Konkurrenz der andern Seevölker. Allgemein waren die Klagen über den Vorfall der holländischen Schiffahrt und nicht am wenigsten der Mittelmeerfahrt. Als einer der rührigsten Nebenbuhler erhob sich Hamburg; es machte den Holländern fühlbare Konkurrenz im Handel mit Frankreich, Portugal, Spanien, Italien; in mehreren wichtigen Industriezweigen beeiferte sich Hamburg im Verein mit

---

1) Hasse, Geschichte der Leipz. Messen S. 154. Statt: 29. September muss dort aber wohl: 29. November gelesen werden. — Nach dem Berichte Klefekers aus dem Haag, 26. November 1751, befürchtete der kursächsische Hof, dass der sächsische Leinenhandel über Hamburg durch Gründung der Emdener Handelscompagnie leiden könne; schon aus diesem Grunde empfahl Klefeker, auch sächsische Vermittlung anzurufen.

Bremen, Brabant, Flandern und andern Gebieten den Verfall der holländischen Industrie zu beschleunigen. Es ist interessant, dass fast gleichzeitig mit dem Abschluss des hamburgisch-algierischen Vertrages eine Bewegung in Holland begann, die ernsthaft Massregeln ins Auge fasste, durch die man dem von den deutschen Nordseestädten, von Dänemark u. s. w. drohenden Wettbewerb zu begegnen hoffte.[1]

Der Bruch Spaniens mit Hamburg konnte somit den Nebenbuhlern der letzteren nur sehr willkommen sein; er war namentlich für Holland sehr viel wichtiger als der Friede Hamburgs mit Algier „Sowohl die Altonaer als insonderheit die Holländer werden nicht ungerne sehen, dass es bey dem von Spanien gegen Hamburg publicirten Commercien — und Navigations-Verboth verbleiben möchte, in welchem Falle sie nicht versäumen werden, davon in faveur ihrer Handlung und Schiffahrt dahin zu profitiren." So schrieb am 5. Januar 1752 der Resident von der Lith. Und der Neid und die Missgunst der Holländer auf Hamburg, die er des Weiteren erwähnt, blickt auch aus den meisten Schriftstücken hervor, in denen holländische Konsuln damals jenen Konflikt erwähnen. Noch unten werden wir darauf zurückkommen.

Und was hätte schliesslich Hamburg der Friede mit Algier genützt, wenn die spanischen Häfen der hamburgischen Flagge verschlossen waren, wenn kein hamburgisches Schiff Cadiz, Malaga, Alicante, Sevilla anlaufen durfte. Ein reichbeladenes, nach Malaga bestimmtes hamburgisches Schiff, in dem sich u. A. für 5000 Thaler sächsische Canefas und Leinwand befand, wurde gleich nach der Überreichung des spanischen Dekrets von Cuxhaven zurückgerufen und löschte wieder in Hamburg.[2] Das war der Anfang; es wäre noch besser gekommen. Die eigene Rhederei der Stadt hätte durch den Ausschluss von den spanischen Häfen sicher weit mehr Schaden erlitten als Vorteil durch den freien Verkehr im Mittelmeer; und letzterer war überdies nur gegen Algier gesichert.

Es ist denn auch nie und in keiner Weise in Hamburg daran gedacht worden, gegen einen Bruch mit Spanien den Frieden mit Algier einzutauschen; der Preis wäre zu theuer, der ganze Schritt wahnsinnig gewesen. Das Schreiben, das der Senat so-

---

[1] vgl. über diese Verhältnisse vorläufig Laspeyres, Geschichte der volkswirtschaftl. Anschauungen der Niederländer S. 226 ff.
[2] v. d. Lith 24. Novemb.

gleich an den König von Spanien richtete,[1]) enthielt die Versicherung, dass, wenn Hamburg hätte vermuten können, dass es sich durch diesen Frieden die Ungnade des Königs zuziehen würde, dieser Friede nie abgeschlossen worden wäre; er sei lediglich zur Sicherung des Handels zwischen Hamburg und Spanien geschlossen und ohne Munitionslieferung leider nicht erreichbar gewesen. Der Senat bat ferner um Verlängerung des in dem Promemoria angegesetzten Termins und stellte einen ausserordentlichen Gesandten in Aussicht.

Es möge hier eingefügt werden, dass man nach dem Schritt Spaniens auch von Portugal Ähnliches befürchtete. So berichtete auch Consul Bahr in Malaga.[2]) Ohne Zweifel wäre ein Bruch mit Portugal für Hamburg noch schlimmer gewesen, als der mit Spanien. Andererseits konnte ein Zwist des letzteren mit Hamburg für Portugal nur vorteilhaft sein. Bald kamen auch beruhigende Meldungen [3]) Offenbar hat Portugal kaum daran gedacht, Hamburg in der Weise entgegenzutreten, wie es Spanien gethan. In Hamburg ist man damals und später den Portugiesen dafür sehr dankbar gewesen.[4]) —

In der Not, in der Hamburg sich befand, wandte es sich um Hülfe an grosse Mächte. Auf Poniso's Rat nahm der Senat die Dienste des französischen Residenten Champeaux in Anspruch; dieser riet sogleich, an den König von Spanien zu schreiben und

---

[1]) Beilage Nr. II.
[2]) Senatsprot. 12. Nov. 1751; v. d. Lith Nov. 20; vgl. auch Mercure hist. et pol. 1752. I. S. 397 f.
[3]) v. d. Lith. Dezemb. 11; Stöcqueler in Lissabon Dez. 21: spanischer Seits habe man zwar den Hof zu Lissabon „dahin zu portiren tentiret, mit selbigem gegen uns gemeinschaftlich zu agiren."; es sei aber keine Ursache, Derartiges zu befürchten. „Es hätte auch die Königin versprochen, mit dem König desfalls zu reden." — Ende Juni 1752 berichtete Klefeker aus Madrid, von Portugal sei nichts Widriges zu besorgen.
[4]) Am 8. Dezember 1755, als im Senat über die Stellungnahme zu dem Lissaboner Erdbeben beraten wurde, heisst es in dem der Admiralität vorzutragenden Beschluss: „Da nun auch vornehmlich Hamburg jeder Zeit des Glückes theilhaftig gewesen, bey Sr. Königl. Portugiesischen Majestät in vorzüglichen Gnaden zu stehen, welches sich denn vor kurzen Jahren bey den entstandenen Misshelligkeiten zwischen der Crone Spanien und dieser guten Stadt merklich gezeiget" —. Noch am 31. Juli 1781 erinnert Consul Stöcqueler den Senat an die im Gegensatz zu Spanien freundliche Haltung Portugals.

den Bruch mit Algier in Aussicht zu stellen; auch möge Hamburg die Schreiben durch Frankreich's Hände gehen lassen.

Der Senat beschränkte sich nicht auf französische Hülfe. Als es galt, den Frieden mit Algier zu erwirken, hatte die Stadt allerdings ausschliesslich auf französische Unterstützung gerechnet. Nun, wo es einen drohenden schweren Schlag abzuwenden galt, richtete Hamburg seine Blicke auch auf den Kaiser. Durch diesen hatten die Hansestädte ja schon mehrfach gehofft, in ein leidliches Verhältnis mit den Barbaresken zu kommen; diese Hoffnung war stets gescheitert, sei es an dem mangelndem Interesse der kaiserlichen Regierung für die commerziellen Bedürfnisse der deutschen Nordseehäfen, sei es an diplomatischen Fehlern, sei es an dem Widerstand der Barbaresken. Jedenfalls ist es begreiflich, wenn Hamburg, als es einen Frieden mit Algier auf eigene Faust erreichen konnte, sich nicht der Vermittlung des Kaisers bediente, zu der wohl wenig Vertrauen bestand, die auch der Stadt wahrscheinlich wenig genützt und viel Verpflichtungen gegen den Vermittler auferlegt haben würde.

Am spanischen Hofe galt aber der Kaiser viel. So wurde an beide Majestäten, Kaiser Franz und Maria Theresia, geschrieben. Graf Raab, der kaiserliche Resident, versprach seine Dienste. Auf Anregung des kursächsischen Agenten Trugard wurde auch Sachsen um seine Vermittlung angerufen; wegen der bedeutenden Handelsinteressen, die es in Spanien zu vertreten hatte und die in engem Zusammenhange mit dem hamburgischen Ausfuhrhandel standen,[1]) war Sachsen allerdings an dem Konflikt mittelbar beteiligt. Es wurde sowohl an den König von Polen wie den Grafen von Brühl Schreiben gerichtet. Viel hört man nicht von dieser Vermittlung. Allerdings wurden die sächsischen Gesandten in Paris und Madrid veranlasst, sich für Hamburg zu verwenden. Die Instruktion für den letzteren, den Grafen Kollowrath, enthielt aber die von grosser Vorsicht zeugende Warnung, er solle „dergestaltige gute Behutsamkeit zu gebrauchen wissen, damit daraus nicht etwa hiesiges nach Spanien gehendes Landes-Commercium in die Gemeinschaft des Unwillens, in welchen das hamburgische bey gedachter Cron verfallen, gezogen werde".[2])

So grossen Wert man auf alle diese Fürsprachen in Hamburg legte, war es dem Senat doch von vornherein klar, dass

---

[1]) vergl. auch oben S. 35. Anm.
[2]) Dresd. Arch.

ohne eine besondere Mission nach Spanien die fatale Angelegenheit nicht aus der Welt geschafft werden könne. Deshalb beschloss er schon am 11. November, da aus seiner Mitte keiner entbehrlich und vielleicht auch nicht geeignet war, den Residenten im Haag, Klefeker, mit dieser Aufgabe zu betrauen. Dieser Mann stand in dem Ruf, ein besonders erfahrener und geschickter Unterhändler zu sein, hatte sich im Haag vortrefflich bewährt und sollte, was man als einen grossen Vorteil ansah, mit dem dortigen spanischen Gesandten Marquis del Puerto in besonderem Freundschaftsverhältnis stehen. Um ihm die erforderliche äusserliche Würde zu verschaffen, ward ihm für diese Sendung der Charakter eines Syndikus beigelegt.

Klefeker nahm den Auftrag sofort an, erhielt im Haag sowohl von del Puerto wie auch anderen Diplomaten zahlreiche Empfehlungen nach Madrid und reiste, nachdem er seine Instruktionen u. s. w. erhalten, nach Paris, wo er am 6. Dezember ankam. Hier wartete er auf Pässe von Madrid; erst als diese eingetroffen waren, konnte er am 4. Januar 1752 weiter reisen; am 19. verliess er Bordeaux; am 10. Februar traf er in Madrid ein. —

Die Instruktion, die Klefeker von Hamburg aus erhielt, ist leider nicht erhalten. Trotzdem können wir uns ein gutes Bild machen von dem, was der Senat von dieser Mission erwartete. Es geht aus Allem klar hervor, dass der letztere, als er die Sendung Klefekers beschloss, sich noch mit der Hoffnung schmeichelte, den mühsam errungenen algierischen Frieden aufrecht erhalten und zugleich das frühere gute Einvernehmen mit Spanien wiederherstellen zu können. Zwar wurde das dritte nach Algier bestimmte Schiff, das noch auf der Elbe lag, zurückgehalten, und an Ford geschrieben, es könne vorläufig der schlechten Witterung halber nicht abgehen; auch ward Ford instruiert, dem Dey Mitteilung von der spanischen Erklärung und der in Folge dessen mit Spanien angeknüpften Unterhandlung zu machen, wie auch, dass er alles versuchen solle, für Hamburg des Dey Gunst und den Frieden zu erhalten. Noch im Januar 1752 wurde Ford beauftragt zu überlegen, wie der Friede ohne Munitionslieferung aufrecht zu erhalten wäre.

Sonst würde aber Alles, was auf die Verhandlung mit Spanien Bezug hatte, möglichst geheim gehalten, damit nicht die Algierer durch Juden oder andere Spione über die Vorgänge in Hamburg unterrichtet würden.¹) Diese letztere Befürchtung war, wie es scheint, nicht ganz grundlos. In Hamburg meinte man sogar, der Hof von Madrid sei gegen die Stadt namentlich erbittert, weil die Hamburger „bisher der Algierer Espions gegen Spanien gewesen"; der Senat fand es für gut, diese Beschuldigung in einem Schreiben an den Grafen Esterhasy ausdrücklich als eine boshafte Verleumdung der Feinde Hamburgs zu bezeichnen.²) Der Resident von der Lith, die Quelle dieser Nachrichten, berichtete aber kurz darauf³), man habe bei Gelegenheit der Anwesenheit eines nach Kopenhagen durchreisenden marokkanischen Juden entdeckt, „dass seit 10 Monaten die Algierer allhier einen Juden zum Espion gehabt, welcher diesen Seeräubern Alles, was hieselbst vorgegangen, zugeschrieben hat".⁴)

Was Spanien betraf, so beschränkte sich vorläufig der Senat darauf, nur die Lieferung der Munition u. s. w. zu betonen und eben diese Lieferung als den eigentlicen Grund des spanischen Protestes hinzustellen; der Senat hoffte, wenn diese Spanien besonders missliebige Sache rückgängig und für die Zukunft unmöglich gemacht werde, dass dann Spanien gegen einen Frieden Hamburgs mit Algier ohne solche Lieferung nichts einwenden würde. In dem Schreiben an den König von Spanien wird deshalb auch nur bemerkt, dass, wenn die Stadt gewusst hätte, dass sie durch solche Lieferung sich die königliche Ungnade zuziehen würde, sie diesen Frieden mit Algier nie geschlossen haben würde. Der Senat hielt es deshalb auch für angemessen, dahin zu wirken, dass die Vermittlung des Kaisers und Frankreichs allein auf die Feststellung des für die Munition zu liefernden Aequivalents sich gründen müsse.⁵)

Es scheint, als ob in jenem Stadium der Angelegenheit der Senat wirklich noch der aufrichtigen Hoffnung gewesen ist, dass

---

¹) von der Lith. 27. Nov. 1751.
²) Derselbe 9. Februar 1752.
³) 26. Februar.
⁴) Schon am 22. Januar 1749 war in der Admiralität über die Verhandlung mit Algier strengste Verschwiegenheit empfohlen worden, „indem, wann solches ruchtbar werden solte, verschiedene, insonderheit die Juden, Alles anwenden würden, solches zu hintertreiben." Dass gerade den Juden ein Interesse an dem Nichtzustandekommen des Vertrages zugeschrieben wurde, beruht vielleicht darauf, dass sie das Geschäft der Sklavenlösung vielfach betrieben; durch den Frieden war dies bedroht.
⁵) Admir. Prot. 1751. Nov. 15.

dies Spanien gegenüber genügen werde. Man dachte sogar an ueue Verhandlungen mit Algier; Mitte November wurde beschlossen, Goverts nach Marseille zu schicken, damit er von dort aus eventuell gleich weiter nach Algier gehen könne. Und am 22. November trug die vom Senat eingesetzte Senatscommission vor: „ob nicht rathsam wäre, der Cron Spanien die Declaration zu thun, dass man den Algierern keine Kriegsmunition ferner zuführen wolle, um dadurch das Verbot unserer Commercien desto eher sistiren zu machen." Der hierauf erfolgte Beschluss des Senats, diesen Vorschlag „aufs äuzserste" geheim zu halten, zeugt klar davon, dass man jene Spanien eventuell zu gebende Erklärung als ein sehr wichtiges Zugeständnis betrachtete, vielleicht als das äusserste, das man zu geben brauchte.¹) An den König wollte der Senat schreiben, dass Er „von nun an in Ewigkeit nicht die geringste Ammunition an Algier zu liefern" bereit sei.²) Das Einzige, was man auf Champeaux' Rath noch beschloss in die Spanien zu gebende Erklärung — ausser der Munitionslieferung — aufzunehmen, war: dass der Senat den Algierern keinen Zutritt zu hamburgischen Häfen verstatten wollte.

Ja, man dachte sogar noch daran, bei dieser Gelegenheit einen Vorteil für Hamburg zu erzielen; am 23. November berieth der Senat darüber, ob nicht in dem alten Traktat mit Spanien „vom spanischen Hofe einige vortheilhafte Conditiones in Ansehung des Commercii zu erhalten seyn mögten;" es ist bemerkenswerth, dass man sich noch in der Stimmung befand, auf Gewinn zu hoffen, wo es thatsächlich nur darauf ankam, den alten Besitzstand zu conserviren.

Diese Hoffnungen wurden bald herabgestimmt. Schon am 23. November schrieb Klefeker aus dem Haag, dass del Puerto ihm erklärt habe, dass nichts ohne einen Bruch mit Algier zu erreichen sein werde.³) Sicher hat diese Mitteilung die Wirkung gehabt, dass, als am 6. December der Senat über die Instruktion für Klefeker berieth, der Vorschlag gemacht wurde: dass Klefeker in

---

¹) Möglich ist es aber immerhin, dass diese Geheimhaltung beschlossen wurde wegen der oben erwähnten algierischen Spione.
²) Admir. Prot. 1751. Nov. 22.
³) Was dieser Bericht sonst über Pläne Spaniens, noch mit andern Mächten brechen zu wollen, enthält, ist wohl kaum ernsthaft zu nehmen. Interessant ist aber der Hinweis auf das oben schon erwähnte Buch von Uztariz und dass die Spanier durch dasselbe auf die Benachtheiligung ihres Landes durch den hamburgischen Handel aufmerksam gemacht seien.

der äussersten Not und wenn der König den Termin nicht prolongieren wollte, ehe die Stadt sich zum Abbruch des Friedens bereit erklärt hätte, letzteres in Aussicht zu stellen haben würde. Dieser Vorschlag fand aber bei der Mehrheit keine Zustimmung und wurde abgelehnt, nämlich: weil es nicht verschwiegen bleiben könne und weil, wenn es in Algier bekannt würde, man dort alle Schiffe und Waaren verlieren würde. Auch meinte man, die Kaufleute in Spanien würden schon das Ihre thun, die Hinausschiebung des Termins zu erhalten; ferner sei jetzt auf kaiserliche und französische Hülfe zu rechnen und es somit „nicht zu vermuthen, dass der König in Spanien sogleich wider die Stadt verfahren würde, zumal da die Haupt-Gravamina des Königs gehoben wären, indem man schon versprochen hätte, den Algierern weder Ammunition zu geben noch selbige in unsere Häfen zu admittiren."

Leider sollten die Thatsachen bald erweisen, dass diese Ansichten noch zu sanguin waren. Erklärlich wird aber dieser Optimismus, wenn man sieht, wie sogar versucht wurde, den Senat über den eigentlichen Grund des spanischen Dekrets irre zu machen. Consul Bahr schrieb am 2. November aus Malaga: es sei hier die Meinung verbreitet, des Königs Unwille gegen die Stadt rühre teilweise auch daher, dass seitens dieser keine Gesandtschaft zur Thronbesteigung des Königs und zur Erneuerung der Verträge ergangen sei, wie doch solches bei früheren Gelegenheiten geschehen. Man scheint diese unwahrscheinlich klingende Meldung nicht ganz von der Hand gewiesen zu haben; Klefeker kam noch später von Madrid aus darauf zurück und meinte ausdrücklich bestätigen zu müssen, dass einzig und allein der algierische Friede das spanische Dekret veranlasst habe.

Während man sich so in Hamburg allerlei Hoffnungen hingab,[1] und Klefeker in Frankreich auf seine Pässe nach Madrid wartete, waren die Vermittler an der Arbeit. Sowohl Frankreich wie der Kaiser konnten nicht umhin, der Stadt zuerst einen kleinen Rüffel zu erteilen. Champeaux teilte dem Senat mit, dass die ersten Depeschen in Paris wenig Wirkung gethan hätten; der Hof habe Bedenken gehabt, sich in eine so delicate Sache zu mischen; namentlich auch weil der Senat dem König die Geheimartikel nicht

---

[1] Doch fand man für gut, die auf den Frieden mit Algier geprägten Medaillen sofort einzuziehen und zu verbieten, als von französischer Seite auf das Bedenkliche der Circulation einer solchen Medaille hingewiesen wurde. Senatsprot. 12. Jan. 1752; Gaedechens S. 55; Mercure hist. et pol. 1752 I. S. 227 f.

mitgeteilt habe. Da aber der König „besonder Gefallen hätten durch Vermehrung der Handlung der Stadt Schätze und Reichthümer vergrössern zu helfen," so habe Er „in Betracht des Bedrucks, worin die Stadt in Ansehung der Spanischen Ungnade sich befände" in den „allerbeweglichsten Ausdrücken" nach Madrid geschrieben; und der dortige französische Gesandte sei beauftragt, sich der Stadt aufs Beste anzunehmen.

Sehr thätig war der kaiserliche Resident Graf Raab; er sandte mehrere Relationen nach Wien und fand es für gut, die schnelle und, ohne die kaiserliche Vermittlung abzuwarten, erfolgte Erklärung des Senats, dass die Stadt auf jede weitere Lieferung von Munition etc. Verzicht leiste, damit zu entschuldigen, dass Champeaux, der die Intentionen des spanischen Hofes besser als Poniso zu kennen scheine, so stark in den Senat gedrungen sei. Uebrigens ersuchte Graf Raab den Senat, doch ja nichts ohne den kaiserlichen Hof zu thun. Bald konnte der hamburgische Resident in Wien, v. Fabrice, über die günstigen Gesinnungen des Kaisers für Hamburg berichten; am 11. Dezember schrieb er, dass am Tage vorher ein diese Angelegenheit betreffendes Schreiben an den kaiserlichen Gesandten in Madrid, Graf Esterhasy, abgegangen sei. Den Hamburg zugedachten kaiserlichen Rüffel erhielt es erst in Madrid durch Esterhasy's Vermittlung; letzterer erklärte Klefeker gleich nach dessen Ankunft, er habe Ordre, ihm zu sagen, dass der Kaiser Ursache zu zürnen habe, weil die Stadt bei Schliessung des Friedens mit Algier „den schuldigen Egard" aus den Augen gelassen, indem ihm nichts davon gemeldet sei; der Kaiser verzeihe Das aber „nach Dero Reichsväterlicher Liebe" in der Hoffnung, „man würde sich den gegenwärtigen Zufall zur Warnung dienen lassen und künftig den schuldigen Respect beobachten."[1]

Eine gute Wirkung der Intervention glaubte der Senat schon bald zu verspüren. Der nach Madrid gesandte kaiserliche Courier, der am 1. Januar wieder in Wien ankam, brachte Depeschen, nach denen der König zwar noch sehr aufgebracht gegen Hamburg war, doch aber Esterhasy den Pass für Klefeker erhalten hatte. Anfang Februar berichtete Graf Raab dem Senat dasselbe und dass der König mit Rücksicht auf die kaiserliche Vermittlung

---

[1] Prot. Admir. 1752. März 13. Enthält den ersteren grösseren Bericht Klefekers. Nach Buys 24. Dec. 1751 erteilte Graf Raab dem Senat „een scherpe berisping."

und aus Hochachtung für Klefeker diesen zum Gehör und Vortrag seiner Sache zulassen wolle. Damit war Klefeker der Weg gebahnt.

Überhaupt war die spanische Regierung in der Ausführung des gegen Hamburg erlassenen Dekrets nicht allzustrenge gewesen. Nach dem Wortlaut des letzteren sollte Poniso „immédiatement" die Stadt verlasssen. Doch bat er seinen Hof um Aufschub.[1]) Erst am 24. Februar verliess er Hamburg und ging zunächst nach dem Haag.[2]) —

Sehr gespannt war man natürlich in Hamburg auf Nachrichten aus den spanischen Hafenstädten. Die in diesen ansässigen hamburgischen Konsuln sandten bald beruhigende Berichte. Am 28. Dezember schrieb Konsul Bahr aus Malaga, dass dem hamburgischen Schiffer Cornelius Gissel auf sein Ansuchen gestattet worden sei, die dortigen Landesfrüchte zu verladen; ein anderes von Cadix am 25. Dezember angekommenes Schiff sei ebenfalls zugelassen worden.[3]) Etwas später, am 11. Januar, schrieb allerdings Bahr, der Zollverwalter in Malaga habe einem von Hamburg angelangten Schiffer das Löschen verboten. Mehrere hamburgische Schiffe, die in spanischen Häfen nicht mehr angenommen zu werden fürchteten, liefen portugiesische Häfen an.[4]) In welchem Umfange dies geschehen, wissen wir leider nicht.

Mitte Januar berichtete auch Conti, der hanseatische Agent in Madrid; er hatte dem Minister Carvajal zu verstehen gegeben, dass man die Erteilung des Passes an Klefeker als ein stillschweigendes Zugeständnis ansehe, dass alle Feindseligkeiten aufhörten; Carvajal stimmte dieser Auffassung zu.

Im Übrigen wussten sich die Hamburger in den Hafenstädten zu helfen, als der Termin abgelaufen war, innerhalb dessen sie Spanien zu verlassen hatten. In der ersten Unterredung, die Klefeker mit Carvajal hatte, am 12. Februar, äusserte ersterer u A., er sei sehr unruhig, „in Ansehung des gegenwärtigen Schicksals seiner Compatrioten in denen hiesigen Landen;" als Carvajal darauf bemerkte, er wisse nichts davon, nur habe ihm kürzlich Jemand, der von Cadix gekommen, berichtet, es wären dort keine Hamburger mehr, fragte Klefeker ganz bestürzt: „Wie,

---

[1]) Buys 16. Novemb.
[2]) v. d. Lith 23. Febr.; Buys 22. Febr.
[3]) vgl. Mercure a. a. O. S. 274 f.
[4]) ebenda S 398.

sollten selbige von dannen weggezogen sein?" worauf jener lächelnd antwortete, es wäre das so zu verstehen, dass die Hamburger unter fremden Namen sich daselbst zu decken suchten, in dem der eine sich als Mecklenburger der andere als Danziger u. s. w. ausgäbe.[1]) Die spanische Regierung duldete also diese Umgehung des Dekrets in vollem Bewustsein und ohne daraus ein Hehl zu machen. Darnach sind denn auch die Meldungen, die sich mehrfach finden,[2]) wonach alle Hamburger Kaufleute sich zur Abreise gerüstet hätten, zu beurteilen. Der Konsul Steetz in Cadiz berichtete, dass er für seine Person von dem dortigen Gouverneur Erlaubnis habe, sich als Konsul von Lübeck und Bremen daselbst aufhalten, so lange, bis weitere Ordre vom Hofe ergangen sei. Feindseligkeiten, schrieb Steetz etwas später, seien gegen hamburgische Effekten nicht vorgekommen.

Erwähnenswert ist ferner noch eine Bemerkung, die sich in einem Briefe des Residenten von der Lith[3]) findet; ein junger in Sevilla ansässiger Hamburger, Namens Dammers, habe geschrieben, „dass, weil er katholischer Religion wäre, so wäre er dadurch von der Expulsion befreyet, mithin könnte er vor wie nach frey und sicher in Spanien bleiben und sein Wesen allda ungehindert fortsetzen". Die Richtigkeit dieser Meldung, namentlich die Motivierung durch die Konfession, muss bezweifelt werden.

Am 29. Februar berichtete Konsul Steetz an Klefeker, dass sie in Cadiz „in völliger Ruhe lebten".[4]) Ob dies auf ein spanisches Dekret, nach dem den Kaufleuten noch einige Zeit in Spanien zu bleiben und ihre Leinen zu löschen gestattet worden ist, zurückgeht,[5]) möge dahingestellt bleiben. In der ersten Hälfte April berichtete aber Klefeker, dass die Sache der Stadt gut stände und dass Ordre an alle Häfen ergangen sei, mit der Ausführung des Dekrets nicht weiter zu gehen.[6]) Und etwa zu der-

---

[1]) So erwähnt auch v. d. Lith am 19. April: „verschiedene von denen in Spanien unter diversen praetexten zurückgebliebenen Hamb. Kaufleuten, so sich vor Westphäler, Braunschweiger, Bremer etc. ausgegeben, welches sie der Gebuhrt nach auch wohl seyn mögen."

[2]) Steetz im Admir. Prot. 1752. März 13; Buys 22. Februar; auch im Mercure hist. et pol. a. a. O. S. 275.

[3]) 22. Dez. 1751.

[4]) Admir. Prot, 22. März.

[5]) Mercure hist. et pol. a. a. O. S. 227. In den Akten wird dies Dekret nicht erwähnt.

[6]) Buys 19. April.

selben Zeit kamen Privatbriefe von Hamburger Kaufleuten aus Spanien, in denen ihre Korrespondenten in Hamburg aufgefordert wurden, sich bei Zeiten einen ansehnlichen Vorrat von guter Waare anzuschaffen, um sie eventuell sofort verschicken zu können;[1]) was jedenfalls davon Zeugnis ablegt, dass jene Kaufleute sich sehr sicher fühlten.

Es scheint nicht, als ob diese gemässigte Haltung der spanischen Regierung herbeigeführt worden ist durch Schritte der deutschen Kaufleute in Spanien. Der Senat hatte, wie wir sahen, auf diese gewisse Hoffnungen gesetzt. Wirklich haben die hamburgischen Kaufleute in Cadiz sich mit einer Vorstellung an den Hof gewandt;[2]) wahrscheinlich baten sie um Verlängerung des Termins. Dagegen berichtete Bahr aus Malaga am 28. Dezember, dass eine Vorstellung seitens der dortigen Kaufleute schwerlich zu erreichen sein werde.[3])

Klefeker, auf dessen Verhandlung in Spanien wir übergehen, fand hier namentlich bei dem kaiserlichen Gesandten Graf Esterhasy Unterstützung; dieser erklärte ihm, dass der Kaiser Klefeker als seinen Unterthan ansehe, „der unter Dero specialen Protection stünde", und somit dem spanischen Hof den Wunsch ausgesprochen habe, dass man ihm daselbst „alle Sicherheit angedeyen liesse und nicht zugäbe, dass ihm während seines Hierseyns die geringste Verdrieslichkeit wiederführe". Das hatte der spanische Hof zugestanden und überhaupt Klefeker nur zugelassen, wenn er ausschliesslich unter kaiserlichem Schutze stehe. Dagegen hatte sich Spanien gegen die Bemühungen beider Gesandten, des kaiserlichen wie des französischen,[4]) eine Verlängerung des Termins zu erreichen, bisher ablehnend verhalten. Damit war eine Hoffnung, mit deren Erfüllung man sich in Hamburg schon fest vertraut gemacht hatte,[5]) zu Schanden geworden. Übrigens gab Esterhasy Klefeker den Rat, den spanischen Minister nicht zu sehr zu drängen und die königliche Entschliessung in Geduld abzuwarten; erst

---

[1]) von der Lith 19. April.
[2]) Admir. Prot. 31. Jan. 1752.
[3]) ebendaselbst.
[4]) Beide waren, wie Klefeker am 21. Februar berichtet, sehr „jaloux auf einander."
[5]) Buys 28. Jan. 1752.

wenn diese Entschliessung erfolgt sei, könne, wenn sie ungünstig ausgefallen, seine, Esterhasys, Vermittlung eintreten.

In der ersten Unterredung Klefekers mit Carvajal schilderte ersterer die Lage der hamburgischen Schiffahrt und den Zwang, der die Stadt zu dem Frieden genötigt habe. Der Minister äusserte sich darauf sehr abfällig über den Frieden, insbesondere die Munitionslieferung, über die er sich genau informiert zeigte Klefeker legte nun dar, wie die Stadt in jene Lieferung nur mit grossem Widerwillen eingewilligt habe, „er wäre aber beordert, heiliglich zu versprechen, dass hinführo garnicht die geringste Ammunition den Algierern von der Stadt weiter solle zugeführet werden, sondern man wolle trachten, diesen Punkt in eine Summe Geldes zu verwandeln". Hierauf entgegnete Carvajal, auch Geld bringe den Algierern Vorteil, der dem Könige nur misfällig sein könne, denn dieser sei so gesinnt, „dass wer mit ihm in Freundschaft leben wolle, es nicht mit denen Algierern halten müsse"; Hamburg habe also nur die Wahl zwischen der Freundschaft des Königs oder Algiers. Als schliesslich Klefeker auf den alten spanisch-hansischen Vertrag, in dem bei etwa entstehenden Zwistigkeiten den Städten eine Jahresfrist zu ihrer Einrichtung zugestanden sei,[1]) hinwies und Kraft dieser Bestimmung eine Verlängerung des Termins als vertragsmässig notwendig hinstellen wollte, bemerkte der Minister, dieser Artikel passe nicht auf den vorliegenden Fall.[2])

Der Bericht Klefekers über diese Unterredung traf etwa am 12. März in Hamburg ein. Der Senat musste nun allerdings die Notwendigkeit einer Aufhebung des Friedensvertrages ernsthaft ins Auge fassen. Er hatte, wenn wir dem Mercure historique et politique folgen wollen,[3]) schon Poniso bei seiner Abreise (24. Februar) einen Brief mitgeteilt, der an Ford abgehen sollte; in diesem Briefe wurde der letztere von der Unmöglichkeit für Hamburg, den Vertrag aufrecht zu erhalten, unterrichtet. Aber der Senat hoffte doch immer noch, einen Kriegszustand mit Algier vermeiden und durch Erlangung von Pässen den formellen Frieden ersetzen zu können. Noch am 22. März beschloss er an Ford zu

---

[1]) Dumont, Corps universel dipl. VI. P. I. S. 407. 414 (Privilegien 1647 bis 50); ferner auch schon in den Privilegien von 1607 bei de Abreu y Bertodano, Coleccion de los tratados I. 380.

[2]) Admir. Prot. 1752. März 22.

[3]) 1752. I, S. 314.

schreiben, er solle beim Dey sondieren, „auf welche Art die Schliessung einer Convention ohne Lieferung der Ammunition geschehen könnte".

Nachdem dann aber etwa am 20. April Carvajal Klefeker nochmals erklärte, dass der König auf der Aufhebung des Vertrags bestehe und eventuell hierüber eine besondere Bescheinigung haben müsse, sandte Mitte Mai der Senat, dem Klefeker dies mitgeteilt hatte, diesem eine Instruktion folgenden Inhalts:[1])

Er möge sorgfältig dafür sorgen, dass bei Unterzeichnung der Akte nur des jetzigen algierischen Friedens erwähnt werde; dass also Hamburg den mit Algier 1751 geschlossenen Frieden völlig wiederum aufhebe. Sollte aber der König darauf bestehen, „dass wir für uns und unsere Nachkommen im Regimente bündigst und heiligst versichern, wasgestalt wir nun und nimmermehr weder direkte noch indirekte irgend einige Krieges-Rüstung und was dazu gehöret, an die Algierer liefern noch liefern lassen, noch den besagten Algierern jemahls einen freyen Zutritt zu unsern Häven verstatten wollen", so solle er diese Bedingung, wenn es absolut anders nicht ginge („bey höchst dringender Noth") annehmen. Es ergiebt sich hieraus, dass Spanien wirklich eine Bedingung gemacht oder in Aussicht gestellt hat, die Hamburg zu seinem Vasallenstaat gemacht hätte; es wäre die Aufrechterlegung dieser Bedingung eine Demütigung gewesen, wie sie sonst die Stadt von ihren ärgsten Feinden kaum erfahren hat, eine viel grössere Demütigung allerdings für das Heilige Römische Reich, dessen Ohnmacht durch diese Erniedrigung eines seiner Glieder grell beleuchtet worden wäre. Und wenn der hamburgische Senat sich einer solchen Bedingung gefügt hätte, so dürfte man es ihm nicht so sehr zum Vorwurf machen. Hatte die Stadt Hamburg, deren Lebensnerv — Handel und Schiffahrt — in Gefahr stand abgeschnitten zu werden, den Beruf, sich wegen einer Bestimmung, die ihre völkerrechtliche Freiheit allerdings arg beschränkte, praktisch aber von nicht übermässig grosser Bedeutung war, hatte die Stadt Hamburg den Beruf sich deshalb materiell dem Todesstoss auszusetzen? Niemand hätte dem Senat für dieses Opfer gedankt und die Wenigsten es verstanden. Mir scheint auch nicht, dass Nationalitäts- oder Vaterlandsgefühl seine Be-

---

[1]) Admir. Prot. 1752. Mai 16; Buys 30. Mai; v. d. Lith 10. Juni.

dingung dem Senat so schwer gemacht hat, sondern dass es lediglich das Bedenken gewesen ist, den Nachkommen das Erbteil einer derartig bindenden Verpflichtung zu hinterlassen, wie auch die Befürchtung, es möchte aus diesem Vorgang ein Praejudiz abgeleitet werden, das für die staats- und völkerrechtliche Unabhängigkeit der Stadt verhängnisvoll sein konnte.

Doch ist der Stadt diese Schmach erspart geblieben.

Ausserdem wurde Klefeker noch beauftragt, den Kauf algierischer Seepässe dem spanischen Hofe „als die unschuldigste und eine der Crone Spanien selber in Krieges-Zeiten sehr vortheilhafte Sache anzupreisen". Man sieht: die Hamburger richteten sich schon darauf ein, wie sie ohne einen formellen Frieden diese Schiffahrt betreiben könnten.

Über den weiteren Verlauf der Unterhandlung im Einzelnen hören wir wenig.[1])

Am 26. Juni berichtete Klefeker,[2]) dass Spanien nun Folgendes verlange:

1) dass der mit Algier geschlossene Vertrag gänzlich gebrochen werde,
2) die Stadt sich verpflichte, nicht zu verhindern, dass einige Rekruten, die man für die fremden Truppen Sr. Katholischen Majestät aus Deutschland zu beziehen pflege, durch ihren Hafen ausgingen.

Was sonst noch verlangt wurde, betraf die Vollmacht Klefekers und die Art der von Hamburg an Algier zu machenden Erklärung über den Bruch des Friedens. In dieser Erklärung sollte, wie von Spanien ausbedungen wurde, nicht bemerkt werden, dass des Königs Ungnade gegen Hamburg davon herrühre, weil es Algier Kriegsmunition geschickt, sondern weil es mit Algier einen Friedenstractat geschlossen hätte.[3])

Letzteres war natürlich für Hamburg sehr viel demütigender.

Klefeker stand die erste Bedingung zu; sie war ja nicht mehr zu vermeiden und die Hauptsache. Die zweite Bedingung

---

[1]) Im Mercure hist. et pol. 1752. I. S. 398 ff findet sich ein Bericht über eine Unterredung Klefekers und Carvajals, die, da sie im Wesentlichen die auch nach den Akten beglaubigten beiderseitigen Anschauungen wiedergiebt, ganz gut so stattgefunden haben kann. Carvajal verweist hier die Hamburger auf den Schutz ihrer Schiffahrt durch Kriegsschiffe.

[2]) Ratsprotokoll 17. Juli.

[3]) von der Lith 19. Juli.

nahm er vorläufig ad referendum; durch sie wurde ja etwas ganz Neues in die Verhandlung eingeführt. Champeaux hielt diese Bedingung, die ihm mitgeteilt wurde, für sehr annehmbar, weil die Stadt somit in der Lage sei, Spanien Dienste zu leisten. Es ist nicht genau ersichtlich, was aus dieser Bedingung geworden ist. Wahrscheinlich hat Klefeker ihr zugestimmt. Es war lange her, dass spanische Werbungen in Hamburg stattgefunden hatten; nach von der Lith [1]) konnte sich „Niemand in Hamburg" daran erinnern. Später haben aber spanische Werbungen in Hamburg stattgefunden; noch 1769 werden „unangenehme Vorfälle", die sich bei einer solchen Werbung in Hamburg ereignet, erwähnt; der Resident van der Lepe musste damals am spanischen Hofe eifrig zur Beschwichtigung wirken. [2])

Inzwischen hatte am 2. Juli der König ein Dekret erlassen, durch welches er das Verbot der freien Handlung mit Hamburg suspendierte und zugleich erklärte, dass er binnen fünf Monaten eine sichere Bescheinigung von der Stadt über die gänzliche Aufhebung des mit Algier geschlossenen Friedens erwarte. Dieses Dekret war am 3. Juli im Rat von Castilien publiziert und wurde sofort von Klefeker nach Hamburg mit einem Courier gesandt, der nach 11tägiger Fahrt hier am 16. Juli eintraf, gleichzeitig mit Klefekers Brief vom 26. Juni. Dem Ehrb. Kaufmann wurde sogleich davon Mitteilung gemacht. [3])

Schon am 21. Juli beschloss der Senat, an Klefeker zu schreiben, dass er alles, was er gethan, billige. Nur möge er eine Verlängerung des Termins betr. die Notifikation an Algier erwirken; letztere war nämlich durch die dort wieder einmal auftretende Pest und den damit zusammenhängenden Abbruch der Verbindung sehr erschwert.

In welcher Form schliesslich zwischen Spanien und Hamburg die Vereinbarung geschlossen ist, ist nicht ganz klar. Im Mercure historique et politique [4]) heisst es, Klefeker habe mit dem Marquis de Ensenada eine Konvention unterzeichnet; van der Lith [5]) und Buys [6]) sprechen allgemein von „Instrument" und „Akte". In

---

[1]) 22. Juli.
[2]) Admir. Prot. 1769. März 3.
[3]) Com. Dep. Prot. 1752. Juli 17.: v. d' Lith 19. Juli.
[4]) 1752 II. S. 158.
[5]) 19. Juli.
[6]) 20. Juni.

den hamburgischen Akten findet sich davon keine Spur, auch nicht eine Andeutung.

Der hamburgische Senat beeilte sich, Alles ins Reine zu bringen. Am 28. Juli veröffentlichte er eine Notifikation, in der er den Bruch des Friedens mit Algier kundgab.[1] Das Schreiben des Senats an den Dey, das die Kündigung des Friedens enthielt, konnte erst im Dezember überreicht werden; die spanische Regierung hatte auch, wie sie erklärte, keine Unmöglichkeiten verlangt. Die Art, wie die Kundmachung des Bruchs in Hamburg erfolgte, hatte in Madrid einen vorzüglichen Eindruck gemacht. So erging denn schon, bevor jene Mitteilung an den Dey stattgefunden hatte, am 14. November ein königliches Dekret[2], durch welches dasjenige vom 19. Oktober 1751 zurückgenommen und alles wieder in statu quo ante versetzt wurde. Am 12. November hatte Klefeker im Escurial eine Audienz bei dem Königspaar, über die er sich sehr befriedigt ausdrückte. Am 15. Dezember 1752 erliess der Hamburger Senat eine Notifikation[3], dass mit der Krone Spanien das Vernehmen und die Handlung wieder hergestellt seien.

Ohne Zweifel hat zu der verhältnismässig schnellen Erledigung des Streites die Rücksicht, die Hamburg auf seine kommerziellen Mitbewerber nehmen musste, viel beigetragen. Wir haben schon oben dargelegt, wie Holland, Altona und Bremen, die natürlichen Konkurrenten des hamburgischen Handels, von einem Bruch Hamburgs mit Spanien nur Gewinn ziehen konnten. Allmählich hatte sich in Hamburg, wie es scheint, die Ansicht befestigt, dass namentlich Holland der fatalen Sache nicht ganz fern stand. „Mittlerweile vermehret sich die Muthmassung," schreibt von der Lith am 23. Februar, „dass die Holländer hinter dieser Sache stecken, indem nicht unbekannt, dass sie schon längst gewünschet und nach Gelegenheit getrachtet haben, die Hamburger aus erwehntem Besitz [dem Handel nach Spanien u. s. w.] zu vertreiben, umb das Antheil, das sie bisher daran gehabt, an sich ziehen zu können[4]" etc.

---

[1] Gedruckt bei Blanck, Hamb. Mandatensamml. IV. 1871; französ. Übersetzung im Mercure hist. et pol. a. a. O. S. 319 f.
[2] Gedruckt bei Martens, Supplém. an recueil II. 2 Anm.
[3] Blanck a. a. O. S. 1883.
[4] Wenn aber derselbe v. d. Lith am 15. Dezember 1751 schreibt, dass man in Hamburg geneigt sei, die Sache dem Könige von Preussen in die Schuhe zu

Am 16. Februar teilte der Senat den Commerzdeputirten mit, „dass die Holländer sich die äusserste Mühe gäben, uns von der spanischen Handlung auszuschliessen, und vorgäben, dass sie Spanien ebensowohl mit den daselbst benöthigten Waaren versorgen könnten." Die Commerzdeputierten versammelten darauf eine Konferenz, an der auch einige mit Spanien in enger Geschäftsverbindung stehende Kaufleute teilnahmen. [1] Aus dieser Beratung ging eine kurze Denkschrift [2] hervor, die am 18. dem Senat übergeben wurde; in dieser wird in knappen Zügen die Konkurrenzfähigkeit der Hamburger mit den Holländern im spanischen Handel dargelegt.

Wie weit die Bestrebungen der Holländer, die Verlegenheit Hamburgs auszubeuten, gegangen sind, ist nicht erkennbar. Wenn man aber die damalige Porto-Franco-Bewegung in Holland, die im eignen Lande auf starken Widerstand stiess, in Hamburg in einen ursächlichen Zusammenhang mit dem spanischen Konflikt brachte [3], so ist ein solcher Zusammenhang nicht nachweisbar und auch nicht wahrscheinlich. Stimmung machte Holland jedenfalls gegen Hamburg; man lese nur die bissigen Bemerkungen, die der im Haag erscheinende Mercure historique et politique im September 1752 anlässlich der Juli-Notifikation des Hamburger Senats veröffentlichte. [4] Auch die Übertreibungen der hamburgischen Lieferungen nach Algier, die sich in demselben Organ finden und später von Hamburg aus berichtigt wurden [5], gehen vielleicht auf holländischen Ursprung zurück; ebenso gewisse falsche Gerüchte über die hamburgisch-algierischen Beziehungen,

---

schieben, der dabei für seine Emdener Compagnie Vorteile zu erzielen hoffe, und wenn der sächsische Gesandte in Madrid sogar angewiesen wurde, zu untersuchen, ob der Conflikt nicht u. A. auf den „geheimen Insinuationen anderer mit der Cron Spanien commercierenden Nationen, auch wohl gar des Königl. Preussischen Hofes" beruhe: so darf man nicht vergessen, dass es in jener Zeit für Politiker gewisser Richtung gang und gebe war, hinter jedem Ereigniss preussische Intriguen zu wittern.

[1] Paul Paulsen (Matth. Sohn), Simon Tamm, Joh. Hinr. Martens. Henrique Jencquel, Frans Doormann, Hieron. Matthiessen, Joach. Casp. Voigt.

[2] Beilage Nr. III. Vgl. auch Mercure hist. et pol. 1752. II. S. 39 (Juli); wo es heisst, dass dem spanischen Hofe dargelegt sei, dass auch über Bremen und Amsterdam die Leinwand bezogen werden könne.

[3] Comm. Dep. Prot.

[4] S. 319.

[5] 1752 I. S. 245. 453.

so z. B., dass Hamburg durch den Vertrag mit den Algierern diesen Handel und Schiffahrt nach Hamburg zugestanden hätte, eine Behauptung, die Klefeker ausdrücklich in Madrid widerlegen sollte.[1])

Was Bremen betraf, so beunruhigte es natürlich die Hamburger, dass Poniso sich, von Holland zurückkehrend, grade nach dort gewandt hatte, obwohl diese örtliche Annäherung an Hamburg hier günstig gedeutet wurde.[2]) Er wurde in Bremen mit offenen Armen empfangen; dass letzteres aus der Anwesenheit des Spaniers Kapital schlagen wollte, kann man der Stadt so sehr nicht verdenken. Im Wittheitsprotocoll vom 26. Mai heisst es nach der Mitteilung, dass Poniso in Bremen accreditirt sei: „dahero es nicht undienlich seyn würde, eine Commission zu ernennen, um bey dessen Ankunft mit demselben zu conferiren und zu überlegen, ob durch sothanen Aufenthalt des spanischen Consuls der hiesigen Kaufmanschaft nicht einiger Vortheil zuwachsen könne."[3]) Es scheint aber nichts weiter erfolgt zu sein; die bald darauf eintretende Aussöhnung Hamburgs mit Spanien entzog bremischen Speculationen dieser Art den Boden. Aber erst am 5. Januar 1753 verabschiedete sich Poniso wieder von Bremen und kehrte nach Hamburg zurück.

Doch ist es Thatsache, dass sich die Fahrt der Bremer nach Cadiz, die bisher nur sehr gering gewesen, in diesem Jahr vermehrte.[4]) Am 29. Mai drängten die Commerzdeputirten auf Erledigung des Streites, indem sie bemerkten, dass „man gewisse Nachricht hätte, dass sowohl von Bremen als andern Orten aus schon verschiedene Schiffe dahin abgeladen wären, welches ohne äussersten Nachteil unserer Handlung nicht so continuiren könnte."

Der Senat sprach es deshalb im Juni offen aus, dass commercielle Gründe ihn zur schleunigen Beilegung des Conflikts bestimmten. Dem Residenten von der Lith machte Syndicus Faber eine solche Mitteilung, und jener schrieb darauf nach Hause:

„Dasjenige, was zu dieser des Magistrats Resolution ein Grosses beygetragen hat, ist:

---

[1]) Sammelband „Schriften d. Commercium betr." (Commerzbibl.)
[2]) Mercure a. a. O. S. 600.
[3]) Brem. St. Arch.
[4]) v. d. Lith 10. Juni 1752; daselbst auch das Folgende.

1.) dass in gegenwärtigem Monath Junio die nach Spanien benötigte, und gewöhnliche Hamb. Waaren-Provisiones von hier dahin unumbgänglich müssen hingeschicket werden, damit sie noch vor dem Monath August alda ankommen und mit denen in nur besagtem Monath nach den spanischen Westindien abgehenden Gallionen dahin geschicket werden können, welches, wann es versäumet oder gar unterlassen, gewiss den gänzlichen Ruin der sehr beträchtlichen und lucrativen hamburgischen Handlung nach Spanien nach sich ziehen würde.

2) dass den **Holländern, Bremern und Altonaern Einhalt gethan werden könne, fernerhin von dem Commercio nach Spanien, zum Nachtheil der Stadt Hamburg zu profitiren.**" —

Nachdem nun das gute Einvernehmen zwischen Spanien und Hamburg wieder hergestellt war, ist auch in den Handelsbeziehungen keine Veränderung zu Ungunsten Hamburgs übrig geblieben.[1]) Der materielle Schaden, den die Kaufmannschaft durch den Bruch erlitten hat, wird nicht allzu bedeutend gewesen sein und ist bald verwunden worden. — —

Sehen wir nun, wie während des Confliktes mit Spanien sich das Verhältniss Hamburgs zu Algier gestaltete.

Schon oben wurde bemerkt, dass nach dem Dekret vom Oktober 1751 Ford beauftragt wurde, beim Dey auf die Erhaltung des Friedens hinzuarbeiten. Diese Hoffnung erwies sich allerdings immer mehr als trügerisch. Die Sendung des Goverts nach Marseille, die, wie schon erwähnt, namentlich deshalb erfolgte, damit er von hier aus gleich nach Algier gehen könnte, zeigte sich als überflüssig. Uebrigens blieb seine Anwesenheit in Marseille nicht unbekannt. Die dortigen Agenten der Direction des holländischen Levantehandels, de Veer & Fraissinet berichteten schon Anfang Januar 1752 über seine bevorstehende Ankunft;[2]) sie nennen ihn stets Consul, meinten aber mit schlecht verhehlter Schadenfreude,

---

[1]) Mercure hist. et pol. 1752 II. S. 551 (November): „Le commerce de cette ville avec les ports d'Espagne a non seulement repris son ancien cours; mais nos marchands ont reçu, depuis la levée de l'interdiction, des commissions très — considérables de différens ports de cette monarchie."

[2]) Ferner Juni 25; am 23. März schrieb die Direktion in Amsterdam an die Agenten: „Wy geloven meede met dat die Hamburger Consul veel van syn Consulaat sal trekken, voor al niet soo lang de Koning van Spagne op die Natie verhoord blyfft; en volgens berigten van die Quartieren is dat gans nog niet geassoupieerd." (Reichsarch. Haag.)

sein Consulat werde ihm in Anbetracht des Bruchs Hamburgs mit Spanien wenig einbringen.

Das erste Schiff kam Ende November, das zweite Anfang December in Algier an.[1]) Der Dey hatte viel Vergnügen an den Geschenken und befahl sofort, 4 seiner schönsten Pferde an den Rat zu senden, „welche politesse", wie Ford schrieb, „noch keiner nation jemahln erwiesen worden." Der Rat verbat sich dies Geschenk höflichst, weil es „gewis einige jalousie erwecken würde". Ford berichtete sehr eingehend über den Eindruck, den die Sendungen gemacht hatten, der Eine sei sehr, der Andere weniger zufrieden, dieser müsse noch so und soviel Zechinen mehr erhalten, Jener verlangte noch einen Ring und eine Uhr. Auch im Kleinen und Einzelnen zeigte sich hier das Raubsystem dieser afrikanischen Piraten. Nach Möglichkeit wurden alle Ansprüche befriedigt.

Als dann die Aufhebung des Friedens unvermeidlich geworden war, entstanden nicht geringe Schwierigkeiten, wie man dem Dey dies notifizieren sollte. Das Hindernis der Pest ist schon erwähnt. Der französische Resident Champeaux riet dazu, mit der Uebergabe des Briefes des Rats ein Geschenk für den Dey zu verbinden; doch sprachen sich sowohl Champeaux wie Graf Raab entschieden gegen die Ueberlieferung des Schreibens durch den französischen bezw. kaiserlichen Konsul in Algier aus. Schliesslich wurden die Briefe durch Goverts von Marseille nach Algier geschickt; hier übergab Ford am 8. November[2]) dem Dey das verhängnisvolle Schreiben.[3])

Man hatte in Hamburg gehofft, der Dey werde den Bruch nicht so sehr übel nehmen; u. A. gründete man diese Hoffnung auf die vor dem Rat geschehene Aussage eines im Herbst 1752 von Algier zurückgekehrten jungen Hamburgers, der beim Dey Diener gewesen und von ihm die Freiheit ohne Lösegeld erhalten hatte. Nach dieser Aussage war der Dey „ein Herr von gutem und billigem Gemüte", habe sich über die schönen Geschenke der Stadt sehr gefreut und auch zu erkennen gegeben, dass ihm wohl bekannt, dass Hamburg wegen der Geschenke und des Vertrags unverschuldet mit Spanien in Weitläufigkeiten gerathen wäre.[4])

---

[1]) Paravicini 2. Januar 1752.
[2]) Paravicini 1752. Dez. 22.
[3]) Abgedruckt Beilage Nr. IV.
[4]) v. d. Lith 1752. Nov. 25.

Die Wahrscheinlichkeit und Glaubwürdigkeit dieser Aussage möge dahingestellt bleiben; das wahre innere Wesen des Barbareskentums gibt sie nicht wieder. Der holländische Konsul Paravicini berichtete[1]) nach Hause, der Dey habe Ford zur Antwort gegeben, er sei sehr vergnügt über das Schreiben des Rats; ja er sollte hinzugefügt haben, er wünschte, einige andere Nationen möchten dem Beispiel folgen, da Algier schon zuviel Friedensverträge habe. Das war echt algierisch und entsprach vollkommen der Tradition dieser Raubstaaten. Die Holländer kannten ihren Freund, den Dey von Algier. Ich glaube, schrieb der Resident Buys in Hamburg[2]), dass der Dey sich den Bruch wenig kümmern lassen wird; er und die Seinen haben ihre Geschenke empfangen, und nun können sie wieder wie früher hamburgische Schiffe wegnehmen.

Und so war es; es konnte nun geschehen, was von der Lith[3]) früher befürchtet hatte: die Stückkugeln und das Schiesspulver, das die Stadt den Algierern geliefert, konnten verwandt werden zur Eroberung hamburgischer Schiffe.

Um den vermeintlichen Schmerz der Algierer über den Bruch zu beschwichtigen, that Hamburg noch ein Uebriges. Ford riet zu einigen Geldopfern, um Alles in „völlige Vergessenheit" zu bringen; der Rat ging darauf ein; noch im Mai 1753 wurde Ford geschrieben, dass ihm die, „zu Stillung der misvergnügten Gemühter angewandten 620 venetianische Zechinen" vergütet werden sollten.

Das war die letzte Thätigkeit Fords für Hamburg; im März 1752 war ihm bedeutet worden, sich des Titels eines hamburgischen Konsuls nicht weiter zu bedienen; im Juli folgte die Weisung, dass ihm der Abschied gegeben werden müsse. —

Als Apotheose der ganzen merkwürdigen Affaire diente dann eine Danksagung und Verbeugung der Stadt an die Vermittler. Schon im Juli 1752 hatte Graf Raab dem Senat nahe gelegt, dass es thunlich sei, wenn er eine Deputation an den kaiserlichen Hof sende; zwar habe der Kaiser seinen früheren Unwillen gegen die Stadt fahren lassen, offenbar aber nicht die Kaiserin. Da ferner Klefeker auf seiner Rückreise wohl dem französischen Hof Besuch

---

[1]) 22. Dez. 1752.
[2]) 26. Jan. 1753.
[3]) 7. April 1751.

und Dank abstatten werde, dürfe der kaiserliche Hof nicht übergangen werden; habe doch dieser weit mehr als Frankreich gethan und sei nur seine Vermittlung von Spanien angenommen worden. Ueberdies habe der Kaiser den Vorzug als Haupt des Reichs.

Der Senat zeigte sich sogleich bereit, eine Mission nach Wien abgehen zu lassen. Der Syndicus Johann Klefeker und der Ratsherr Winckler waren die Abgesandten. Sie trafen im November in Wien ein.[1] Am 13 bezw. 24. März 1753 ergingen die Dankschreiben des Kaiser und der Kaiserin an den Senat. Aus dem Schreiben der letzteren ist ein Passus hervorzuheben; es heisst hier: „wie Wir dann noch führohin zu dem eygenen Endzweck Euch an Handen zu gehen nicht ermangeln werden."

Auf diese Bemerkung machten am 30. Mai die beiden heimgekehrten Gesandten den Senat aufmerksam; diese Worte, so erklärten sie, deuteten die Intention beider Majestäten an, „nach welcher Dieselbe sub auspiciis conjunctis der Stadt am spanischen Hofe bey einem günstigen Anblicke darin zu Statten zu kommen wünschen, dass man nicht übel deute, wenn Senatus mit dem Dey zu Algier auf irgend eine Weise, nur die Lieferung der Ammunition ausgenommen, zur Gesicherung der Hamburgischen Flagge etwas verabreden könnte."

Ob den Gesandten die Worte des kaiserlichen Schreibens auf diese Weise von massgebender Stelle in Wien interpretirt worden sind, ist nicht ersichtlich. Vorläufig musste eine praktische Ausführung jenes Gedankens ja ausserhalb des Bereichs der Möglichkeit liegen.

Auf der Rückreise von Wien stellten sich die Gesandten auch in Dresden bei König August vor und statteten hier den Dank der Stadt ab.

Als Champeaux von der Absicht des Senats hörte, nach Wien eine Deputation zu senden, erklärte er, deshalb nach Paris berichten zu müssen, und erhielt dann von dort Befehl, dem Senat anzuzeigen, dass der französische Hof keine Deputation annehmen werde, „falls die geringste distinction darunter mit der Kayserlichen gemacht werde".[2]

---

[1] Der holländische Gesandte in Wien, Burmania, war gleich wieder misstrauisch; er schreibt am 17. Dezember: „'t is te denken, dat de Hamburgers hier weder iets negotieren, als toen wanneer sy sig in het nadere tractaet van dit hof mets de Porta hebben doen begrypen;" er werde ein offenes Auge darauf haben.

[2] Senatsprot. 2. u. 13. Okt. 1752; Buys 15. Sept. Das Folgende nach den Senatsprotokollen.

Der Senat konnte sich demnach nicht damit begnügen, wie er zuerst beabsichtigt hatte, Klefeker auf seiner Rückreise in Paris dem Hof den Dank der Stadt abstatten zu lassen.

Doch wollte der Senat auch nicht, wie nach Wien, eine besondere Deputation senden, sowohl in Anbetracht der Kosten, wie auch, weil man dem kaiserlichen Hofe gern eine gewisse Bevorzugung kundgeben wollte.

Der Resident Courchetet in Paris wies zuletzt einen Ausweg. Er besprach die heikle Angelegenheit mit dem Marquis de St. Contest, und man kam zu folgendem Resultat:

Ein Neffe Courchetet's, ein Monsieur Louis d'Hugier in Paris, erhielt vom Senat mit Zustimmung der Oberalten für kurze Zeit den Titel eines Senators[1]). Am 22 Juli 1753 hatten dann Klefeker und der improvisirte Senator d'Hugier in Compiègne Audienz beim König und der Königin. Im Oktober schickte d'Hugier sein Patent als Senator wieder nach Hamburg zurück. Alle Beteiligten waren mit dieser glücklichen Lösung einer Frage, die für Hamburg mehr als eine solche der Etikette war, sehr zufrieden.

So endete diese merkwürdige Episode der hamburgischen Geschichte mit einem recht seltsamen Vorgang; denn nicht anders können wir jene Ernennung eines Senators „auf Zeit" bezeichnen.[2])

Übrigens scheint Spanien an der Art, wie es mit Hamburg in diesem Falle umgegangen war, Gefallen gefunden zu haben. Dänemark, das schon 1746 mit Algier einen Vertrag abgeschlossen hatte, unterzeichnete diesen erst 1752 und schloss im Jahre 1751 mit Tunis, 1752 mit Tripolis und 1753 mit Marokko Verträge. Darüber war nun Spanien sehr erbost, namentlich wohl wegen der Lieferungen, die Dänemark Algier machte. Spanien brach kurzweg im Mai 1753 jegliche Beziehungen mit Dänemark ab. In dem Votum, das der damalige Minister Graf Bernstorff am 21. Juni im königlichen Konseil abgab, wies er darauf hin, wie der „natürliche Übermut" des spanischen Hofes „durch die Demütigung der Hamburger vermehrt worden." Dänemark war aber in anderer Lage als Hamburg; es kroch nicht, wie dieses, zu Kreuze, sondern antwortete mit der Abberufung seines Gesandten und verschloss gleichfalls den spanischen Schiffen seine Häfen. Das brachte Spanien allmählich zu Vernunft, und 1757 erkannte es die Ver-

---

[1]) Das Patent ist vom 21. Mai 1753.

[2]) Der holländische Resident berichtete 28. März 1753 über diesen Plan, der „zeer vreemd van een ieder gevonden word."

träge Dänemarks mit den Barbaresken an, während letzteres sich nur verpflichtete, die Lieferungen von Kriegsmaterialien an Algier, wenn möglich, in Geld umzuwandeln[1]). Seitdem hat Spanien solche Praetensionen nicht wieder erhoben.

Aber Hamburg blieb für lange Zeit unter dem Druck des Ereignisses von 1751 - 52. Während das kleine Dänemark siegreich aus dem Conflikt mit Spanien hervorging, musste Hamburg, das Glied des grossen heiligen Römischen Reiches, sich fügen.

Ein charakteristischeres Beispiel für die traurigen Consequenzen, die aus der Zerfahrenheit deutscher politischer Zustände im 18. Jahrhundert sich für einen kleinen Einzelstaat ergaben, lässt sich kaum finden.

---

[1]) vgl. Correspondance minist. du comte J. H. E. Bernstorff, publ. p. Vedel I. Nr. 36; Martens, Supplément II. 14 ff.

3. Kapitel.
Die Hansestädte und Algier 1753—1806.

Nachdem das Ereigniss von 1751 vorüber und sich über ihm und seine unmittelbaren Folgen die politischen Wogen geglättet hatten, ist längere Zeit von Algier und seinen Beziehungen zu den Hansestädten nur wenig und sporadisch die Rede.

Der Dey von Algier passte scharf auf, dass nicht etwa die Hamburger auf Umwegen die Vorteile eines Vertragsverhältnisses sich aneigneten. Schon im Januar 1751, vor Abschluss des Vertrages, hatten, wie Paravicini berichtet,[1]) Goverts und Genossen, um besser zum Ziel zu kommen, dem Dey nahegelegt, dass, wenn er ihre Vorschläge nicht annehme, sie für den halben Preis den Frieden erlangen könnten, indem sie von den mit Algier in Frieden lebenden Mächten Pässe kauften. Das hatte der Dey nicht vergessen, und Anfang April 1753 warnte er den holländischen Konsul: es ginge die Rede, die Holländer gäben den Hamburgern Pässe; zwar glaube er das nicht, doch solle der Konsul deshalb nach Hause schreiben.[2]) Es war allerdings unwahrscheinlich, dass die Holländer ihren hamburgischen Konkurrenten auf solche Weise entgegen gekommen wären. Aus den Berichten des holländischen Residenten Mauricius in Hamburg (1725—42) ergiebt sich, dass schon damals die Holländer sehr sorgsam darauf achteten, dass mit ihren Pässen nicht von den Hamburgern Missbrauch beim Zusammentreffen mit den Algierern getrieben werde. Und trotzdem nahmen die Klagen der Holländer über den Missbrauch, den ihre Flagge durch Hamburger, Dänen und Schweden erfuhr, kein Ende.

An Projekten, den Hamburgern die freie Mittelmeerfahrt zu verschaffen, ist jene Zeit nicht arm. Im Sommer 1754 taucht der Vorschlag eines Juden, David Meyer Schiff, auf.[3]) Er hatte mehr-

---

[1]) 22. Jan. 1751.
[2]) Derselbe 8. April 1753.
[3]) Protok. der Comm. Dep.

fach die Lösung hamburgischer Sklaven in Algier besorgt und machte sich nun anheischig, eine Konvention zwischen Algier und und einer Gesellschaft hamburgischer Kaufleute behufs Erlangung von Seepässen zu Stande bringen zu wollen. Der Preis sollte sich insgesamt auf 10000 Species-Dukaten jährlich belaufen.

Bemerkenswerter als dieses Anerbieten sind einige der Gründe, die der Senat gegen den Vorschlag anführte. Algier habe, so äusserte er sich im August 1755, kürzlich mit dem Kaiser und Holland gebrochen. Versuche, den Frieden wieder herzustellen, seien bisher gescheitert; mit Rücksicht auf den Kaiser sei deshalb eine Konvention mit Algier bedenklich. Diese Rücksichtnahme auf einen Fürsten, der bisher nicht viel Entgegenkommen in dieser Sache gezeigt hatte, ist merkwürdig. Begreiflicher ist es dagegen, dass die mit Spanien gemachte Erfahrung, die ja noch in frischer Erinnerung lebte, gegen die Konvention angeführt würde. War letztere auch nur als eine private gedacht, so musste sie hamburgischerseits doch amtlich und formell bestätigt werden; und solange nicht über die eventuelle Aufnahme Seitens Spaniens und Portugals Klarheit herrschte, musste die ganze Sache als anstössig gelten. Uebrigens sprachen auch Bedenken, die in der Persönlichkeit Schiff's begründet lagen, mit. Der Vorschlag wurde abgelehnt.

Unterdessen nahm die Schiffahrt der Hansestädte nicht nur nach dem Mittelmeer, sondern selbst nach Cadix immer mehr ab. Weiter als Lissabon zu gehen, war ein Wagniss; die Meerenge zu passieren, konnte ein Schiff nur unternehmen entweder unter guter Convoy oder wenn es selbst stark montiert war.[1]) Auch dann machte oft noch die Assekuranz Schwierigkeiten.

Aber ganz hörte diese Fahrt doch nicht auf. Man wunderte sich in Hamburg selbst darüber; „es sei nicht zu leugnen," meinte der Rat im Jahre 1753[2]) den Oberalten gegenüber, „dass es seither noch Rhedere gegeben, die ungeachtet der gefährlichen Umstände ihre Schiffe in unsichere Gegend gewagt." Diese Verwunderung ist weniger ein Ausdruck der Freude als des Bedauerns; denn die Fahrt kostete den öffentlichen Kassen durch die Kosten der Versicherung etc. viel Geld; man unterdrückte selbst nicht den Gedanken, diese Fahrt ganz zu verbieten. Doch dieser fiskalische Gesichtspunkt gewann nie die Oberhand.

---

[1]) Admir. Prot. 1755. Nov. 12; 1756 März; Prot. Dep. Com. 1758. Mai 24.
[2]) Aug. 10.
[3]) vgl. unten im Anhang über die Sklavenkasse u. s. w.

Hamburgische Schiffe fuhren damals, als Holland im Zwist mit Algier war, mehrfach in jene Gewässer, ohne durch starke Bemannung und Montirung geschützt zu sein. Kaum hatte aber Holland sich 1757 wieder mit Algier versöhnt, als auch schon die Meldung kam, dass mehrere algierische Schiffe westwärts die Strasse passirt hatten, und bald darauf, dass zwei hamburgische Schiffe, eins in der Strasse, das andere auf der Höhe von Lissabon genommen seien.[1])

Das schreckte natürlich von weiteren solchen Fahrten noch mehr ab. Weiter als bis nach Lissabon und Setubal gingen nun keine hamburgischen Schiffe mehr.[2]) Ueberhaupt war die Schifffahrt nach Spanien damals nur gering; etwa 4 Schiffe wurden jährlich nach Cadix beladen; erst Anfang der 70er Jahre nahm diese Fahrt zu; es wurden nun 20 und mehr Schiffe jährlich nach Cadix befrachtet.[3])

Gelegentlich wird dann noch einmal ein Projekt, sich Pässe von Algier zu verschaffen, gemacht; so 1770, wo von einigen Juden ein solches Angebot ausging, aber abgewiesen wurde.

In den nächsten Jahrzehnten tritt die Frage der Beziehungen zu Marokko in den Vordergrund des Interesses der Hansestädte; wir werden das unten näher betrachten. Aber vernachlässigt wurde die algierische Frage doch auch nicht.

Um 1780 kam auf verschiedene Weise die Angelegenheit der hansestädtischen Schiffahrt nach dem Mittelmeer in Fluss; und zwar sowohl durch die Anregung in der marokkanischen Angelegenheit als auch durch die Anstellung eines hamburgischen Generalkonsuls in Livorno. Seit langen Jahren hatte Hamburg keinen Konsul in dieser Stadt, die für den Mittelmeerhandel damals mehr bedeutete als heute. Die dort ansässigen Hansestädter hatten inzwischen meist die Dienste des holländischen Konsuls in Anspruch genommen. Der nun zwischen Holland und England entstandene Conflict wie auch wohl der Gedanke, dass die Bestellung eines eigenen Consuls in Livorno dem hamburgischen Handel förderlich sein könne, erweckten den Plan, dort wieder ein hamburgisches Konsulat zu errichten. Jedenfalls ging der Ursprung dieses Planes von stark interessirter Seite aus, was seinen Nutzen

---

[1]) Es waren das „Gekrönte Kleeblatt" (Schiffer Joach. Staats) und die „Einigkeit" (Reinhold Struckmann); Consul Steetz in Cadix an Senat. 23. Aug. 1758.
[2]) vgl. Büsch, Versuch einer Gesch. der hamb. Handl. § 37.
[3]) Comm. Dep. an Senat 1775 Febr. 10.

für die Allgemeinheit ja natürlich nicht ausschloss. Der Hamburger Johann Hinrich Nolte, Chef des angesehenen Handlungshauses Otto Franck & Co. in Livorno, wurde im Februar 1781 zum hamburgischen Generalkonsul daselbst ernannt.[1]) Am 14. Februar schrieb der hamburgische Syndicus Sillem an Syndicus Evers in Lübeck, und legte ihm die Gründe dar, die den Senat zu jener Ernennung bewogen hatten: sein Geschäft, das stark nach England gravitiere, könne nicht unter holländischer Protektion gehen. „Ob wir gleich bekanntlich keine eigentliche Schiffahrt im Mittelländischen Meere haben," so seien doch von Nolte allerlei weitere Untersuchung verdienende Vorschläge gemacht. Er wolle versuchen, ob er nicht durch sein Haus in Konstantinopel auf einzelne hiesige Schiffe „Permissionen" oder „Firmans" erhalten könne, mit denen die Schiffe, vor den Korsaren gesichert, das Mittelmeer befahren könnten; solche Firmans würden kaiserlichen und anderen Schiffen oft erteilt. Um dies aber besser bewerkstelligen zu können, wünsche Nolte hanseatischer Generalkonsul zu werden.

In Lübeck verhielt man sich gegen diesen Wunsch vollkommen ablehnend, sowohl aus einer ganz offen kundgegebenen Empfindlichkeit über die bereits erfolgte Anstellung Noltes, ohne dass er sich zugleich um das Consulat für die beiden anderen Städte beworben hatte; als auch weil man diesem Consulat jeglichen Nutzen absprach. Und Lübeck blieb bei dieser Ansicht, obwohl Sillem die schnelle Anstellung Noltes mit der Eile, die die Angelegenheit ihrer Natur nach erfordert habe, begründete und darauf hinwies, dass, wenn auch hanseatische Schiffe selbst nicht im Mittelmeer fahren könnten und für sie diese Firmans wenig Wert hätten, doch mit fremden, so dänischen und schwedischen Schiffen über Livorno Handel nach der Levante getrieben werden könne; dazu die Hand zu bieten, sei das Nolte'sche Haus schon im eigenen Interesse bereit.

Es ging damals wieder das Gerücht über Friedensverhandlungen zwischen dem Kaiser und Algier. Nachdem im Sommer 1781 aus Holland die Nachricht gekommen war, dass der Kaiser den Kaufleuten von Ostende die Versicherung gegeben, dass sie

---

[1]) Doch trat er erst am 1. Dezember öffentlich in dieser Eigenschaft in Livorno auf. Über diese Hamburg-Holländisch-Livorneser Beziehungen werde ich an anderer Stelle eingehend berichten.

in Zukunft von den Barbaresken nichts mehr zu besorgen hätten, wurde sogleich wieder von Lübeck der Gedanke angeregt, an einem Frieden, denn nur um einen solchen konnte es sich ja handeln, teilzunehmen. Den von Lübeck gemachten Vorschlag, sich an Baron Binder, kaiserlichen Residenten im Niedersächsischen Kreise, zu wenden, hielt Hamburg für unthunlich; dagegen erkundigte sich letzteres bei Nolte, der mit dem toskanischen Hof in naher Verbindung stand. Nolte berichtete dann am 2. November 1781: der toskanische Hof wisse nichts von einem neuen Vertrag des Kaisers mit der Pforte, in dem die Barbaresken eingeschlossen seien. Sollte wirklich ein solcher Tractat abgeschlossen werden, so erachte er die Aufnahme der Hansestädte in ihn für sehr schwer, wenn nicht schlechterdings unmöglich; jedenfalls müsse man sich dann unmittelbar an den kaiserlichen Hof, am Besten an den Fürsten Kaunitz wenden, doch werde der Wiener Hof wohl darauf bestehen, dass alle hansestädtischen Schiffe kaiserliche Flagge führten. Nolte erörterte ferner eingehend seine Ansicht über die Benutzung der Firmans der Pforte. Diese letzteren können jede Nation gegen geringe Kosten erhalten. Zweifelhaft war nur, ob die Barbaresken sie unbedingt respektierten. Zwei kaiserliche Schiffe hatten gerade kürzlich die gegenteilige Erfahrung gemacht, und vergebens bemühte sich längere Zeit die kaiserliche Regierung, Genugthuung von der Pforte zu erhalten. Alles was mit solchen Firmans zusammenhing war doch höchst unsicher; höchstens in Kriegszeiten, wie die damaligen, hatten sie Wert; da machte die Schiffahrt der neutralen Mächte im Mittelländischen Meere so gute Geschäfte, dass sie mit den Firmans ein grosses Risiko laufen konnte.

Aber gerade die Ausnutzung dieser günstigen Umstände musste bei Denjenigen, die durch den allgemeinen Frieden in dieser Hinsicht nur verlieren konnten, mehr und mehr die Hoffnung nähren, auch für eine friedliche Zeit an dieser Schiffahrt mindestens in demselben Umfang Teil zu nehmen, wie während des Krieges. „Die preussische Schiffarth", schrieb am 13. April 1782 der hamburgische Resident Wever aus Berlin, „hat in diesem Kriege sehr zugenommen; man fürchtet aber einen starken Abfall, wenn die Holländer erst wieder in See erscheinen dürfen; und deshalb wünschen die Seestädte einen Vertrag mit denen Barbarischen See-Mächten, um in Zukunft das Mittelländische Meer befahren zu können, und es werden deshalb Projecte gemacht." An Projekten in dieser Richtung fehlt es wahrlich auch in den Hansestädten nicht, die sich ja in derselben Lage befanden.

Kaum waren die Vorschläge Noltes hinsichtlich der Firmans ad acta gelegt, als derselbe Nolte wieder schrieb,[1]) es zeigten sich zuweilen Gelegenheiten, Prisenschiffe in Algier zu kaufen, die zugleich mit Pässen von dortiger Regierung auf bestimmte' Jahre versehen seien. und unter selbst gewählter Flagge fahren könnten; Nolte bot an, eventuell für sein Haus ein solches Schiff unter hamburgischer Flagge inner- und ausserhalb des Mittelländischen Meeres fahren zu lassen.

Thatsächlich war an die Nolte'sche Firma in Gemeinschaft mit dem Haus Hendrik Holst & Comp. erst kürzlich ein holländisches von den Engländern gekapertes Schiff dirigiert und von den beiden Firmen angenommen worden, ein Schritt, der für ein weiteres Zusammengehen der Holländer und Hamburger in Livorno verhänghängnisvoll wurde.[2])

Der Nolte'sche Vorschlag schien allerdings selbst dem hamburgischen Senat, der im Übrigen von den drei Senaten in dieser ganzen Barbareskenfrage stets die kühnsten Ideen hatte, etwas abenteuerlich. Syndikus Sillem fügte aber, indem er diesem Gedanken in einem Schreiben nach Lübeck Ausdruck verlieh, hinzu:

„Die hiesigen Kaufleute aber denken wohl darauf, in einem solchen anzukaufenden Algierischen Prise-Schiffe einen Anteil zu nehmen;" doch sollte Nolte Mittel angeben, wie das Schiff unter toskanischer Flagge nach Hamburg kommen könne.

Bei allen diesen Projekten, die Zeugnis ablegen sowohl von der politischen Hülflosigkeit wie von der kommerziellen Rührigkeit und Umsicht hanseatischer Kaufleute des 18. Jahrhunderts, vergass man nicht den alten, stets wieder auftauchenden Plan, sich an den Kaiser anzuschliessen. Da der Agent Dammers in Wien nicht als der für solche Unterhandlungen geeignete Mann galt, schrieb der hamburgische Senator Dörner an den Baron v. Fries, und dieser antwortete am 21. Mai 1782:

Es sei sicher, dass, wenn der Kaiser und Toscana sich um Sicherstellung ihrer Flagge gegen die Barbaresken ernstlich bemühten, alle anderen Nationen es nicht gerne sehen würden. Käme aber noch hinzu, dass auch die Hansestädte an einem solchen

---

[1]) 25. März 1782.
[2]) Nach don Berichten des holländischen Konsuls Kerfbyl in Livorno (R. A. im Haag).

Vertrag Anteil haben sollten, so würde die Eifersucht jener Mächte wegen der Küstenschiffahrt vermehrt werden. Er, Fries, mutmasse somit, dass der kaiserliche Hof sich auf eine Beteiligung der Hansestädte nicht einlassen werde. Indirekt könnten diese vielleicht an einem solchen Vertrage teilnehmen, wenn sie kaiserliche Flaggen führten und wenn kaiserliche Unterthanen in den Schiffen interessiert wären.

Gegen diese letzteren Bedingungen herrschte, wie schon früher, in den Städten starke Abneigung; Pässe in Wien oder Ostende oder beim kaiserlichen Gesandten in Hamburg sich zu holen, behagte den Hamburgern ebensowenig wie es anderseits höchst gefährlich schien, der kaiserlichen Flagge sich bedienen zu müssen etwa zu einer Zeit, wo der Kaiser mit einer fremden Seemacht im Kriege lag. Unter der Hand benutzten ja Hamburger Kaufleute die kaiserliche Flagge oft; aber „ein öffentliches Werk" daraus zu machen, war doch höchst bedenklich. Zu erstreben war eine Sicherstellung der Fahrt, unabhängig von der Frage, ob der Kaiser in Krieg oder Frieden lebte, d. h. Aufnahme in einen kaiserlichen Vertrag mit den Barbaresken ohne jede Nebenbedingung. Der Senator Dörner brachte hierfür die Zahlung eines Kontingents an den Kaiser in Vorschlag, etwa 18000 Gulden Wien. Cour. oder 31000 Mark Hamb. Cour.[1])

Es blieb aber bei diesen Projekten; ein Friede des Kaisers mit Algier kam nicht zu Stande; dagegen erliess die Pforte einen „Sened" an die Barbareskenstaaten zu Gunsten der österreichischen Unterthanen.[2]) —

Erst 1785 tritt die algierische Frage wieder in den Vordergrund. Schon das blosse Gerücht, das im Sommer dieses Jahres durch die Zeitungen ging, dass nämlich Spanien einen Frieden mit Algier geschlossen habe, genügte, um die Hansestädte in eine grosse Aufregung zu versetzen. In der That war die Bedeutung eines solchen Friedens nicht zu unterschätzen. Er ermöglichte es den Raubschiffen, im Atlantischen Ocean und an der Nordküste Spaniens die Schiffahrt ihrer Feinde zu belästigen.

In der seit Jahrhunderten zwischen Algier und Spanien herrschenden, längst traditionell gewordenen Feindschaft sahen mit den meisten christlichen Mächten auch die Hansestädte von Altersher noch ein mächtiges Bollwerk gegen die Seeräuber.

---

[1]) Bemerkungen Dörner's zu dem Briefe von Fries (Lüb. A.)
[2]) vgl. u. A. Hamb. Neue Zeitung 1783. Nov. 21.

Der Gedanke, etwa in den spanisch-algierischen Vertrag mit aufgenommen zu werden, findet sich, wie es scheint, nur in Lübeck ausgesprochen; doch hielt man hier die Aussicht dazu für sehr gering.[1]

In Hamburg zeigte sich gleich viel Bewegung. Der Senat setzte im August eine Kommission ein.[2] Die Commerzdeputierten richteten, · als das Gerücht von dem Frieden sich immer mehr als wahrscheinlich erwies, am 26. September an den Senat eine Eingabe. Es sei, legten sie dar, gegenwärtig ein Zeitpunkt, „wo mit Grund zu befürchten ist, dass auch die wenigen schwachen Überbleibsel unserer ehemals so blühenden Schiffahrt gänzlich verschwinden mögten und unsere in Ansehung aller christlichen Mächte Gottlob! freye Flagge in keinem Meere mehr würde wehen dürfen;" denn des spanisch-algierischen Friedens erste Folge würde sein, dass, namentlich, wenn auch Portugal hinzutrete, unsere Schiffe bis in den Kanal hinein von den Räubern verfolgt werden könnten; die Fahrt von diesem bis zur portugiesischen Küste sei bisher fast unsere einzige Fahrt gewesen; ginge sie ein, so würden also die Seeräuber „zum äussersten Schaden unserer Handlung und zum Verderben so vieler von unserer Schiffahrt sich bisher genährten Familien, für unsere Schiffe keine Fahrt, für Schiffer und Volk kein Brod und für die Rhederey nicht die geringste Nutzung ihrer Kapitalien übrig lassen." Um dieser drohenden Gefahr vorzubeugen, schlugen die Commerzdeputierten im Verein mit ihren Altadjungierten vor:

Der Senat möge mit Erlaubnis des französischen Hofes durch dessen Konsul in Algier mit diesem Staat, wie auch, wenn möglich, mit den übrigen Barbareskenstaaten einen Frieden schliessen. Ein solcher Friede, so meinten sie, könne nicht allzuschwer zu erreichen sein; die Kosten würden nur „eine Aufopferung zum grösseren bleibenden Nutzen" sein; ohne Zweifel werde die Kaufmannschaft willig einen Teil der Kosten auf sich nehmen, „wenn die freye Fahrt die herrliche Folge dieses glücklichen Friedens wäre."

Aus dieser Kundgebung ergibt sich klar, welch' grossen Wert grade die Kaufmannschaft Hamburgs auf einen Frieden mit Algier legte. Für die richtige Beurteilung der späteren Entwickelung der

---
[1] Commerce-Commission 28. Februar 1786.
[2] Syndicus Sillem und die Senatoren Dörner, Lütkens, Westphalen.

Beziehungen zu den Barbaresken ist diese kaufmännische Äusserung sehr wichtig; sie zeigt uns, dass von Geschäftsmännern, nüchternen Kaufleuten, die bei jeder Kalkulation dem Soll das Haben gegenüberzustellen pflegen, diese auf einen Vertrag hinsteuernde Bewegung bestimmt worden ist, eine Bewegung, der, als sie sich später in ähnlicher Weise wiederholte, man in den Schwesterstädten gern den Stempel des Leichtsinns hat aufdrücken wollen.

Übrigens war der Senat in der Sache nicht lässig; mit gutem Gewissen konnte er am 25. November den Commerzdeputierten mitteilen, dass er „mit aller Aufmerksamkeit" dieser Sache gedenke; doch empfahl er dringend Geheimhaltung. Er liess durch den Residenten de la Flotte in Paris das französische Ministerium des Auswärtigen bitten, dass der König seinem Konsul in Algier, Kercy, erlauben möge, für Hamburg mit Algier zu verhandeln. Was aus diesem Antrag geworden ist, muss dahingestellt bleiben; aus den mir zugänglichen Akten ergiebt sich darüber nichts. Aber die Schritte Hamburgs in Paris sind, das steht fest, nicht ohne Erfolg gewesen. Es wurde „unter französischer Protektion" ein eigener hamburgischer Geschäftsträger nach Algier geschickt.[1]) Dieser Mann hiess Richaud, eine Persönlichkeit, über die ich nicht im Stande bin etwas Anderes als seinen Namen mitzuteilen. Seine Mission hat im Laufe des Jahres 1786 stattgefunden; im Juni dieses Jahres schloss Spanien wirklich seinen Frieden mit Algier.[2])

Was Richaud in Algier vollbringen sollte, erhellt aus den zwei einzigen Aktenstücken, die wir über diese ganze Episode besitzen, nämlich der Instruktion, die de la Flotte vom Senat sowohl für sich als den event. Unterhändler in Algier erhielt, und dem ausführlichen Bericht, den nach Abschluss seiner Mission Richaud an den Senat erstattete.[3])

Aus der vom 2. Dezember 1785 datierten Instruktion[4]) sehen

---

[1]) Commerzdep. Prot. 1787. April 16.

[2]) van der Lepe an Synd. Sillem 1786. Okt. 8.: Soeben sei der spanisch-algier. Vertrag veröffentlicht.

[3]) Beide im Comm. Dep. Prot. — Ein separates Senats-Protokoll über diese Sendung ist im Staatsarchiv verbrannt. — Die Instruktion war ursprünglich wohl nicht für Richaud, sondern für Kercy bestimmt; es liegt aber kein Grund vor anzunehmen, dass sie für ersteren, der in Algier mit Kercy's Unterstützung unterhandelte, anders gelautet haben würde.

[4]) Beilage Nr. V.

wir, dass der Senat einen förmlichen Frieden mit Algier schliessen und namentlich natürlich die Bedingungen, vornehmlich die Jahresgeschenke etc. erfahren wollte. Da Hamburg ein Staat sei, der auf alle Mächte Rücksicht zu nehmen habe, so dürfe die Gratifikation nur in klingender Münze gezahlt werden. Kriegs- oder Schiffsmaterialien könnten in Hamburg kaum unter anderen Bedingungen erworben werden wie in Algier; ferner seien diese Artikel in Kriegszeiten Contrebande, deren Versendung Schwierigkeiten machen könne. Die Geldleistung dürfe nicht zu hoch sein, denn 1) habe Hamburg keine Kolonien, treibe fast nur Küstenschiffahrt und meist mit fremder Schiffsbesatzung; es sei nur eine Stadt und fast ohne Gebiet. 2) Werde sein Handel durch diesen Frieden keinen Zuwachs erhalten. Seit 28 Jahren sei von den Algierern keine hamburgische Prise genommen; der hamburgische Handel fahre eben unter fremder, den Algierern befreundeter Flagge. Einen Frieden erstrebe Hamburg nur zum Zweck der Erhaltung seiner geringfügigen Schiffahrt mit Portugal, den atlantischen und Mittelmeerhäfen. Sei der Friede nicht erreichbar, so werde Hamburg, wie seit fast 30 Jahren, während welcher man seine Flagge im Mittelmeer nicht gesehen habe, sich fremder Flaggen bedienen, eventuell auch für die Fahrt nach Portugal. Algier würde also, wenn es den Frieden nicht einginge, keinen Vorteil davon haben.

So hatte der Senat seinen Unterhändler instruiert.

Richaud fand in Algier die Unterstützung des genannten Residenten Kercy. Über die Einzelheiten seiner Unterhandlung sind wir leider ganz im Dunkeln. Sein Bericht,[1] so interessant er für die Beurteilung der damaligen Verhältnisse Algiers ist, lässt uns über die Verhandlung fast ganz im Unklaren. Eines Tages liess der Dey ihm sagen, er könne abreisen, sobald er wolle.

Am 16. April 1787 teilte der Senat den Commerzdeputierten diesen Misserfolg mit, er bedauerte dies und meinte, vorläufig müsse man das Projekt ganz aufgeben.

Ein Trost war es immerhin, dass wenigstens Portugal standhaft blieb und mit Algier, namentlich, weil es ihn nicht erkaufen wollte, einen Vertrag nicht einging.[2] Da Portugal stets einige

---

[1] Beilage Nr. VI.
[2] Com. Dep. Prot. 1787, April 12 nach Brief Stöcquelers. Der holländische Konsul in Algier schrieb am 26. Juni: „Den Dey willende absoluyt niet hooren spreeken van een vreede met Portugal te sluyten."

Kriegsschiffe vor der Meerenge kreuzen liess, war diese Feindschaft mit Algier für die Hansestädte äusserst wertvoll.

Zu dem Misserfolg Hamburgs in Algier hat vielleicht auch beigetragen die Thatsache, dass der Dey gegen die Hamburger damals besonders gereizt war, weil sie unter fremder Flagge, namentlich dänischer, sich seinen Raubschiffen vielfach zu entziehen wussten. Schon 1753 hatte, wie wir sahen, der Dey deshalb den holländischen Konsul gewarnt. Mit mehr Berechtigung warnte er jetzt den dänischen Konsul und erklärte ihm, dass alle Schiffe, die in Hamburg, Danzig und Lübeck u. s. w. mit dänischen Pässen versehen würden, von den Algierern aufgebracht werden würden.[1)]

Es verflossen nur wenige Jahre, und von Neuem erschien das Schreckgespenst einer portugiesisch-algierischen Verständigung. Im September des Jahres 1793 vermittelte nämlich England einen einjährigen Waffenstillstand zwischen Portugal und Algier; er hatte zur unmittelbaren Folge, dass algierische Raubschiffe in den Ocean hineinfuhren und die Schiffahrt hier äusserst unsicher machten.

Stöcqueler, der hansische Konsul in Lissabon, erkannte sofort die dadurch für die hanseatische Schiffahrt geschaffene Gefahr. Etwa 40 den Städten gehörige Schiffe befanden sich damals in portugiesischen Häfen; ein Dutzend andere wurden erwartet; alle waren arglos im Vertrauen auf die Sperre der Meerenge. Stöcqueler bat sogleich[2)] den portugiesischen Minister des Auswärtigen um Schutzmassregeln, namentlich um Convoy für die in portugiesischen Häfen liegenden und nach Norden bestimmten hansestädtischen Schiffe.

Die portugiesische Regierung zeigte ein sehr lobenswertes Entgegenkommen und bewilligte sofort eine Convoy, sowohl den hanseatischen wie auch den amerikanischen Schiffen; sie ging am 4. November mit mehr als 60 Schiffen von Lissabon ab. Eine zweite Convoy, das möge hier gleich vorweggenommen werden, gab Portugal im Frühjahr 1794.[3)]

Durch diese Mitteilung, die Convoy betreffend, wurde der Schrecken, der sich der hansestädtischen Kaufmannschaft bei der

---

[1)] Konsul Fraissinet 1785. Juni 11; 1786. Jan. 27; August 28. (R. A. Haag).
[2)] 12. Oktober; auch Prot. Dep. Com. 1783. Nov. 27.
[3)] Bei beiden Convoyen waren hamburgische und bremische Schiffe, lübische nur bei der ersten.

Kunde von dem Waffenstilstand bemächtigt hatte[1]), erheblich gemildert. Die Convoyrung der portugiesischen Kriegsschiffe war etwas Neues und Unerhörtes[2]); der portugiesischen Regierung gedachte man in den Städten mit grosser Anerkennung; es wurde sofort für Gratifikationen an die Minister und Convoykommandanten gesorgt, Dankschreiben ergingen nicht nur an die ersteren, sondern auch an den Prinzregenten von Portugal und den Geschäftsträger in Hamburg, Johannes Schuback.

Darauf wollte man sich aber in Hamburg nicht beschränken. Während Bremen und Lübeck sich zurückhielten, drängte dort die Kaufmannschaft weiter. Schien auch vorläufig die Schiffahrt nach Portugal gesichert, so konnte man doch die Hände nicht unthätig in den Schoss legen, solange ein portugiesisch-algierischer Friede in Aussicht stand. Eine stattliche Reihe von Rhedern und Schiffslieferanten richtete Ende November eine Eingabe an die Commerzdeputierten, und diese wandten sich am 2. Dezember an den Senat: „Der Wunsch unsrer Kaufmannschaft nach einem Frieden mit Algier", so legten sie dar, „ist jetzt lauter und allgemeiner als je, da der gegenwärtige Zeitpunkt dazu so günstig scheint." Die misslungenen Versuche früherer Zeit schreckten „den guten Bürger von neuen gemeinnützigen und wohlthätigen Unternehmungen nicht ab, sondern spornen vielmehr seinen Eifer nur noch stärker, je mehr das Bedürfnis der Sache so offenbar zu Tage liegt." In gewöhnlichen Zeiten beschäftige die Frachtfahrt nach jenseits des Cap Finisterre 70—80 hamburgische Schiffe; diese und noch weit mehr Schiffe, die nach der Bucht von Frankreich und dem irländischen Meere gingen, würden in Zukunft den Seeräubern blossgestellt sein. Nehme man für jedes dieser Schiffe nur eine Reise im Jahre an, so würde nicht viel an 200000 Thalern Ausrüstungskosten fehlen, die Hamburg nur während eines halben Jahres weniger einnähme. Die hamburgische Rhederei werde dann überhaupt aufhören. 4—500 grössere und kleinere Feuerstellen eingehen, der Einfluss auf die öffentlichen Einnahmen und das Allgemeinwohl nicht ausbleiben,

---

[1]) Auch die Holländer waren über die Aussicht auf einen portugiesisch-algierischen Frieden nicht erfreut. Der schon genannte Konsul Fraissinet schrieb am 24. Januar 1794 aus Pisa: „want als per ongeluk de Portugeesen kwaamen haare vreede voor de onze te sluyten, dat souwde ons eene groote nadeel brengen." (R. A. im Haag).

[2]) Namentlich nach dem Promemoria des lüb. Senators Rodde vom 17. Dec. 1793.

Ein Friede mit Algier wäre demnach „ebenso nothwendig als wohlthätig." Die Herbeiführung eines solchen schien den Commerzdeputierten sowohl hinsichtlich der Kosten wie der augenblicklichen politischen Verhältnisse weniger schwierig zu sein als jemals. Freilich werde „unsre Börse" gern auch gleichzeitige Unterhandlungen mit den andern Raubstaaten sehen; dazu sei aber zur Zeit nicht zu raten; „und unsre Schiffahrt wird sich schon sehr desjenigen günstigen Erfolgs erfreuen, welcher ihr bis zur Meerenge von Gibraltar Sicherheit gewährt, welches ein Friede mit Algier vollkommen leistet."

Einem Wunsche verliehen die Commerzdeputierten besonders lebhaft Ausdruck, nämlich dass die Unterhandlung durch den portugiesischen Hof geführt werden möge; die „so offenbar gnädige Gesinnung dieses Hofes gegen unser Hamburg" erhelle ja deutlich aus Stöcquelers Briefen. „Unsere Handlungs-Verhältnisse mit Portugal sind bedeutender jetzt als mit anderen südlichen Ländern von Europa"; dies werde dem Ministerium bekannt sein.

Was schliesslich die Kosten betreffe, so werde die Admiralität aus dem noch immer erhobenen Convoy-Zoll[1]) oder aus der Sklavenkasse die Gelder gewiss gern herschiessen; der Tribut lasse sich teils aus den jährlich von der Admiralität für die Versicherung der Schiffsequipage geleisteten Beiträgen, teils aus einer auf die Türkenpässe zu legenden Auflage bestreiten. Die Stadtkasse solle nicht belastet werden; „denn Commerzdeputierte halten sicher dafür, dass, wenn ein kostbarer Frieden geschlossen würde, auch diejenigen die Lasten gern übernähmen, welchen der Nutzen zunächst zu Theil wird."

Der Senat instruirte darauf Stöcqueler am 13. Dezember, er möge sich erkundigen, ob man sich Hoffnung machen dürfte, gegen Erlegung einer Summe Geldes in den bevorstehenden portugiesisch-algierischen Frieden aufgenommen zu werden; wenn das unmöglich, solle er den portugiesischen Minister um Rat fragen, auf welche andere Weise Hamburg, ohne besonderen Frieden mit Algier zu schliessen, seine Schiffe gegen das letztere schützen könne.

Zugleich schlug Hamburg den Schwesterstädten eine gemeinsame Konferenz vor, um die umständliche schriftliche Unterhandlung zu vermeiden; der Senat machte kein Hehl daraus, dass er, wenn sich kein anderes Mittel zur Sicherung der Schiffahrt fände,

---

[1]) Über diesen vgl. meine Convoyschiffahrt S. 104 ff.

geneigt wäre, mit Algier einen ordentlichen Friedensvertrag zu schliessen.[1]

In Lübeck und Bremen verhielt man sich hiergegen sehr kühl. Lübeck lehnte die Teilnahme an einer Konferenz ab; der dortige Senat war „nicht geneigt, der Schliessung des Traktats mit Algier beyzutreten, und erachtet auch, dass das Geschäfte nicht so dringend, sondern erst mehreres zu erkundigen sey[2]."
Auch Bremen wollte von einem Vertrage nichts wissen, namentlich solange man nicht sicher darüber sei, wie England und Spanien es aufnehmen würden[3]). Dagegen verhinderte Hamburg eine von Bremen vorgeschlagene Sondirung des englischen Ministeriums, wie nämlich dieses einen Vergleich der Hansastädte mit Algier aufnehmen würde; man glaubte nämlich allen Grund zu der Vermuthung zu haben, dass England den Waffenstillstand zwischen Algier und Portugal vornehmlich angestiftet hatte, um die grade damals infolge des Krieges so blühende amerikanische und hanseatische Schiffahrt zu schädigen.[4])

Da die Schwesterstädte also zögerten, und weil die wichtige Unterhandlung mehr Schnelligkeit und Discretion bedurfte, trennte sich Anfang Januar 1794 Hamburg kurzweg von Lübeck und Bremen. Allerdings überwog ja auch das Interesse Hamburgs an dieser Sache dasjenige der beiden letzteren bedeutend[5]). In Bremen sah man aber die Abschwenkung Hamburgs sehr ungern. Der Handel Bremens mit Portugal und Spanien hatte in den letzten Jahren bedeutend zugenommen und stand in einzelnen Artikeln, so Leinwand, dem hamburgischen nahezu gleich. Die Senatscommission für die Barbareskenfrage sprach sich Ende December sehr entschieden für die Beteiligung an der vorgeschlagenen Conferenz aus. Lübeck gegenüber machte Bremen kein Hehl daraus, warum es eine gemeinschaftliche Behandlung der Sache durch die drei Städte wünschte. „Eben das grössere Opfer", schrieb v. Eelking an Wilcken am 6. Februar, „welches Hamburg bey gegenwärtigem Gegenstand zu bringen vermag", sei es, was Bremen den Wunsch nahe lege, dass Hamburg nicht seinen Weg allein gehe. Lübeck

---

[1]) Synd. Sieveking an Synd. v. Eelking 20. Dez., an Synd. Wilcken 23. Dez. 1793.
[2]) Lüb. Senat an Brem. Senat 2. Jan. 1794.
[3]) v. Eelking an Sieveking 30. Dez. 1793.
[4]) Sieveking an Wilcken 2. Jan.; Hamb. Senatsprot. 3. Jan. 1794. vgl. auch Büsch a. a. O. § 37; Plant et II. 445. Note 1.
[5]) Sieveking an Wilcken 2. Januar; Hamb. Senat an Lüb. Senat 4. Jan. 1794.

könne das gleichgültig sein, da sein Handel mit Portugal nur gering
sei; Bremens Kaufmannschaft würde es sehr empfinden, „wenn
Hamburg der ihrigen durch die Separat-Negociation Vortheile verschaffte, deren sie entbehren müsste".

Bremen bat demnach Hamburg um gemeinsame Behandlung
der Sache, begreiflicherweise nicht mit den oben angegebenen
Gründen, sondern indem es Hamburg auf die grössere Wirkung,
die auf Spanien und Portugal eine auf den hansischen Bund gestützte
Verhandlung habe, hinwies. Nun war auch Lübeck wieder für
gemeinsames Vorgehen. Sein Bürgermeister Krohn schrieb am
13. Februar an v. Eelking: „Was von der deutschen Hanse noch
übrig seyn mag, würde noch weniger als ein Schatten seyn, wenn,
was sich auf die Handlung mit den europäischen Staaten beziehet,
nicht von derselben, dem Herkommen gemäss, gemeinschaftlich
unterhandelt werden sollte. Selbst Hamburg kann des mehreren
hanseatischen Ansehens nicht immer entrathen". Auch in Hamburg verkannte man nicht, „dass besonders in Portugal und Spanien der
hanseat. Bund noch in grossem Ansehen steht und dass folglich
ein Geschäfte dadurch, dass es von den 3 Hansestädten gemeinschaftlich betrieben wird, weit mehr Gewicht erhält, als wenn eine
der 3 Hansestädte für sich besonders agiret"; dadurch werde aber
auch die Sache vertheuert, und Hamburg habe ohnedies schon
stets mehr zu bezahlen, als wenn es allein agire; dazu käme die
Zeitvergeudung¹).

Schliesslich beschloss denn am 17. Februar der Hamburger
Senat, der übrigens in der Zwischenzeit von den meisten Vor-
gängen in dieser Frage den Schwesterstädten Mitteilung gemacht
hatte, nun „communi consilio mit Lübeck und Bremen und nomine
Hanseatico in dieser Sache zu verfahren".

Inzwischen hatten sich die Aussichten für das Zustandekommen
eines Friedens Portugals mit Algier merklich verschlechtert; ersteres
hatte eine Zahlung rundweg abgelehnt. Auch erhielt Stöcqueler
von der portugiesischen Regierung sehr beruhigende Versicherungen
für den Fall, dass es wirklich zu einem Frieden kommen werde;
nur unter der Bedingung, dass alle hanseatischen Schiffe im Verkehr mit Portugal unbehelligt blieben, werde Portugal Frieden
schliessen²). Gegen einen eventuellen Frieden der Hansestädte
mit Algier hatte Portugal nichts einzuwenden.

---

¹) Sieveking an Wilcken 1794. Febr. 4.
²) Stöcqueler an Sieveking 14. u. 24. Dez. 1793.

Syndicus Sieveking hatte schon am 4. Februar 1794 nach Lübeck[1]) geschrieben, dass ein besonderer Frieden mit Algier wohl nicht mehr nötig sei; die Fahrt nach Spanien war zu unbedeutend; und bei der französischen und nordamerikanischen Fahrt war die algierische Gefahr gering; die südamerikanische Fahrt kam noch garnicht in Betracht.

Ein Punkt aber war hinzugekommen und verursachte einiges Kopfzerbrechen. Stöcqueler hatte am 24. December angefragt, ob die Hansestädte sich an den Kosten der Bewachung der Meerenge beteiligen wollten; der portugisische Minister hätte eine Andeutung dieser Art gemacht. Sieveking glaubte allerdings, dass es auch ohne eine solche Beteiligung gehen werde. Doch war die Frage einmal aufgeworfen; sie beunruhigte namentlich Lübeck.

Ueberhaupt schien es besonders dieser Stadt, als ob Stöcqueler sich schon viel zu tief mit dem portugisischen Minister Pinto de Souza eingelassen hätte[2]).

Als die Städte sich wieder zu gemeinsamem Vorgehen geeinigt hatten, wünschte Hamburg vor Allem Klarheit über die Beteiligung an den Kosten der Verhandlung[3]). Hierbei traf es aber insbesondere bei Lübeck auf grosse Schwierigkeiten. Das Interesse dieser Stadt an der in Betracht kommenden Fahrt war allerdings nicht so gross wie dasjenige der Schwesterstädte. Von der alten lübischen Schifffahrt nach Portugal und Spanien war nicht mehr viel übrig. Was an nordischen Producten von Lübeck nach Portugal ging, wurde schon lange meist auf schwedischen und dänischen Schiffen verladen. Die von Portugal für lübische Rechnung versandten Güter, besonders Zucker, gingen meist über Hamburg[4]).

Von 1784—93 waren insgesammt nur 40 lübische Schiffe nach Portugal und 2 nach Cadix gefahren, im Durchschnitt also nur 4 im Jahre; und von den 40 fielen allein 23 in das Jahr 1783[5]); in mehreren Jahren hatte kein Schiff diese Bestimmung gehabt. Senator Plessing hatte Recht, wenn er von Lübecks „Ohnmacht und unbedeutenden Schiffahrt" spricht. Denn nur die Rhederei,

---

[1]) an Synd Wilcken.
[2]) Wilcken an Sieveking 12. Febr. 1794.
[3]) Hamb. Senat an Lüb. u. Brem. Senat 28. Febr. 1794.
[4]) Promemoria des Senator Joh. Phil. Plessing 3. März. 1794.
[5]) „Die mehrsten dieser Schiffe sind aus Mangel einer guten Fracht von Holland oder Frankreich nach St. Ubes mit Ballast gesegelt, um für Rheder-Rechnung Salz zu laden." (ebenda).

die Schiffahrt kam in Betracht, nicht der Handel. Der Handel Lübecks nach Spanien und Portugal war damals bedeutender denn je[1]).

Von den Schwesterstädten sich trennen wollte nun aber auch Lübeck nicht; darin waren Senat und Bürgerschaft sich einig[2]). Sich aber sogleich, wie Hamburg wünschte, auf einen Kostenbeitrag zu binden, trug man um so mehr Bedenken, als das ganze bisherige Verfahren Stöcquelers nicht klar genug zu beurtheilen war. Dass die Hansestädte etwa den Portugiesen ein Convoygeld zu den sonstigen schon nicht geringen dort erhobenen Handelsabgaben zahlen sollten, wurde vollkommen perhorreszirt. Nach langen Discussionen und Promemorien antwortete Lübeck endlich am 4. April auf den hamburgischen Brief; der gegen Hamburg nicht sehr günstigen Stimmung wurde nur verblümt Ausdruck gegeben, namentlich aber die Befürchtung ausgesprochen, es möchten durch Stöcquelers „dem Anschein nach zu rasche Anerbietungen" im Kriegs- wie Friedensfalle unangenehme Verwicklungen entstehen.

Stöcqueler war inzwischen der ihm unter dem 25. Februar von Hamburg zugesandten Instruktion sogleich nachgekommen. Am 10. April hatte Portugal den Wiederausbruch der Feindseligkeiten mit Algier verkündet. Stöcqueler verhandelte nun mit den Ministern über eine etwaige Theilnahme an den Kosten der Bewachung der Meeresenge; jene antworteten ihm, dass es gerecht sei, wenn alle dabei interessirten Theile dazu beitrügen. Stöcqueler hoffte zwar, dass sich dies noch vermeiden lasse, rieth auch, recht viel Getreide nach Portugal zu schicken, da man dessen dort sehr bedürftig war, und meinte, wenn man hierin den Portugiesen entgegenkäme, so würde Das vielleicht den Beitrag zu der Bewachung der Meerenge compensieren[3]).

In Lübeck war man über diese „Hamburger Voreiligkeit", dies „Hamburger Meisterstück" sehr erzürnt; man sah schon eine schwere Belastung durch die Beteiligung an den Kosten für den Schutz der Meerenge voraus. Nun war diese Beteiligung ja sicherlich etwas ganz Neues, Unerhörtes; aber wenn nur mit ihr sich eine

---

[1]) Das betonte Senator M. Rodde in seinem Promemoria vom 25. März 1794.
[2]) Sitzung der Deputierten der Bürgerschaft 11. März 1794.
[3]) Stöcqueler an Sieveking 31. März und 19. April; an v. Eelking 13. April 1794. Ein Teil der damals von den Hansestädten nach Portugal gesandten Getreideschiffe wurde in England angehalten und erst auf Reklamation freigegeben. (vgl. auch meine Beiträge zur Gesch. d. Handelsbez. Hamb. mit Amerika S. 73).

Sicherheit der Schiffahrt hätte erreichen lassen, hätte man sich ihr auch wohl unterzogen; Das scheint in Hamburg die Ansicht gewesen zu sein. Ganz klar ist die Sache nicht. Stöcqueler schrieb noch am 8. Mai an den Lübecker Senat: der Punkt sei sehr delikat gewesen, und die Art, in der man ihm zuerst darüber gesprochen, hätte ihn glauben machen, dass man sich fügen müsse. Lübeck instruirte am 19. Juni Stöcqueler, er möge dem Ministerium die Schwierigkeiten schildern, die eine solche Beteiligung für die Hansestädte habe.

Schliesslich erwiess sich die ganze Aufregung als nutzlos. Die portugiesische Regierung bestand nicht ferner auf einer Kostenbeteiligung und bot sogar den hanseatischen Getreideschiffen eine Convoy an.

Durch die harten Urteile über das Verfahren Hamburgs, das übrigens nicht ganz klar ist, darf man sich nicht irre machen lassen. Die ganze Geschichte dieser Verhandlungen über die Barbareskenfrage durchzieht wie ein rother Faden das Bestreben Hamburgs, möglichst selbständig und ungehindert der Verfolgung seiner Interessen nachzugehen; damit hängt dann zusammen das von Eifersucht wohl nicht ganz freie Misstrauen der Schwesterstädte, die besorgt danach ausschauen, ob Hamburg auch nicht zu weit gehe und Dinge unternähme, an denen, wenn nicht mehr oder nur schwer rückgängig zu machen, sie teilnehmen mussten. Denn bei aller Verschiedenheit der Lokalinteressen der drei Städte, sowohl in quantitativer wie qualitativer Hinsicht, bestand doch noch immer ein starkes Band gemeinsamer wirtschaftlicher und politischer Interessen. Die Stärke des Gefühls von dieser Gemeinsamkeit stand naturgemäss bei den einzelnen Gliedern dieses formlosen und unsichtbaren Bundes im umgekehrten Verhältniss zu ihrer Grösse und Bedeutung. Sobald deshalb Hamburg sich irgendwie zu emancipiren suchte, selbständig vorging und Instruktionen erteilte, ohne die Genossen zu fragen, erwachte bei diesen das Gefühl hansischer Zusammengehörigkeit unter sich und mit Hamburg wieder stärker; und man beeilte sich, den Ausreisser wieder einzufangen. Uebrigens hat Hamburg sich in dieser Barbareskenfrage nie direkt unfreundlich oder selbstsüchtig gegen seine Schwesterstädte gezeigt; es hat ihnen stets, wo es irgend möglich, den Weg, den es selbst betreten, zum Nachfolgen offen gehalten, hat stets, wenn jene es wünschten, ihnen Mitteilung gemacht über das, was es selbst betrieb.

Die Lage der Dinge war nun wieder wie vor dem Waffenstillstand; Portugal sperrte die Meerenge, und die hanseatischen Schiffe fuhren sicher nach Portugal, soweit ihnen Das die im Allgemeinen traurigen und verwirrten politischen Verhältnisse gestatteten. Portugal liess sogar einige Schiffe zwischen Cap Finisterre und den Azoren kreuzen, um die von Brasilien kommenden Schiffe zu schützen[1]).

Auch in der Folgezeit versetzte natürlich jedes Gerücht von einem Frieden der Portugiesen mit den Barbaresken die Hansestädte in Unruhe. Als im November 1795 aus dem Haag über Verhandlungen Portugals mit den Barbaresken berichtet wurde[2]), empfahl der bremische Syndicus v. Eelking sogleich gemeinsame Massregeln und Aufnahme der Hansestädte in einen solchen Frieden. England, das man wieder hinter jenen Verhandlungen vermuthete, traute man die Absicht zu, nicht nur den Handel auf Frankreich hemmen, sondern auch die Schiffahrt aller Nationen möglichst an sich reissen zu wollen[3]).

Im Februar 1796 konnte aber Stöcqueler melden, dass ausserhalb des Mittelmeeres die hanseatischen Flaggen nichts zu befürchten hätten[4]). Auch Frankreichs Verwendung scheint Hamburg wieder angerufen zu haben. Als Georg Heinrich Sieveking im Juli dieses Jahres von seiner bekannten Mission aus Paris zurückkehrte, konnte er u. A. berichten, dass Frankreich sich bemühen wolle, Hamburg eine vor den Corsaren gesicherte freie Schiffahrt im Mittelländischen Meere zu verschaffen[5]).

Ja, es wurde sogar wieder an Schutz durch Convoyen gedacht, allerdings nicht hamburgische, sondern fremde, spanische. Der neue hanseatische Resident in Madrid, Andreoli, berichtete hierüber am 27. December 1798 nach Bremen; er hielt ein in dieser Richtung etwa an das spanische Ministerium ergehendes Gesuch für gänzlich aussichtslos; nicht einmal die spanischen Kaufleute erhielten für ihre Expeditionen nach Amerika Convoyen, seitdem nicht mehr regelmässige Flotten von Cadix abfuhren und der Handel mit den spanischen Colonien freigegeben war.

---

[1]) Stöcqueler an Lüb. Senat. 1794. Oktob. 22.
[2]) Resident v. Bosset im Haag an Lüb. u. Brem. Senat 1795. Nov. 21.
[3]) v. Eelking an Wilcken und Sieveking 14. Dez. 1795.
[4]) Comm. Dep. Prot. 2. April; Sieveking an Rodde 1796. April 15.
[5]) Comm. Dep. Prot.

Die wiederholt in den nächsten Jahren zwischen Portugal und Algier schwebenden Verhandlungen führten nie zu einem Resultat, was stets in den Hansestädten grosse Befriedigung erzeugte[1]). Portugal hatte nur mit Tunis und Tripolis Frieden, was auf die Sicherheit bezw. Unsicherheit des Meeres weniger Einfluss hatte[2]). Noch im April 1806 kam das Gerücht von einem portugiesisch-algierischen Frieden; im März dieses Jahres wurde ein hamburgisches Schiff von den Algierern genommen[3]).

---

[1]) So Stöcqueler an Sieveking 1800. März 25.
[2]) vgl. auch Herrmann. Ueber die Seeräuber im Mittelmeer (Lüb. 1815) S. 151.
[3]) Revue Africaine 1872. S. 149.

4. Kapitel
Die Hansestädte und Marokko 1770—1806.

Im Mai des Jahres 1770 erhielt der Hamburger Kaufmann Nicolaus Gottlieb Lütkens[1]), ein sehr angesehener und verdienstvoller Mann, von Lissabon die Ordre eine Anzahl von Kanonen, Tauwerk, Holz und sonstigen Schiffsgeräthschaften[2]) in Hamburg zu kaufen bezw. anfertigen zu lassen und dann nach Salé und Mogador zu verladen. Ausdrücklich war bei diesem Auftrag bemerkt, dass, wenn Lüdkens ihn nicht von Hamburg aus erfüllen könnte, er ihn Jemandem in Amsterdam übertragen sollte.

Lütkens, in der Anschauung, dass es wichtig sei, diesen nicht unbedeutenden Auftrag Hamburg zu erhalten, führte ihn aus. Er machte auch öffentlich kein Hehl daraus, dass er eine „Commission" habe, „welche zum Vortheile unserer Handwerker zum ersten Mahle hieher gekommen sey". Die Befrachtung wurde abgeschlossen mit einem holländischen Schiffe, dass die genannten Güter von Hamburg nach jenen afrikanischen Häfen führen und von dort Getreide nach Lissabon laden sollte: Alles für 5500 holl. Gulden. Die Kanonen waren in Hamburg gegossen, das Tauwerk hatten hamburgische Reepschläger, die Anker, Fässer u. s. w hiesige Handwerker verfertigt; das Uebrige war in Hamburg eingekauft.

Alles war in bester Ordnung; die Kanonen schon verzollt, dem Sachverhalt entsprechend, mit der Angabe von Mogador als Bestimmungsort. Da liess am 11. Juli der Senator Ritter Lütkens zu sich rufen und stellte ihm vor: Russland und Frankreich möchten „Ombrage fassen", wenn sie erführen, dass von hier aus Kanonen nach einem marokkanischen Hafen geschickt würden; er rieth Lütkens, die Kanonen wieder zu löschen.

---
[1]) Er wurde 1771 Senator und starb 1788; vgl. über ihn Hamb. Schriftstellerlexikon IV. 601. In dem von ihm dem Druck übergebenen „Promemoria an E. Hochlöbl. Collegium der Herren Sechziger abseiten meiner Nicolaus Gottlieb Lütkens" sind einige der wichtigsten Aktenstücke in dieser Angelegenheit abgedruckt.

[2]) Vollständig in dem Promemoria S. 8.

Nun stand Marokko mit Frankreich, Spanien, Portugal, England, Holland, Dänemark, Schweden im Vertragsverhältniss, zu Russland hatte es kaum Beziehungen, jedenfalls standen beide nicht im Kriegszustand. Auch ging die Ladung für portugiesische Rechnung; die niedrige Assecuranz-Prämie von $1^1/_2$ Prozent auf die Kanonen, die von Lütkens in Amsterdam bezahlt wurde, bewies, dass die dortigen Assekuradeure weder eine Anhaltung des Schiffes noch der Kanonen besorgten. Dies stellte Lütkens dem Senator vor, versprach aber, entweder die Kanonen herauszunehmen oder die Bestimmung des Schiffs zu verändern, und wählte schliesslich letztere Alternative; Lissabon wurde auf den Zollzetteln als Bestimmungsort angegeben; damit waren auch die Assekuradeure einverstanden.

Jetzt trat aber das Collegium der Oberalten dazwischen; diese fanden die Expedition „bedenklich" und waren überhaupt gegen die Abfahrt des Schiffes, selbst wenn, wie Lütkens sich erbot, die Kanonen herausgenommen würden; ja sie erhoben, als Senator Ritter nun das Schiff nach Amsterdam zu senden erlauben wollte, wieder Einspruch, indem sie erklärten: das Schiff dürfe entweder garnicht abgehen oder nur nach einem neutralen Hafen, und daselbst müsse die Ladung verkauft werden.

Die Sache hatte schon grosses Aufsehen gemacht; sie bildete „die Neuigkeit eines jeden Tages und den Gegenstand unendlicher Gespräche im Publico"[1]); die ganze Stadt, meinten die Oberalten, „über die Expedition des Schiffes als gefährlich schrie".

Lütkens war aber nicht Willens, sich ohne zwingende Gründe zu fügen. Mit den wichtigsten seefahrenden Nationen Europas stand, wie schon bemerkt, Marokko im Frieden und Vertrag; sollte, so meinte er, die blosse Furcht eines möglichen Bruchs Russlands und Frankreichs mit Marokko diese Expedition verhindern? Was Frankreich betraf, so konnte er sich berufen und berief sich auf den im Jahre vorher zwischen ihm und Hamburg geschlossenen Vertrag, dessen Artikel 25—28 sich deutlich über solche Fälle aussprachen und eine Expedition, wie die in Frage stehende, nicht ausschlossen. — Auch das Geschrei einiger ängstlicher Mitbürger konnte Lütkens nicht einschüchtern, besonders nachdem er sich bereit erklärt hatte, die Kanonen zurückzulassen; sie waren der einzige unter den verladenen Artikeln, der nach dem genannten Vertrag (Art 15) als Contrebande galt.

---
¹) So meinte Lütkens am 25. Juli.

Vom commerziellen Standpunkt aus betrachtet, war die Sendung des Lütkens ohne Zweifel eine sehr nützliche. Er hatte in dem Schiff allein an Tauwerk und andern durch hamburgische Handwerker verfertigten Waaren für ca. 28 000 Mark verladen. Und Marokko war ein Land, das für europäische Produkte noch sehr aufnahmefähig schien.

Ein direkter Handelsverkehr Hamburgs mit Marokko hatte in der ersten Hälfte des 17. Jahrhunderts bestanden[1]), hatte seitdem aber wohl ganz aufgehört; unter den Räubern von Sale und Saffi litt auch die hansestädtische Schiffahrt. Ein hamburgisches Mandat von 1750 spricht noch von Schiffen, die aus einem Hafen von Fez und Marokko abgesegelt seien und eventuell nach der Elbe kommen möchten[2]); das Mandat enthält aber ein Verbot, und positive Schlüsse aus ihm zu ziehen, ist bedenklich. Ueberhaupt lagen Handelsbeziehungen mit den Barbaresken den Hansestädten damals sehr fern; im Jahre 1752 hatte der Hamburger Rath sich entschieden gegen die Anschuldigung, als ob er durch seinen Vertrag mit Algier Handelsbeziehungen mit diesem Lande anknüpfen wollte, verwahrt.

Im Jahre 1770 bestand kaum eine Erinnerung an einen direkten Handelsverkehr.

Dagegen bildete von Amsterdam aus die Fahrt nach Mogador einen nicht unwichtigen Schiffahrtszweig; in letzterem Hafen lagen, wie Lütkens aus einem Briefe mitteilen konnte, damals gleichzeitig 18 Schiffe in Ladung[3]). „Sollen nur wir in der Ferne müssige Zuschauer bleiben? sollen nur wir die Hände in den Schoss legen und eine uns angebotene Gelegenheit gleichgültig von uns abweisen? oder aber ist es vernünftiger, uns zu beeifern, wenigstens einen Theil solcher Handlung an die Stadt zu ziehen, wozu wir eine soviel schmeichelhaftere Aussicht haben, als die meisten Sachen um ein Beträchtliches wohlfeiler von hier aus, wie von Amsterdam committirt werden können". In dieser Weise wandte sich Lütkens am 25. Juli an den Senat; man möge ihm gestatten, bat er, das Schiff entweder ohne Kanonen nach Marokko oder mit ganzer Ladung nach einem holländischen, französischen, portugiesischen oder spanischen Hafen zu expedieren; in letzterem Falle werde er dann die Ankunft in dem betreffenden Hafen später nach-

---

[1]) Zeitschr. d. Ver. f. Hamb. Gesch. IX. 319.
[2]) Blanck, III. 1748.
[3]) Promemoria S. 12.

weisen. Doch forderte Lütkens mit Rücksicht auf den Schiffer die freie Wahl unter diesen beiden Alternativen.

In derselben Weise wandte sich Lütkens an die Commerzdeputierten. Diese hatten schon am 18. Juli sich mit der Sache beschäftigt und im Princip sich auf Lütkens' Seite gestellt. Nachdem nun letzterer sich an sie um Unterstützung gewandt hatte[1]), zogen sie, weil es eine Sache von besonderer Wichtigkeit war, ihre Altadjungierten zu ihrer Berathung hinzu. Es ist bemerkenswerth, dass von den 3 anwesenden Altadjungierten sich 2 auf Seite der Commerzdeputierten und des Lütkens stellten, einer aber auf die Gegenseite. Dieser eine war Franz Nicolaus Lütgens; er stimmte für die Löschung der Ladung in Hamburg und gab für die Nothwendigkeit dieses Verfahrens vier Gründe an:

1) Sei Salé „würklich ein Raubnest" und die Saleer hinderten „als unsere Feinde die hiesige Schiffahrt in der Mittelländischen See".

2) Stünde, „wie er gehöret", Salé nicht im Frieden mit Frankreich.

3) Sollten die „Raubnester" den Türken Hülfe gegen die Russen leisten wollen.

4) Würde Algier von den Dänen belagert werden, weshalb Hamburg sich in Acht nehmen müsste.

Gegen diesen Widerspruch beantragten die Commerzdeputierten beim Senat: Dieser „wolle auch in diesem Falle e nicht zugeben, dass etwas an sich Erlaubtes für unerlaubt, noch weniger keine Contrebande zu Contrebande durch etwanige vorgefasste Meynungen einiger hiesiger Einwohner bey fremden Höfen Ursache gegeben werde zu erklären, damit nicht unsere ohnehin so sehr gekränkte Handlung noch mehr gekränket, und unseren nach Brodt und Nahrung seufzenden Handwerkern nicht der wenige ihnen zufallende Verdienst gänzlich entrissen werde".[2])

Ebenso rief Lütkens die Hülfe des Collegiums der Sechziger, d. h. die über den Oberalten stehende Instanz, an; er wies namentlich jeden Verdacht, als ob er aus Eigennutz handelte, entschieden zurück. Die Entscheidung der Sechziger, die wir nicht angeben können, scheint abschlägig gelautet zu haben. Es wurde nun noch

---

[1]) Promemoria S. 20 ff.
[2]) ebenda S. 24.

einmal aus der Mitte der Kaufmannschaft heraus der Versuch gemacht, Lütkens und der von ihm verfochtenen Sache zu helfen.

Am 8. August übergaben 72 Kaufleute den Commerzdeputierten ein Promemoria[1]); „mit der grössten Bewunderung", so legten sie dar, hätten sie von dem Widerspruch der Sechziger gehört. Die hamburgische Handlung sei „durch die an den meisten Orten entweder ganz verbotene oder doch hart beschwerte Einfuhr fremder Waaren", seit einigen Jahren „eingeschränkt worden". Man müsse also neue Zweige suchen und die alten bewahren. Seit langen Jahren habe man gewünscht, dass die Bewohner der barbarischen Küste, anstatt sich durch Seeräubereien zu bereichern, den Reichthum und die Bequemlichkeiten des Lebens gleich anderen Völkern auf eine menschliche Art durch Bebauung ihres von Natur ergiebigen Landes und durch die Handlung suchen möchten. Dieser Wunsch sei zum Teil erfüllt. Marokko sei früher „eines der fürchterlichsten Raubnester" gewesen. Nun habe der jetzige Kaiser, ein „Herr von grossen Einsichten und menschlichen Gesinnungen", mit einer grossen Reihe von europäischen Staaten Frieden und mit Portugal Waffenstillstand geschlossen. „Sollten wir uns nicht dieses glücklichen Zeit-Puncts bedienen, mit ihm bekannt zu werden, Frieden zu machen und die Producte seines Landes aus der Quelle mit unseren eigenen Schiffen zu holen suchen, da wir solches bisher nur grösstentheils aus der zweiten Hand und unter fremder Flagge thun müssen?" In Genua, so fuhren die Kaufleute fort, sei vor Kurzem einem Patricier, der sich durch Versendung von Waaren beim Kaiser von Marokko bekannt gemacht und dadurch seiner Vaterstadt den Frieden und einen neuen Handlungszweig zugeführt habe, öffentlich Dank gesagt. Und Hamburg sollte eine ähnliche Gelegenheit mit Gewalt von sich stossen? Wenn wir von den Afrikanern Oel, Mandeln, Baumwolle, Gummi u. s. w. holten, so schickten wir ihnen dafür Leinwand, Dielen, Tauwerk, Metallwaaren, mechanische Instrumente u. s. w.; „dadurch verbessern wir unsere Schiffahrt, wir schaffen einer Menge Leute Unterhalt, wir brauchen viele Hände zur Bearbeitung und Verfeinerung der Producte, die wir entweder selbst haben oder von andern erhalten, und geben also der Nahrung hiesiger Bürger und Handwerker einen ansehnlichen Zuwachs". Dieser neue Handlungszweig könne für Hamburg „von der äussersten Wichtigkeit" werden. Mit ganz

---

[1]) Com. Dep. Prot., dem auch Alles Uebrige für diese Episode entnommen ist.

Europa stehe Hamburg im besten Einvernehmen; ausser dem russisch-türkischen Krieg sei überall Frieden. Der Kaiser von Marokko, der mit den Türken in keiner Verbindung stehe, werde gewiss seiner Handlung wegen an diesem Kriege nicht theilnehmen; und die Russen würden nicht suchen, sich einen neuen Feind zuzuziehen. Da also kein Krieg, lasse sich auch keine Contrebande denken.

Die Kaufleute erläuterten nun den Begriff Contrebande. In neuerer Zeit hätten ja die Krieg führenden Mächte die Begriffe von Contrebande und die Rechte der Confiscation derselben „mit Hintansetzung aller natürlichen und Völker-Rechte" unendlich weiter ausgedehnt, als früher. Allein „es ist uns noch kein Exempel bekannt geworden, dass ein Staat seinen Bürgern es verwehret hat, einem fremden, in keinem Kriege befindlichen Fürsten, gegen den wenigstens noch keine Kriegs-Erklärung publicirt worden, solche Güter zuzusenden, die selbst in den zwischen ihm und andern Mächten errichteten Tractaten nicht für Contrebande angesehen, sondern besonders davon ausgenommen werden". Wenn die Oberalten nun dies Alles als Contrebande hinstellten, so sei zu befürchten, dass bei allen folgenden Kriegen jede Macht sich dieser unserer eigenen Erklärung gegen uns bedienen werde.

Uebrigens träfe für den Fall, dass die genannten Artikel wirklich von irgend einer Macht als Contrebande erklärt würden, der Schaden doch nie das Publikum, sondern nur den Eigner oder Assekuradeur. „Wenn aber", so fragten die Kaufleute, „ein Staat mitten im Frieden auf die Handlungen seiner Unterthanen eine so genaue Aufmerksamkeit beweiset, eine so ängstliche Sorge, keiner auswärtigen Macht vor den Kopf zu stossen, blicken lässt und sich selbst für jede Handlung seiner Unterthanen responsable macht, welchen Chicanen und Weitläuftigkeiten setzt er sich denn nicht in der Folge blos? Wir zittern vor den Folgerungen, die aus dem gegenwärtigen Verfahren der Herren Sechziger in der Zukunft gemacht werden können". Es sei bekannt, dass besonders in Kriegszeiten nicht alle Kaufleute die zu versendenden Waaren beim Zoll angeben könnten; bei der Spedition von das Transito geniessenden Gütern sei das oft unmöglich, weil dem Spediteur selbst nicht selten der Inhalt der Kisten u. s. w. unbekannt sei. Wenn nun in einem Kriege ein Kaufmann einer Krieg führenden Macht Contrebande-Waaren zusende, könne dann nicht die gegnerische Macht darauf einen Vorwurf gegen uns begründen, dass wir, die mitten im Frieden unsere Bürger so streng beaufsichtigten, nun im Kriege duldeten, dass ihren Feinden Kriegsbedürfnisse zugeführt würden.

Die Kaufleute beschlossen ihre in mehrfacher Hinsicht interessante Darlegung, indem sie erklärten, nicht begreifen zu können, weshalb man diese Expedition hindern wolle; dass das Collegium der Sechziger sich durch anonyme Briefe, falsche Zeitungsartikel und boshafte Gerüchte habe bestimmen lassen, könnten sie aus Hochachtung vor diesem ansehnlichen Collegio nicht glauben. Sie baten somit, dem Schiffe mit der Ladung den freien Verkehr zu gestatten, und dass „wie überhaupt die Freyheit unserer Handlung nie wieder durch ähnliche Eingriffe beeinträchtiget, so auch insonderheit diese neue Branche derselben nach den Staaten des Kaysers von Marocco uns sowohl als allen andern Nationen hinführo gänzlich frey gestellet werde".

Diesen Gründen konnte sich auch der Senat nicht verschliessen; er trat dem Gesuche der 72 Kaufleute bei und machte dem Collegium der Sechziger dringende Vorstellungen, die dahin zielten, das Schiff nach Herausnahme der Geschütze mit der übrigen Ladung nach Marokko zu befördern. Das genannte Colleg liess sich aber durch diese „bündigsten" Vorstellungen nicht umstimmen. An die 180er ging der Senat nicht; somit war die Sache erledigt. Lütkens liess nun das Schiff in Hamburg die ganze Ladung löschen.

Die Commerzdeputirten erhielten übrigens von französischer Seite noch eine Mitteilung, die für ihre Ansicht sprach. Sie hatten sich an den französischen Geschäftsträger Lesseps gewandt und durch ihn den französischen Hof sondiren lassen, ob derselbe die Expedition des Schiffes von Hamburg nach Marokko wohl übel genommen haben würde. Die Antwort, die Lesseps am 29. August hierauf ertheilte, lautete:

„Ma cour m'ordonne sur ce que je lui ai mandé de l'expédition de Mr. Lutkens de ne faire aucune démarche et de laisser le Sénat d'Hambourg se guider dans cette affaire par ses propres lumières et d'après son propre intérêt."

Die Commerzdeputirten hofften auch, die Ansicht des russischen und spanischen Hofes über diese Angelegenheit zu erhalten; doch ist fernerhin nicht mehr davon die Rede; der Senat wird diese diplomatischen Erkundigungen sicherlich nicht gern gesehen haben.

Welche Gründe eigentlich obgewaltet haben, die Expedition zu vereiteln, ist nicht klar; Aeusserungen der Opposition stehen uns leider nicht zur Verfügung. Wahrscheinlich hat die Erinnerung an die Vorgänge von 1751—52 den würdigen Oberalten und Sechzigern noch so lebhaft vorgeschwebt, dass sie es für richtig hielten, diese Sendung zu verhindern. Ob diese Vorsicht berechtigt war oder nicht, wage ich nicht zu entscheiden. Aber charakteristisch ist es, dass ein so harmlos erscheinendes Unternehmen, das von England oder Holland oder Frankreich aus sicher unbeanstandet hätte ausgeführt werden können, scheitern musste in Hamburg. Uebrigens weist die Handelsgeschichte dieser Stadt manche ähnliche Vorfälle auf von Unternehmungen und Plänen, die durch ausländische Eifersucht und heimische Ohnmacht zu Grunde gingen; ich erinnere an den Versuch, sich an der Schottischen Compagnie zu beteiligen[1]), an die Expeditionen der Ostender Compagnie 1731[2]) u. A. mehr.

Die an Lütkens ergangene Commission einer Waarensendung nach Marokko steht vielleicht in Zusammenhang mit den eigenthümlichen Wandlungen, die in jener Zeit in Marokko sich vollzogen. Seit 1757 war Sidi Mohammed Kaiser von Marokko, ein Mann, der weit mehr als alle seine Vorgänger bestrebt war, mi Europa nicht nur in ein erträgliches, sondern sogar ein wirklich befreundetes Verhältniss zu kommen. Ueber die Motive dieses Bestrebens haben wir uns hier nicht abzufinden; er scheint mehr aus Habsucht als aus staatsmännischer, volkswirthschaftlicher Einsicht Anschluss an Europa gesucht zu haben. Jedenfalls bestand dies Bestreben, und Sidi Mohammed bethätigte es auf die verschiedenste Weise; er schloss Verträge mit Staaten, die seit un denklichen Zeiten mit Marokko verfeindet gewesen, ferner mit Frankreich, Schweden und andern mehr; er liess dänische und genuesische Handelsniederlassungen in seinem Reiche zu; er sandte Agenten überall hin, so nach Genua, Florenz, Russland. Kurz-Marokko bot sich als guter Freund dar.

Obwohl nun der Kaiser trotz dieser Werbungen seine Despotenlaune nicht verleugnen konnte und mit mehreren Staaten, z. B Holland und England, gelegentlich einen Streit vom Zaun brach, so wäre doch eine Anknüpfung Hamburgs mit Marokko unter

---

[1]) Meine Beiträge z. Geschichte der Handelsbezieh. zw. Hamb. u. Amerika. (Hamb. 1892) S. 16 ff.

[2]) Surland, Erläut. Recht der Deutschen nach Indien zu handeln S. 80 ff.

diesem Kaiser nicht aussichtslos gewesen; ob eine Sendung, wie die Lütkens'sche dazu der richtige Weg gewesen wäre, erscheint zweifelhaft.

In der Mitte der 70er Jahre wurden die Bemühungen Sidi Mohammeds um die europäische Freundschaft immer zärtlicher. Damals wandte er sich auch den deutschen Staaten zu, soweit sie überhaupt in Betracht kommen konnten; zunächst an Preussen. Am 4. Dezember 1776 schrieb der französische Renegat Sidi Achmet auf Befehl des Kaisers an den in Mogadar ansässigen preussischen Unterthan Walther und offenbarte ihm die Absicht des Kaisers, mit Preussen einen Friedensvertrag zu schliessen. Walther berichtete dies an seinen in Soest wohnenden Bruder Gerhard Arnold Walther, und dieser schrieb am 26. März 1777 an den Grafen Hertzberg: er muthmasse, dass das vor 3½ Jahren, als sein Bruder wieder nach Marokko zurückgekehrt sei, in Soest verbreitet gewesene Gerücht, dass nämlich die Seehandlung ihren Handel nach der Levante auszudehnen beabsichtige, dass dies Gerücht, über das sein Bruder wohl mit dem Kaiser gesprochen habe, Veranlassung zu diesem Antrage gegeben habe. Uebrigens war Walther[1]) in Soest der Ansicht, „dass unsere Handlung und Schiffahrt noch nicht von der Wichtigkeit ist, solche kostbare Freundschaft zu unterhalten." Der Minister Graf Finkenstein trat dieser Ansicht bei, und die Sache blieb ohne Resultat.[2]) —

Bald nach diesem Vorgang regte sich auch in Hamburg wieder die marokkanische Frage. Portugal und Marokko schlossen damals einen Freundschaftsvertrag. Dadurch waren die portugiesischen Küsten für die nicht mit Marokko befreundeten Nationen natürlich mehr denn je gefährdet; die sehr beträchtliche hamburgische Schiffahrt nach Portugal war in Frage gestellt.

Am 18. März 1778 regte deshalb der Präses der Commerzdeputirten, v. Spreckelsen, an, die Stadt möge dahin wirken, dass Portugal in seinen Vertrag mit Marokko die Bedingung aufnähme, dass alle hamburgischen Schiffe im Verkehr mit portugiesischen Häfen von den Marokkanern nicht belästigt werden dürften. Der Präses meinte, den portugiesischen Kaufleuten und Assekuradeuren müsse selbst an einer solchen Bedingung viel liegen; in dem darauf

---

[1]) Er war selbst lange in Marokko gewesen nnd hatte mehrere Jahre lang die dänischen Handelscomptoire in St. Crux, Saffy, Salè und Marokko geleitet.

[2]) Geh. St. Arch. Berlin.

seitens der Commerzdeputirten an den Senat gestellten Antrag fügten sie hinzu: „es gereiche ohnehin zur Ehre der Krohne, die Handlung auf ihre Häven frey und ungehindert zu erhalten". Der Senat schrieb in diesem Sinne an Consul Stöcqueler in Lissabon.

Inzwischen hatte die Europa-Begeisterung des Kaisers von Marokko ihren Gipfelpunkt erreicht; als solchen lässt sich wohl das von ihm am 20. December 1777 erlassene Dekret bezeichnen. Dieses Dekret, das an alle europäische Consuln gesandt wurde, war des Inhalts: dass er von diesem Tage an den Russen, Maltheseren, Sardiniern, Preussen, Neapolitanern, Ungarn, Livornesen, Genuesen, Deutschen und Amerikanern freien Zutritt in seine Häfen und Verproviantirung daselbst gestatte, und dass er seinen Corsaren befohlen habe, die Schiffe der genannten Nationen frei passiren zu lassen; auch sollten sie alle Privilegien der Nationen geniessen, mit denen der Kaiser in Frieden lebe.[1])

Dies war ja eine Massregel von ausserordentlicher Bedeutung. Aber Leute, die die marokkanischen Angelegenheiten genau kannten, betrachteten diesen Schritt doch sehr skeptisch.

Consul Stöcqueler hatte, veranlasst durch den hamburgischen Senator Caspar Voght, durch einen Brief vom 4. Mai 1778 den portugiesischen Consul in Mogador Bernardo Simoes Pessoa um Auskunft gebeten. Pessoa bestätigte, dass jenes Dekret erfolgt sei, bemerkte aber zugleich, dass es durch den holländischen Viceconsul Webster Blount geschrieben und unterzeichnet worden; die Form sei nicht die in Marokko landesübliche; Leute, die den Unbestand der menschlichen Dinge in Betracht zögen, hätten deshalb die Frage aufgeworfen, ob Schiffe und Capitalien von Nationen, die mit Marokko keinen vertragsmässigen Frieden geschlossen, mit hinlänglicher Sicherheit jeder Zeit in die marokkanischen Häfen kommen könnten. Jedenfalls sei das sehr zweifelhaft, nicht sowohl wegen des Kaisers, sondern wegen der Chicanen seiner Untergebenen. Pessoa konnte sich nicht einmal entschliessen, eine authentische Abschrift des Dokuments einzusenden, aus Besorgniss, es möchten daraus Irrungen und Nachtheile entstehen; vielleicht, so meinte er, sei nicht einmal mehr eine Abschrift des Originals vorhanden; Register oder Protokoll gebe es hier zu Lande nicht.

Da die Hansestädte ausdrücklich nicht in dem Dekret genannt waren, wünschte Stöcqueler, dass eine Erklärung erfolgen

---
[1]) vgl. im Allgemeinen Herrmann, a. a. O. S. 109. Sonst nach den Prot. Dep. Com.

möge, wonach die hanseatische Flagge zu Deutschland gehöre. Dies zu verlangen sei, wie Pessoa meinte, mit Unbequemlichkeiten verknüpft; auch sei es nach dem System einer despotischen Regierung überflüssig. Uebrigens verlieh er in einem Briefe vom 8. September, ohne doch sein Urteil über den Wert oder Unwert des Dekrets abzuändern, seiner Ueberzeugung Ausdruck, dass jedes Schiff, nicht nur von Malta, sondern auch Hamburg, Danzig und Civita-Vecchia, in den vornehmsten Handelshäfen von Marokko sehr gut würde aufgenommen werden.

Was ferner Pessoa, und zwar sehr eingehend, über die Art des Handels europäischer Staaten mit Marokko darlegte, musste die Erwartungen der Hansestädte eher herabdrücken als erhöhen. Den Gedanken, den deutschen Handel auf diesen Teil von Afrika auszudehnen, begrüsste er mit Beifall. Doch machte er auf zahlreiche Bedenken aufmerksam. Marokko war kein Land, das einer Beschäftigung suchenden Rhederei Befriedigung verschaffen konnte. Sein Hauptausfuhrartikel war Weizen; nur wenn dieser ausfuhrbereit war, bot sich für Schiffe Befrachtung; sonst selten. Für zufällig ankommende Schiffe gab es nur ausnahmsweise Ladung, weil die dortigen Kaufleute aus Erfahrung wussten, wieviel Schiffe sie brauchten; andere mussten oft leer oder nach 5—6 monatlichem Aufenthalt wieder abfahren. Es kam noch Folgendes hinzu: die fremden Waaren gaben 15 Procent Einfuhrzoll, der nicht in baarem Gelde, sondern in natura erlegt wurde; und die Bezahlung für die fremden eingeführten Güter erfolgte meist nicht in Geld, sondern in Landesprodukten, ein Tauschgeschäft, das zu einem vortheilhaften für die Fremden zu werden durch einen sehr hohen auf diesen Landesprodukten ruhenden Ausfuhrzoll erschwert wurde. Und weder für Einfuhr- noch Ausfuhrzoll gab es eine feste Taxe, beide schwankten, waren der Willkür der Marokkaner überlassen; jede Rechnung wurde dadurch illusorisch. Waren aber keine Retouren in Landesprodukten zu laden, oder wollte man in Ballast zurückfahren, so pflegte auch die Bezahlung der eingeführten Güter gute Weile zu haben.

Es war denn auch in Marokko seitens der Europäer schon manche bittere Erfahrung gemacht, die Gesellschaft der dänischen Kaufleute, die genuesische Compagnie nahmen beide ein elendes Ende.

Ueberhaupt war Marokko unter den damaligen Verhältnissen kein Land, in dem auf einen grossen Absatz zu rechnen war.

„Diese Nation," schreibt Pessoa, „weiss von keiner Pracht; sie kleidet sich mit Zeuge inländischer Fabrik und nähret sich von dem Bau ihrer Felder." Der Absatz ausländischer Waaren im Lande schätzte Pessoa auf jährlich nicht ganz 500,000 harte Pesos; 10—12 Häuser in Amsterdam und ebensoviele in Marseille betrieben den ganzen Handel Marokkos[1]).

Diese Schilderung der marokkanischen Handelsverhältnisse ist für uns um so wertvoller, als sie uns das Relief zu den weiteren Schritten Hamburgs verleiht. Diese ganze Korrespondenz zwischen Stöcqueler und Pessoa hat sowohl dem Senat wie den Commerzdeputierten vorgelegen. Es verging das ganze Jahr 1779, ohne dass in Hamburg eine Spur von weiteren Anknüpfungen mit Marokko sichtbar wird; aus jener Korrespondenz heraus scheint man keinen Anlass zur Annäherung an dieses Land gefunden zu haben.

Im Jahre 1780 beginnt eine neue Episode in den hamburgisch-marokkanischen Beziehungen. Manches aus dieser Episode gehört eigentlich in eine Geschichte des internationalen Abenteurerthums; jenen Beziehungen haftet ja aber überhaupt viel Abenteuerliches an.

Der Kaiser von Marokko hatte in Cadix in der Person des D'Audibert Caille, eines französischen Kaufmanns in Sale, einen sogenannten Friedenskonsul[2]) eingesetzt; dieser sollte dort als Konsul und Vermittler des Verkehrs mit allen fremden Nationen, die in Marokko keinen Konsul hatten, dienen. In diesem Caille, mit dem wir uns nun hier etwas näher beschäftigen müssen, verkörpert sich die Europa umwerbende Politik seines kaiserlichen Herrn. Caille hat im Laufe der Jahre eine ganze Reihe von Regierungen der alten und der neuen Welt[3]) mit Anerbietungen, Versprechen und Wünschen heimgesucht.

---

[1]) vgl. hiermit die sich auf Konsulatsberichte stützende Schilderung der marokkanischen Handelsverhältnisse bei Marchesi, Le relazioni tra la Rep. Veneta ed il Marocco dal 1750 al 1797. Rivista storica italiana III S. 65 f.

[2]) Der Kaiser hatte ihm, wie er dem hamburgischen Senat schrieb, erlaubt „d'arborer au mat de la maison, que nous habitons, un pavillon de paix, dont le fonds est blanc avec un pigeon au milieu qui tient un rameau d'ollivier par le bec."

[3]) Ueber seine Verhandlungen mit den Vereinigten Staaten von Amerika vgl. Sparks, Dipl. corr. of the American revolution. III. 178; VII. 389 ff. Später betrieb ein gewisser Giacomo Francisco Crocco diese Verhandlungen Marokkos mit den Vereinigten Staaten; Franklin vermuthete in Crocco bald einen Betrüger; vgl. Sparks IV. 135. 176. 179.

Caille wandte sich gleichzeitig an Preussen wie an Hamburg und Lübeck.

Im August 1780 schrieb er an den hamburgischen Senat, versicherte ihn der Bereitwilligkeit des Kaisers, mit Hamburg einen Friedensvertrag zu schliessen, der ähnlich sein könne denjenigen, die der Kaiser mit den meisten Seestaaten Europas geschlossen habe, „pour la sureté de leur pavillon et pour le bien commun du commerce;" sei der Senat dazu bereit und würden Hamburger marokkanische Häfen betreten, so seien sie willkommen.

Zugleich sandte Caille das oben erwähnte Dekret des Kaisers ein und zwar mit einer Erklärung, dass der letztere den Schiffen unter kaiserlicher, Hamburger, Lübecker und Danziger Flagge seine Häfen öffne. Ein Schreiben des hamburgischen Konsuls Riecke in Cadiz, mit dem Caille sich in Verbindung gesetzt hatte, bestätigte dies Alles; Caille hatte Riecke für Lübeck dieselben Anerbietungen gemacht. Bremen wurde nicht genannt.

Zum ersten Male seitdem Hamburg mit den Barbaresken in Berührung gekommen war, erfolgte hier ein Friedensangebot von der Seite der letzteren. Es rundweg abzuweisen, wäre gewiss ebenso falsch gewesen, wie wenn man mit offener Freude schnell darauf eingegangen wäre. Riecke, der schon seit 1760 in Cadix Konsul war, schilderte die Aussichten nicht ungünstig. Allerdings war die Lage Südeuropas sehr unsicher; namentlihh war die für das Verhältnis mit Marokko sehr wichtige Frage, wem endgültig Gibraltar gehören werde, noch lange nicht entschieden. Von Spanien war wohl kaum etwas zu befürchten; gegen einen Frieden Hamburgs mit Marokko konnte es unmöglich etwas einwenden, da es selbst mit diesem Lande im Friedenszustande sich befand. Und den kommerziellen Nutzen hielt Riecke für nicht gering; der Konsum von schlesischen Leinen, so schrieb er, habe in Marokko seit einigen Jahren sehr zugenommen; sie würden über Holland bezogen, und noch kürzlich hätten die Marokkaner grosse Partien davon in Cadix eingekauft; vielleicht liesse sich dieser Handelszweig nun direkt von Hamburg aus leiten.

Der Senat liess deshalb Caille in höflichen, aber allgemeinen Ausdrücken antworten, bat ihn, den Kaiser des Dankes und der Wertschätzung des Senats zu versichern; letzterer werde den Kaufleuten von der ausserordentlichen Gunst des Kaisers für die Interessen des hamburgischen Handels u. s. w. Nachricht geben;

Hamburg sei stets bereit, die marokkanische Flagge zu respektieren, vorausgesetzt, dass dies auch von jener Seite geschehe.

Der Kaiser wurde ersucht, den Kapitänen hamburgischer Schiffe, die in seine Häfen kämen, Unterstützung zu leihen. Caille wurde schliesslich gebeten, 200 harte Piaster als ein Zeichen der Erkenntlichkeit anzunehmen

Zugleich wurde, am 10. November, Riecke dahin instruiert, dass der Senat sich nicht in förmliche Traktate einlassen, andererseits aber auch die Sache nicht schlechthin von der Hand weisen wollte. Riecke wurde ferner befragt, ob er glaube, dass hamburgische Schiffe unbelästigt von den Marokkanern fahren könnten; ob, wenn Gefahr sei, man wohl marokkanische Pässe erhalten könne, den Pass etwa für 50 harte Pesos und gültig für ca. 2 Jahre oder für eine ganze Schiffsreise; ob zu besorgen sei, durch Annahme solcher Pässe bei dem spanischen Hof anzustossen.

In letzterer Hinsicht beruhigte Riecke den Senat in einem Brief vom 16. Januar; er glaube eher das Gegenteil, da der König von Spanien gegenwärtig nicht nur in Freundschaft, sondern sogar der grössten Vertraulichkeit mit Marokko lebe. Noch kürzlich hatte letzteres gegen das mit Spanien verfeindete England Manifeste erlassen. In dieser spanisch-englischen Feindschaft erblickte allerdings Riecke eine Veranlassung zur Besorgnis für hamburgische Schiffe; wenn ein nach diesen Gewässern bestimmtes Schiff durch Sturm nach der Strasse geworfen und dadurch verdächtig werden könnte, nach Gibraltar gehen zu wollen, dürfte Spaniens Missfallen erregt werden Im Uebrigen war das Mittelländische Meer damals vor den Barbaresken sicherer denn je; und für die hamburgische Schiffahrt daselbst waren wegen des amerikanischen Krieges, da die Frachten hoch standen und an neutralen Schiffen Mangel war, die Aussichten vortreffliche. Auch meinte, was die erste Frage des Senats betraf, Riecke, die hamburgische Schiffahrt hätte schon seit einigen Jahren auf Marokko ausgedehnt werden können; allerdings sei nicht zu leugnen, dass der Kaiser unberechenbar und „es bey ihm nach Gewohnheit aller Mauren immer aufs Interesse angesehen ist."

Riecke hatte vorläufig Caille um 4 Pässe für hamburgische Schiffe gebeten, ihn auch um Mitteilung der Bedingungen ersucht, unter denen hamburgische Kaufleute sich eventuell an Handelsunternehmungen mit und in Marokko beteiligen könnten.

Es ist interessant zu hören, in welcher Weise die Commerzdeputirten, die am 3. März 1781 mit ihren Altadjungirten über diese Mitteilungen Rieckes verhandelten, sich äusserten:

Wenn das Mittelmeer sicherer als als bisher befahren werden könne, so sei das sehr gut Aber die Erinnerung an die Ereignisse von 1751—52 und die damals hinsichtlich Spaniens ausser Acht gelassene Vorsicht lasse doch den Schritt Rieckes, d. h. seine Annäherung an Caille u. s. w., als gewagt erscheinen; Gefahr liege ja noch nicht vor, im schlimmsten Falle seien die 200 Pessas verloren. Jedenfalls sei es schicklich, Spanien und Portugal „durch Personen von Dignität" den Wunsch Hamburgs, seinen Schiffen eine möglichst freie Fahrt im Mittelmeer zu verschaffen, zu eröffnen, wobei zu betonen sei, dass Hamburg nicht einen Vertrag mit Marokko schliessen, sondern nur Pässe erlangen, keinenfalls aber Munition oder dergleichen liefern wolle.

Der Senat hielt nun, wie er am 12. März antwortete, eine Mitteilung an den spanischen und portugiesischen Hof vorläufig, solange man über die eventuellen weiteren Aeusserungen Cailles noch nicht unterrichtet war, für unthunlich.

Ende April trafen aber mehrere Briefe Cailles aus Sale in Hamburg ein; zugleich schickte er nicht nur 4 Blancopässe, sondern auch ein Schreiben des Bacha de Duquela, des ersten marokkanischen Ministers. Aus den Briefen Cailles, von denen zwei an Riecke und einer an den Senat gerichtet war, ergab sich folgendes:

Von der marokkanischen Regierung Gefälligkeiten oder Gunst irgend welcher Art zu erlangen, kostete Geld; die, welche den Weg zur Gunst bahnen konnten, beanspruchten Trinkgelder. Dies war die erste Lehre, die Caille den Hamburgern zu erteilen für gut fand; er wusste wohl nicht, dass sie schon über Erfahrungen dieser Art verfügten. Die Pässe, die er sandte, waren von unbeschränkter Zeitdauer und kosteten deshalb auch mehr als 200 Pesos. Ferner gab Caille einige zarte Winke, wie man ihn selbst belohnen könne. Was nun die eigentliche Hauptsache betraf, so hatte er in persönlicher Audienz in Sale dem Kaiser Mitteilung von der Antwort des Senats auf seinen, Cailles, Brief gemacht; der Kaiser hatte diese mit Befriedigung vernommen. Caille rieth dem Senat, einen Brief an den Kaiser zu schreiben, und deutete an, dass dieser ohne Zweifel bereit sei, mit Hamburg einen Frieden zu schliessen, obwohl es ja feststehe, dass es mit Marokko schon im Frieden sei. Auf jeden Fall aber, sollte nun der Senat einen formellen Tractat wünschen oder den Frieden ohne einen solchen für genügend gesichert halten, sei es empfehlenswert, dass er, ebenso wie die andern im Frieden mit Marokko lebenden Staaten, dem Kaiser, dem Premierminister und anderen einflussreichen Personen Geschenke sende, „suivant les usages du païs." Um dem Senat eine Anfrage zu ersparen, legte Caille einen kleinen Wunschzettel bei, auf dem einige Liebhabereien des Kaisers verzeichnet waren.

Der Brief des Duquela bestätigte Cailles Mitteilung hinsichtlich der Bereitwilligkeit Marokkos, sich mit Hamburg freundschaftlich zu stellen; der Kaiser hatte befohlen, dass seine Kriegsschiffe die hamburgischen Schiffe respektiren sollten und dass die letzteren ungestört in marokkanischen Häfen verkehren dürften.

Eine Bemerkung in einem Briefe Cailles an Riecke war offenbar darauf berechnet, die Hamburger zu ködern; sie ging dahin, dass die letzteren ohne die geringste Furcht vor den Corsaren oder anderen Barbaresken, solange die Spanier Herren der Durchfahrt von Gibraltar waren, an den Küsten von Frankreich, Spanien, Portugal, Marokko etc. fahren könnten und wenigstens theilweise die Menge holländischer Schiffe ersetzen, die seit dem französisch-spanisch-englischen Kriege diese Fahrten machten.

Die offizielle Einleitung eines Einvernehmens mit Marokko hatte somit stattgefunden; die marokkanische Regierung hatte sich geäussert. Diesmal waren es die berufenen Vertreter der kaufmännischen Interessen Hamburgs, die Commerzdeputirten nebst ihren Altadjungirten, die zurückschreckten vor den Consequenzen, die aus der Verhandlung mit Marokko sich ergeben könnten. Riecke's Schritt wurde „sehr übereilt" genannt; durch das Verlangen, Pässe zu erhalten, sei die Lage dieser Angelegenheit sehr kritisch geworden, da nun die Verhandlung mit Marokko schwerlich werde abgebrochen werden können; andererseits sei zu befürchten, dass Portugal, Spanien und England Anstoss daran nehmen würden, wenn Hamburg, ohne sich ihres Einverständnisses zu versichern, marokkanische Seepässe genommen habe. Von einem Abbruch der Verhandlungen wollten aber die Commerzdeputirten garnichts wissen. Die Marokkaner hatten seit einiger Zeit die Hamburger auffallend geschont, hatten hamburgische Schiffe im Hafen von Lissabon löschen und laden sehen, ohne sie beim Auslaufen zu verfolgen. Stosse man Marokko jetzt vor den Kopf, so werde Handel, Schiffahrt und Assecuranzwesen der Stadt arg gefährdet; sodass die Börse schwer erschüttert werden könne. Seit Anfang

1781 bis Ende April waren 14 hamburgische und 2 lübekische Schiffe von Lissabon und Oporto nach Hamburg teils schon gekommen, teils noch unterwegs; den Wert dieser Schiffe und Ladungen schätzte man auf zusammen ca. $4^1/_4$ Millionen Mark Banco, und davon war wenigstens $^2/_3$ bei hamburgischen Assecuranzgesellschaften versichert. Ueberdies lagen mehrere hamburgische Schiffe im Hafen, nach Portugal ladend.

Alles dies war in Gefahr, wenn man nicht besonnen verfuhr.

Die Commerzdeputierten meinten, man müsse die „Lage der Sache so lenken, dass selbige auf eine bestimmte Weise und durch weise Massregeln für unsere Handlung und Schiffahrt nützlich und ergiebig werde"; sie forderten deshalb den Senat auf, er möge Spanien und Portugal die bindende Versicherung geben, dass Hamburg Marokko weder Munition noch Kriegsbedürfnisse, sondern nur eine „Erkenntlichkeit an Geld" für die den hamburgischen Schiffen zugestandene Sicherheit senden wolle.

Einen Frieden mit Marokko, ohne sich zugleich mit Spanien und Portugal zu erzürnen, hielten die Commerzdeputierten noch immer für äusserst vorteilhaft für die Rhederei und Schiffahrt, den Schiffsbau und den Handel der Stadt. Am liebsten hätte die Kaufmannschaft, immer mit jener Spanien und Portugal betreffenden Voraussetzung, dem Kaiser von Marokko für einen Vertrag oder Sicherheit der Schiffahrt gleich eine Summe Geldes angeboten[1]).

So eilig hatte der Senat es nun allerdings nicht. Doch veranlasste er, dass unter Vorsitz des Syndicus Faber, eine Conferenz von je 4 Senatsmitgliedern und Commerzdeputierten zusammentrat. Schon ehe diese ihre Berathungen abschloss, wurde an Riecke geschrieben, und er, unter Missbilligung seines die Sache betreffenden Schrittes, angewiesen, weiterhin nichts ohne ausdrückliche Ordre zu thun.

Aus jener Conferenz gingen als Resultat eine Anzahl von Briefen hervor. An Duquela richtete der Senat ein Schreiben[2]), das mit viel Worten wenig sagte; die Friedensliebe des marokkanischen Herrschers wird gepriesen, der „le rameau d'olivier en main, n'a à coeur que de faire fleurir les provinces de son vaste Empire, par un commerce universel avec l'Europe entière et aussi en particulier avec notre République"; der Senat dankt für die Beweise der kaiserlichen Gunst und bittet den Minister, der Stadt

---

[1]) Synd. Sillem an Synd. v. Post 17. Juli 1781. (Br. A.)

[2]) Wie das an Caille vom 29. Juni.

diese zu erhalten zu helfen; den hamburgischen Capitänen sei Befehl gegeben, die marokkanische Flagge zu respektieren.

Bestimmter schon lautet der Brief des Senats an Caille: der Senat sei zufrieden mit dem bisher Erreichten und ziehe dies einem formellen Vertrage vor. Interessant sind die hierfür angeführten Gründe: weil die „coups d'État" sich für Republiken nicht eigneten, auch die gegenwärtige Krisis der europäischen Angelegenheiten solche nicht gestatteten, endlich weil man die hanseatische Verfassung („la forme et la constitution hanséatique") bewahren müsse. Natürlich waren das nicht die wirklichen Beweggründe, am wenigsten wohl der letzte; thatsächlich wollte man die Sache hinziehen und Zeit gewinnen.

Die Consuln Stöcqueler in Lissabon und van der Lepe in Madrid wurden, unter Mitteilung der bisherigen Verhandlungen, beauftragt, den betreffenden Höfen gelegentlich vertrauliche Eröffnungen zu machen. Stöcqueler speziell sollte Auskunft über Caille, Duquela etc. geben, namentlich aber über die wirklichen Pläne Marokkos.

Am wichtigsten war schliesslich ein von Riecke an Caille zu sendender Brief, der in Hamburg aufgesetzt und an Riecke geschickt wurde. Dieser Brief, den man als eine von Caille dem Duquela zu machende Eröffnung ansah, gab zunächst der Beunruhigung Ausdruck, in die der Senat durch das Verlangen von Geschenken versetzt sei; der Senat sei nicht im Stande, Geschenke zu machen, wie sie einem so mächtigen und reichen Fürsten gegenüber angebracht seien. Caille möge den grossen Unterschied bedenken, der, sowohl in Hinsicht auf die Mittel als auf die Macht und Ausdehnung der Marine, zwischen Hamburg einer- und England, Dänemark, Schweden, Holland, Venedig, Genua andrerseits bestände. Hamburg sei eine kleine Republik, die mit so grossen Mächten nicht auf dieselbe Stufe gestellt werden könne. Caille möge dieses bedenken und darnach handeln. Der Brief schloss mit der Mitteilung, dass, wenn Caille es für richtig halte, den Brief an Duquela mit einem Geschenke von 1000 Pesos zu begleiten, diese Summe zu seiner Verfügung stehe. Dem Caille selbst setzte der Senat ein Jahresgehalt von 250 P. aus, d. h. solange das friedliche Einvernehmen mit Marokko dauere.

So suchte der Senat, weit entfernt von der Absicht, einen förmlichen Frieden zu schliessen, „zum Besten der hiesigen Handlung und Schiffahrt die günstigen Gesinnungen des Sultans durch alle mögliche Höflichkeitsbezeugungen und durch kleine Geschenke beyzubehalten"[1]).

Wie ersichtlich, lag Hamburg sehr viel daran, über die Ansichten Spaniens und Portugals im Klaren zu sein. Hinsichtlich Portugals wurde der Senat bald beruhigt, indem Stöcqueler am 31. Juli berichtete, dass das Ministerium einem Schritte beistimme, zu dem es selbst das Beispiel gegeben habe, und der Portugal keineswegs schaden könne.

Weniger deutlich ist die Auskunft, die der Resident van der Lepe in Madrid am 6. August einsandte. Wenn er auf die unabhängige Stellung der Hansestädte, die sie, wie jeden andern Staat, zum Abschluss von Verträgen berechtige, hinwies, so war dies nichts als graue Theorie. Uebrigens drückte der Resident die Ueberzeugung aus, dass Spanien nichts gegen einen Vertrag mit Marokko einwenden, offene oder geheime Artikel aber, die Lieferung von Kriegscontrebande und dgl. versprächen, nicht gleichgültig ansehen werde. Sondirt hatte von der Lepe noch nicht. Dagegen hatte Riecke, offenbar ein Mann der raschen That, schon Anfang August eine Gelegenheit wahrgenommen und dem Gouverneur von Cadix, Grafen O'Reilly, wie auch dem Commandanten der Bai, zwei beim Könige einflussreichen Persönlichkeiten, von der marokkanischen Sache Mitteilung gemacht.

Caille war inzwischen nicht müssig gewesen und konnte mit dem, was er erreicht hatte, zufrieden sein. Er hatte sogar die Regierung Friedrichs des Grossen zu Unterhandlungen gebracht[2]). Noch im Frühjahr 1780 hatte Graf Finkenstein die Emdener Kaufleute, die dringend einen Vertrag mit den Barbaresken wünschten, abgewiesen. Am 30. August desselben Jahres schrieb Caille direkt an den Grafen und stellte sich ihm als Friedenskonsul vor. Die preussische Regierung beschloss hierauf in Korrespondenz mit Caille zu treten; allerdings enthielt schon die Kabinetsordre des Königs vom 2. Oktober die prophetischen Worte: „Mais la fin de toutes ces peines sera, que S. M. Maroccaine demandera une somme d'argent, pour prix de ses engagements; et il n'y a point d'exemple, où elle en ait contractés sans quelque largesse de la part de la partie contractante. Il en est dans ce païs de

---

[1]) Admir. Prot. 1781 Juni 20.
[2]) Nach Geh. St. A. Berlin. Vgl. kurz auch bei Zimmermann, Preuss. Handelspolitik. S. 114.

l'or, comme dans bien d'autres païs, où l'on en fait son idole et où il fait le maitre ressort de tous les mouvements."
Die preussische Regierung unterhandelte mit Caille durch ihren Konsul in Cadix, Silvester de Livron. Am 15. März 1781 schrieb dieser, die preussische Flagge könne sich ungefährdet an der marokkanischen Küste zeigen. Caille und Duquela schrieben an Finkenstein, und ersterer drückte den Wunsch aus, preussischer Konsul zu werden. Mit den von Caille eingeschickten vier Pässen wusste man preussischerseits zuerst nichts Rechtes anzufangen. Das bekannte David Splitgerber'sche Haus schrieb am 5. Mai 1781: „Unser Handel auf Spanien und Portugal ist der Zeit von zu geringem Belang, um Schiffe dahin zu senden, und die wenige, welche wir in See haben, werden auch durch den Transport französischer Produkte hinlänglich beschäftiget." Die Handlung von Friedrich Schütze meinte allerdings, sie könne keinen Gebrauch von den Pässen machen, bat aber doch, ihr einen aufzubewahren. Dann kamen jedoch aus den Seestädten Nachfragen; Johann Simson in Memel verlangte und erhielt einen; er wollte für die Seehandlung eine Ladung Salz aus Portugal holen; ebenso bekam das Stettiner Handlungshaus Knudt Olssen u. Sohn zwei Pässe; [1]) dagegen konnten die Colberger keinen Gebrauch von ihnen machen. Den vierten und letzten erhielt im August 1781 die Seehandlung. Weitere Anträge auf Pässe aus Memel und Ostfriesland mussten unbefriedigt bleiben. Obwohl nun die Regierung meinte, es würde auch wohl ohne jene Pässe gehen, und die preussischen würden genügen, — denn wirklich schien die preussische Flagge im Mittelmeer jetzt respektiert zu werden, — wurde doch der im Sommer 1781 nach Madrid reisende Gesandte Graf Nostitz beauftragt, für neue marokkanische Pässe zu sorgen.

Bald darauf, im Februar 1782, rührten sich auch die Schlesier. Zwei Hirschberger Kaufleute, die früher lange in Holland gewesen waren, stellten dem Grafen Hertzberg vor, dass weniger die holländisch-amerikanischen Inseln als die Küsten der Berberei für schlesische Leinwand ein guter Absatzmarkt seien; man müsse nur in jenen Ländern mehr bekannt werden, namentlich auch in Algier, Tunis und Tripolis, da diese für reicher als Marokko galten und ihre Bewohner auch mehr Leinwand trügen als letzteres.

---

[1]) Vgl. auch Schmidt, Beiträge z. Gesch. des Stettiner Handels. Balt. Studien. S. 230f.

Hertzberg liess ein für Caille bestimmtes Schreiben dieser Kaufleute weiter befördern. Bald darauf sandte Caille seine erste Kostenrechnung über 377 Friedrichsd'or (= 286 Piaster) ein.

Dass Caille in Preussen Terrain gewann, war für die Hansestädte natürlich nicht gleichgültig. Vermehrte sich die schlesische Leinenausfuhr über Hamburg durch eine preussisch-marokkanische Anknüpfung, so gewann letztere und auch das eigene Verhältnis zu Marokko für Hamburg grössere Bedeutung.

Lübeck und Bremen hielten sich allerdings noch vorsichtig zurück; in Lübeck namentlich wegen der Erinnerung an Hamburgs Erfahrung von 1751; doch liess der Senat durch Riecke Caille für seinen Friedensantrag danken. Der Bremer Senat liess die Sache, wie an Riecke geschrieben wurde, vorläufig auf sich beruhen. „Schwerlich wird man hiesigen Orths in die geschehene Vorschläge eintreten," schrieb Syndicus v. Post nach Hamburg;[1]) wenn man auch wirklich mit Marokko einen Frieden erhalte, und, was immerhin zweifelhaft sei, andere Mächte es duldeten, so sei man noch nicht gegen die anderen Raubstaaten geschützt. Caille bedauerte diese „indifference" der Schwesterstädte und war um so eifriger für Hamburg thätig. Von dem Unterschied zwischen Hamburg und den grossen Seemächten, den Riecke ihm vorstellte, wollte er nichts wissen. Er spendete zunächst dem Duquela das für ihn bestimmte Geschenk und überreichte ein solches auch dem Kaiser in zwei Audienzen. Dagegen lehnte er die 200 Pesos für sich ab; er diene lieber umsonst, als für so geringen Entgelt. Sodann veranlasste er den Kaiser, die Freundschaft mit Hamburg durch ein eigenes Schreiben zu bestätigen.

Dies letztere, datiert vom 3. Dezember 1781, brachte Caille, der inzwischen Generalkonsul von Sardinien für Marokko geworden war,[2]) im März persönlich nach Cadix; es enthält nichts weiter als die bisherigen Versprechungen Marokkos. Eine französische Übersetzung schickte Riecke nach Hamburg, während Caille das Original bei sich behielt; er plante nämlich, es selbst nach Hamburg zu bringen, wie ähnliche kaiserliche Schreiben nach Turin und Berlin.

Hamburg hatte somit gute Aussicht, bald einen leibhaftigen marokkanischen Gesandten in seinen Mauern zu sehen. Gegen solche Barbareskengesandtschaften machte sich aber in Europa

---

[1]) An Synd. Sillem 12. Juli 1781.
[2]) Holl. Viceconsul van der Pant in Tanger 13. u. 27. Sept. 1781.

allmählich eine grosse Abneigung bemerkbar. Sie liefen im Wesentlichen auf ansehnlichen Kostenaufwand für die europäischen Regierungen hinaus. Im Jahre 1764 verbat sich England eine solche Gesandtschaft Algiers.[1]) So versuchte auch Riecke dem Caille sogleich diese Absicht auszureden. Letzterer hatte offenbar von der Hansestadt eine sehr hohe Meinung. Es scheint, als ob die Regierungen sowohl des Römischen Kaisers, wie Preussens und Sardiniens sich bisher weniger freigebig gezeigt hatten als Hamburg.

Der Senat billigte die Bemühungen Rieckes in dieser Richtung vollkommen; sein Erscheinen werde „vielen Anstoss finden." Riecke wurde deshalb instruiert, seine Reise nach Hamburg eifrigst abzuwenden und ihm zu erklären: der Senat würde sich ein Vergnügen daraus machen, die persönliche Bekanntschaft eines so überaus geschickten und für das hamburgische Gemeinwesen so wohlgesinnten Mannes, wie Caille sei, zu erlangen; allein die Umstände würden ihn nötigen, auf diesen Vorzug zu verzichten; es würde dem Senat sehr empfindlich sein, wenn Caille sich aus Gefälligkeit für Hamburg einer beschwerlichen Reise von einigen hundert Meilen nach einem nördlichen, der Gesundheit eines Südländers nachteiligen Klima aussetzen wollte. Caille möge nur das kaiserliche Schreiben mit der Post senden, „welche vollkommen sicher gehe." „Der Stadt würde," so schrieb der Senat an Riecke,[2]) „bey der mit dem Handlungsgeiste der Puissanzen verhältnismässig wachsenden Handlungs-Jalousie ein jeder Schritt in Kommerz-Angelegenheiten bedenklich, der allgemein bekannt würde und Aufsehen erregte. Gewiss würde es von den hier residirenden Gesandten, deren fast von allen europäischen Mächten hier versammlet wären, als eine Arroganz ausgelegt werden, wann die Stadt von Marokko mit den Königen von Preussen und Sardinien ein ähnliches Etikette oder Begegnung erwartete oder annähme."

Caille schrieb darauf im August, er wisse die Gründe des Senats zu würdigen, und sandte das Original des kaiserlichen Schreibens mit der Post; am 9. September 1782 kam es in die Hände des Senats.

Inzwischen hatte am 8. Februar der Gouverneur von Tanger, Abd-el-Melech, im Hause des dänischen Consuls alle dortigen

---

[1]) Calendar of Home Office Papers of the reign of George III. vol. 1760—65. S. 392; vgl. auch vol. 1766—69. S. 70. 84.
[2]) 29. April 1782.

Consuln und Agenten fremder Mächte um sich versammelt und verkündigt, dass der Kaiser von Marokko mit Preussen, Sardinien und Hamburg im Frieden lebe[1]). Am 6. April war dies in der Hamburgischen „Neuen Zeitung" zu lesen. Aber erst nach Empfang des oben erwähnten marokkanischen Schreibens schrieb der Senat an den Kaiser einen Brief; er enthält nur allgemeine Wendungen. Der Senat bestimmte zugleich eine Summe von 1000 bis 1500 Pesos zu Geschenken bei der Ueberreichung des Schreibens; doch liess er ausdrücklich bemerken, dass diese Geschenke „bloss eine den Kräften der Stadt angemessene Wirkung der Dankbarkeit für das gnädige Schreiben" darstellten; damit sollte der Meinung, als ob die Stadt jährlich einen Tribut oder grosse Geschenke werde machen können oder wollen, vorgebeugt werden.

Unterdessen hatten auch Lübeck und Bremen sich wieder Hamburg genähert. Schon am 23. April 1782 schrieb Syndicus v. Post an Sillem: verschiedene Umstände hätten sich geändert, Handel und Schiffahrt habe eine ganz andere Wendung erhalten, es seien „neue Speculationen auch hiesigen Orths rege geworden;" die Sache dürfte somit wohl neuer Erwägung unterzogen werden. Mit jenen Veränderungen und Speculationen ist wohl der damals eröffnete Verkehr mit Amerika gemeint, der allerdings grosse Aussichten zu bieten schien[2]), und mit dem die marokkanische Frage ja in einem gewissen Zusammenhang stand.

Vielleicht hat aber auch die ja nun öffentlich in den Zeitungen kundgegebene Thatsache von dem Frieden Marokkos mit Hamburg auf die Schwesterstädte stimulirend eingewirkt.

Als aber Hamburg den ganzen Stand der Sache dargelegt hatte, sah man doch in Bremen eine direkte Verhandlung mit Marokko noch immer für sehr bedenklich an. Erst als ein Brief Riecke's vom 13. August eine Bemerkung brachte, nach der Caille, wenn Lübeck und Bremen nicht bald etwas von sich hören liessen, für diese „gelegentlich fatale Catastrophen" prophezeit hatte, kam mehr Bewegung in die Sache. In Bremen beschäftigte sich die Kaufmannschaft, in Lübeck die Bürgerschaft damit.

In Lübeck lehnten die bürgerlichen Collegien Ende November ein Eingehen auf die marokkanischen Anerbieten ab; alle Compagnien

---

[1]) Holl. Viceconsul van der Pant in Tanger 1782. Febr. 11 (R. A. im Haag); am 29. März stand die Nachricht in den „Nouvelles extraordinaires de Leide."

[2]) Vgl meine Beiträge z. Gesch. d. Handelsbezieh. zwischen Hamb. u. Amerika S. 53 f.

und Aemter waren sich hierin einig. Das Einzige, was positiv vorgeschlagen wurde, war der Versuch, in einen Frieden des Kaisers mit den Barbaresken aufgenommen zu werden, ein Vorschlag, der praktisch von sehr geringem Werth war, auf den aber noch im Mai 1784 die bürgerlichen Collegien in einem Antrag an den Senat zurückkamen.

In Bremen beschloss am 18. Oktober das Ältesten-Collegium der Kaufleute: es seien „Traktaten mit Marokko nicht vor der Hand zu weisen"[1]), Dabei blieb man aber stehen; ein Brief, den man an Caille schreiben wollte, scheint nicht abgegangen zu sein.[2])

So ging denn Hamburg wieder allein seine Wege. Ich glaube nicht, dass man hier, wie in Lübeck ausgesprochen wurde,[3]) schon wider Willen weiter, als man gewollt hatte, in die Sache hinein verpflochten war. Ein festes Programm lässt sich bei solchen Unternehmungen schwer vorher aufstellen. In Hamburg herrschte aber, in Folge des grösseren Interesses, das man an der Sache hatte, von vorn herein eine weitere Auffassung.

Die Anknüpfungen zwischen Hamburg und Marokko waren nun soweit gediehen, dass sie eine gewisse Sicherheit zu gewährleisten schienen. Der Senat hatte sich noch im Sommer 1782 eingehend nach Caille und seiner Vertrauenswürdigkeit bei Riecke erkundigt. Etwas abenteuerlichen Anschein hatte die Sache doch immerhin; und wenn es nicht aus anderen Rücksichten zu vermeiden war, so hätten die Herren vom Senat gewiss gern einmal dem Unterhändler persönlich auf den Zahn gefühlt. So mussten sie sich auf Rieckes Auskunfterteilung verlassen; dieser schilderte in seinem Briefe vom 13. August Caille folgendermassen: Nach der genaueren Bekanntschaft, die er mit Caille gemacht habe, könne er nur versichern, dass „ich in demselben, soviel meine wenige Kenntniss entdecken können, nicht allein eine edle Denkungsart und grosse Geschicklichkeit, sondern auch solche vorzüglich gute Gesinnungen gegen unsere liebe Vaterstadt wahrgenommen habe, dass wir uns nächst Gott in seiner Person die Fortdauer der Zuneigung des marokkanischen Hofes in soferne versprechen können". Er habe sich auch bei dem venetianischen und dänischen Consul in Tanger, wie auch dem kaiserlichen in Cadix erkundigt und einstimmig von diesen vernommen, „dass er einer derjenigen ist, den

---

[1]) Brem. Handelsk.-Archiv.
[2]) Eelking an Evers 7. Nov. 1782.
[3]) Senat an Bürgerschaft 1782. Nov. 23.

der Kayser und der ganze Hof von Marocco am meisten favorisieret, ja sogar bey Differenzen mit andern Consuls consuliret, und dass es ihnen allen constatiret, dass er, um diesen Vorzug vor vielen zu erlangen und zu conserviren, einigemal von seinem eigenen Vermögen dabey zugesetzet hat".

Trotzdem wurde Riecke wiederholt zur Vorsicht ermahnt und ihm eingeschärft, nichts irgendwie Praejudicirliches ohne Einholung von Verhaltungsmassregeln zu unternehmen. Aber der Senat hielt es nun doch endlich für notwendig, dass der Kaufmannschaft von den gegen früher veränderten Verhältnissen Mitteilung gemacht würde. Am 23. November theilten auf Veranlassung des Senats die Commerzdeputirten dem Ehrb. Kaufmann mit, dass man sich „Hoffnung machen könne, es werde die hamburgische Flagge vor maroccanischen Kapern keine Gefahr zu besorgen haben, und dass die Rheeder hinwieder ihren Schiffern, die solche Gewässer beführen, wo ihnen Maroccaner aufstiessen, die Ordre beyzulegen hätten, den maroccanischen Schiffen und Unterthanen gleichermassen freundschaftlich zu begegnen". Doch blieb die von der Admiralität getragene halbe Prämie wegen der für Türkengefahr versicherten Equipage noch bestehen, ebenso die Anordnung vom 26. April 1754 betr. die Seepässe; nur eine Erleichterung wurde der Admiralitätskasse: die halbe Mäkler-Courtage von $1/8 \%$ wegen der für Türkengefahr versicherten Equipage, die die Admiralität bisher getragen hatte, wurde ihr abgenommen.

Obwohl nun der Senat Caille wiederholt hatte andeuten lassen, dass ihm an einem formellen Frieden mit Marokko, insbesondere wegen der hohen Kosten, nichts gelegen sei, so kam Caille doch stets wieder auf diesen Punkt zurück. Bald wies er darauf hin, dass Preussen mit Marokko über einen Vertrag verhandele, bald dass das Verhältniss Marokkos mit Holland immer gespannter werde: dies Alles sollte Hamburg reizen. Mit diesen Lockungen waren aber, was bedenklicher war, direkte und indirekte Geldforderungen verbunden; indirekte, indem Caille auf Dänemark und Venedig hinwies, die ihn ausserordentlich gut regalirten; direkte, indem er gradezu um weitere Belohnungen seiner Verdienste anhielt. Begreiflich, dass dies den Senat höchst unangenehm berührte. Riecke wurde beauftragt[1]), Caille dies zu erkennen zu geben und ihm vorzustellen, „dass er dergleichen Praetensionen anfänglich nicht

---

[1]) 1783 Juni 6.

gemacht, sondern erst nach von uns geschehener Einlassung damit hervorgetreten". Er sollte Caille offen erklären, dass der Friede mit Marokko in der That „dieser Stadt nicht von grossem Nutzen sey, weil teils schwerlich ein directer Handel zwischen hier und Marocco etablirt werden könne, und weil der ganze Nutzen darin bestünde, dass wir mit mehrerer Sicherheit unter eigener Flagge nach Lissabon und Cadix fahren könnten". Was seine Geldforderungen beträfe, so habe er ausser den bereits erhaltenen, bezw. ihm bestimmten ca. 1000 Pesos nichts weiter zu gewärtigen; die 200 Pesos jährlich bot ihm der Senat nochmals an.

Caille hatte sich ferner anheischig gemacht, wie mit Marokko, so auch mit Tunis und Algier Verhandlungen zu vermitteln, ein Angebot, das der Senat ablehnte; als Caille es wiederholte, schrieb der Senat ihm direkt[1]), dass „une telle paix dans les conjonctures d'à présent nous paroit trop critique".

Unterdessen war zwischen Preussen und Marokko die Annäherung weiter fortgeschritten. Während die preussische Regierung zugleich bestrebt war, mit Algier zu einem friedlichen Einverständniss zu kommen und vorläufig algierische Seepässe zu erhalten, was ihr aber nicht gelang, suchte sie mit Marokko im freundlichen Einvernehmen zu bleiben. Der König schrieb am 20. April 1783 selbst an den marokkanischen Kaiser; und Caille sandte eine ausführliche Denkschrift über Marokkos Handelsverhältnisse nach Berlin. Formell der wichtigste Schritt der preussischen Regierung war die Ernennung Cailles zum preussischen Consul in Marokko, die durch Patent vom 27. Januar 1784 erfolgte.

In dieser Beziehung war also Preussen viel weiter gegangen als Hamburg. Eine consularische Vertretung in Marokko und zwar durch Caille war auch seitens Hamburgs in Aussicht genommen, aber ernstlich noch nicht erwogen worden. Am 8. Juli 1782 schrieb der Senat sogar an Riecke: auf die Bestellung eines Consuls in Marokko könne er sich vorläufig nicht einlassen; solange Caille in Afrika sei, werde er das gute Vernehmen mit Marokko und die freie Fahrt der hamburgischen Flagge in jenen Gewässern „welches dort unser einziges Geschäfte ist", zu unterhalten wissen. „Einen Consul unserer Nation, wenn solcher ein Deutscher oder

---

[1]) 1783. Dec. 8.

gar ein Hamburger sein sollte, in Marokko zu bestellen, ist schlechterdings nicht praktikable."

Von Ende 1783 an erfuhren nun überhaupt die hamburgisch-marokkanischen Beziehungen eine merkliche Abkühlung. Grade zwei Jahre lang, bis Ende 1785, hören wir von Caille und seiner Verbindung mit Hamburg nichts; auch gegen Preussen scheint er sich in Schweigen gehüllt zu haben.¹)

In Marokko wusste man ebenso wenig von ihm; sein eigener Sekretär war Jahre lang ohne Nachricht von ihm.²)

Erst am 3. Oktober 1785 schrieb er wieder, und zwar aus Paris, an den Senat; er bat um Geld für Geschenke an den marokkanischen Hof. Der Senat beschloss, ihm in Cadix 400 Pesos auszahlen zu lassen, erkundigte sich aber zugleich bei dem hanseatischen Agenten de la Flotte in Paris nach dem Charakter Cailles. Der Agent gab dann auf Grund guter Quellen eine Auskunft, die sich von der früher seitens Riecke gegebenen wesentlich unterschied. Darin stimmte sie allerdings mit dem Rieckeschen Bericht überein, dass de la Flotte schrieb: es sei notorisch, dass Caille „avoit effectivement captivé la bienveillance du Roi Africain," und dass er wirklich ein Diplom erhalten habe, „qui le constituoit consul pour toutes les nations qui manquoient d'argent auprès de ce Prince;" doch habe man Ursache zu glauben, dass sein Credit nicht mehr sicher sei, und dass er ihn eingebüsst habe durch seine lange Abwesenheit von Marokko und den schlechten Stand seines Vermögens; er werde auch wohl kaum wieder nach Afrika zurückkehren. Allgemein gelte der Mann als ein „intriguant, fécond en expédiens et cherchant à faire ressource". Dass er beim Hofe von Marokko in gewissem Credit gestanden, sei nicht wunderbar, da er diesem Hofe die Ideen verschafft habe, die dahin zielten, möglichst viel Geld aus den verschiedenen dort verkehrenden Nationen zu ziehen; „toutes propositions qui ont pour bien de satisfaire l'avidité de ces Barbaresques sont toujours accueillies favorablement". Nach einem persönlichen Zusammentreffen de la

---

¹) Hertzberg schrieb noch am 31. Januar 1784 an Caille: „je ne connais jusqu' ici qu' un seul négociant prussien, nommé Jacubowitz, établi à Embden, qui a entrepris d'envoyer des marchandises à Salé, où il a été antrefois en négoce." Die ostfriesische Kammer bat am 30. März 1784 um freie Schiffahrt im Mittelländischen Meer (Berl. Geh. St. A.).

²) Holl. Viceconsul van Nieuwerkerke in Tanger 1785. Dec. 15 (R.-A. Haag).

Flottes mit Caille rieth ersterer dem Senat, nicht ganz mit Caille zu brechen.[1])

Der Senat war natürlich nichts weniger als erfreut über diese Mitteilungen. Noch kürzlich hatte Caille ihm, natürlich in Verbindung mit einer Geldanleihe, seine grossen Pläne, die auf einen allgemeinen europäischen Frieden mit allen Barbareskenstaaten hinausliefen, vorgetragen, Pläne, die er übrigens auch dem französischen Minister Vergennes und dem preussischen Hertzberg vorgelegt hatte, und die, gelinde gesagt, extravagant waren.

Nun wurde sogleich sowohl an La Flotte wie an Riecke geschrieben[2]); ersterer sollte Caille erklären, dass, auch wenn er sich noch im Besitz von soviel Einfluss in Marokko glaube, um seine Versprechungen erfüllen zu können, er doch Alles in dem augenblicklichen Stande lassen solle; Riecke sollte sich, wenn er mit Caille nichts mehr auszurichten glaube, von ihm losmachen, ihn eventuell mit Geld unterstützen, doch sich nicht mit ihm verfeinden.

Ueber Caille war man ja nun im Klaren, man wurde es noch mehr, als bald darauf de la Flotte berichtete, dass nach einer Meldung aus Marseille der Kaiser von Marokko den Consulats-Pavillon von des Caille Haus habe entfernen lassen, und als Riecke berichtete, dass jener auf ihn Wechsel zöge. Selbstverständlich befahl nun der Senat den Abbruch aller Beziehungen mit Caille. Schon im November 1785 heisst es in einem Conferenzprotokoll, dass sich in seiner Person immer mehr „die Qualität eines Avantürier" verriethe.[3])

So hatte denn diese Episode, die mit dem Namen Cailles auf das Engste verbunden ist, ein Ende erreicht. Es wird kaum der Rechtfertigung bedürfen, dass wir diese Affaire so eingehend geschildert haben; es ist nicht geschehen, um Cailles Persönlichkeit,

---

[1]) de la Flotte an Sillem 5. Dec.; 12. Dec. 1785.

[2]) Beide Briefe vom 27. Jan. 1786.

[3]) Caille belästigte die preussische Regierung noch längere Zeit mit Unterstützungsgesuchen, erhielt im Jahre 1789 2000 Livres ausbezahlt. Im Jahre 1794 wurde er aus den Niederlanden ausgewiesen. Sein Consulatspatent scheint man ihm erst abgefordert zu haben, als er sich in Utrecht in preussischer Consulatsuniform zeigte. (Berl. Geh. St. A.). An Hamburg stellte Caille im Jahre 1791 eine Forderung von 45700 Livres; der französische Resident Bourgoing meinte, man solle C. mit 3000 M. zufrieden stellen. Die Commerzdeputierten wollten sich aber trotz dringender Mahnungen des Syndicus Doormann auf eine solche Zahlung nicht einlassen, sondern verwiesen den Syndicus an die Admiralität. (Prot. Dep. Com. 1791. Aug. 6; 1792. Juli 27).

die allerdings wenig Interesse bietet, zu beleuchten, sondern lediglich der Sache wegen, die er vertrat. Er war nicht von vornherein ein Abenteurer oder gar Schwindler; er hatte den Kaiser von Marokko hinter sich und stützte sich auf dessen Autorität. Mehrere europäische Höfe haben längere Zeit ernsthaft mit ihm unterhandelt; Preussen verlieh ihm einen Vertrauensposten. Alles dieses zwingt uns, diesem Manne, namentlich aber den durch ihn vermittelten Geschäften und durch ihn geschaffenen Verhältnissen unsere Beachtung zu schenken.

So blieb denn auch sein Verschwinden von der Bühne nicht ohne Wirkung auf die Beziehungen zu Marokko. Es fehlte nun doch das Bindeglied zwischen diesem Lande und den Regierungen, die er mit seinen Verhandlungen, Anträgen u. s. w. beehrt, und von denen uns hier Hamburg und Preussen besonders interessiert. Ob wirklich das Verfahren Cailles allein Schuld an der nun eintretenden Verschlechterung des Verhältnisses mit Marokko gewesen, muss allerdings in Anbetracht der Unberechenbarkeit und Unbeständigkeit orientalischer Dinge dahingestellt bleiben.

Im Sommer 1786 erfolgte seitens des Kaisers von Marokko der Befehl, dass eine Fregatte und eine Galliote aus dem Hafen von Larache in das Mittelmeer auslaufen solle, und zwar gegen die Preussen und Hamburger. Riecke, der dies nach Hamburg meldete, schob Alles auf das lange Ausbleiben des in der Welt herumstreifenden Caille. Natürlich war man in Hamburg sehr wenig erfreut über diese Nachricht. Die wieder zusammentretende Konferenz beschloss, dass der Wiener Hof um Erlaubnis gebeten werde, sich des kaiserlichen Konsuls in Cadix, Grafen Greppi, in dieser Angelegenheit zu bedienen; durch ihn wollte man dann dem Kaiser von Marokko einen ausführlichen Bericht über die bisherige Behandlung der marokkanischen Sache und das Benehmen Cailles übersenden.

Ob sich Hamburg an den Wiener Hof gewandt, ist nicht ersichtlich; bei Greppi fand die Stadt zunächst jedoch wenig Gegenliebe. Er weigerte sich Riecke gegenüber durchaus, direkt sich in die hamburgisch-marokkanischen Angelegenheiten zu mischen, da der kaiserliche Hof selbst keine unmittelbaren Beziehungen zu Marokko unterhielte Doch erbot sich Greppi, als Privatmann einen Brief des Senats an Juan Manuel Salomon, spanischen Konsul in Marokko, zu expedieren und diesen um die Überreichung an den Kaiser zu bitten.

Darauf ging der Senat sofort ein; an einer baldigen Erledigung der Sache war ihm im Hinblick auf das bestehende Friedensverhältnis zwischen Marokko und Portugal sehr viel gelegen. Ein Brief[1]) dss Senats an den Kaiser von Marokko, in dem die Bitte ausgesprochen wurde, der Stadt nicht die „négligence très-blamable du Sr. d'Audibert" entgelten zu lassen, ging an Riecke ab.

Inzwischen hatte sich aber noch eine bessere Gelegenheit zur Anknüpfung mit Marokko gezeigt. Ein marokkanischer Gesandter, Mohamed-Ben-Abdelhabi el Hafi, einer der vier Staatssekretäre des Kaisers, war auf der Reise von Mekka, Konstantinopel, Malta, Italien und Frankreich nach Cadix gekommen, um sich hier nach Tanger einzuschiffen. Zu diesem einflussreichen Manne gewann Riecke durch Greppis Vermittlung Zutritt. Riecke schilderte ihm mündlich die Betrügereien Cailles und übergab ihm den Brief an den Kaiser; er stellte dem Marokkaner vor, „dass die Republik Hamburg als ein kleiner, wenig vermögender Staat in Betracht der bekannten grossen Seemächte eigentlich keinen sonderlichen wirklichen Vorteil von dem Frieden mit Marokko haben würde," (!.?) es habe aber den Senat „bloss die durch Caille damals ertheilte Nachricht, dass der marokkanische Monarch sich der kleinen Stadt Hamburg so gnädig erinnert, gar zu sehr geschmeichelt" u. s. w.[2]) Allerdings entsprach dies ja durchaus nicht den thatsächlichen Verhältnissen; aber vielleicht war es diplomatisch klug, die Bedeutung der Stadt und ihres Interesses an dem Frieden geringwertiger hinzustellen, als sie war. Dass Riecke den Gesandten mit Geschenken für ihn selbst und seinen Herrn versah, ist selbstverständlich. —

Während der nächsten zehn Jahre hat zwischen Marokko und Hamburg offiziell keinerlei Anknüpfung stattgefunden. Man hatte dazu in Hamburg gar keine Veranlassung, da Kapereien gegen hamburgische Schiffe von Seiten Marokkos nicht vorkamen. Marokkanische Kaufleute kamen in jener Zeit öfter nach Hamburg und handelten hier friedlich.[3])

Plötzlich fand im September 1798 wieder eine Feindseligkeit statt. Drei Schiffe, je ein hamburgisches, bremisches und preuss-

---

[1]) Vom 24. Februar 1787.
[2]) Riecke an den Senat 1787. April 3. Bald darauf kam R. selbst nach Hamburg.
[3]) Synd. Sieveking an Stöcqueler 1798. Dec. 7.

isches,[1]) wurden damals von marokkanischen Kapern an der portugiesischen Küste, aber auf hoher See, genommen und nach Larache gebracht.

Der Grund für diesen ungeahnten Wiederausbruch der Feindseligkeiten suchte man in dem Umstand, dass Hamburg es versäumt hatte, dem neuen Kaiser von Marokko zu seiner Thronbesteigung Glück zu wünschen. So berichtete sowohl Stöcqueler aus Lissabon wie auch später der sehr gut orientierte Chiappa, der als Konsul von Genua[2]) und Ragusa in Tanger residierte und an den der hamburgische Konsul in Cadix, Fester, sich um Rat wandte. Chiappa meinte aber ferner, dass die marokkanische Regierung, die im Übrigen ganz friedlich gesinnt sei, die Hansestädte durch jene Kaperei nur zwingen wolle, mit ihr formell Frieden zu schliessen.

Zu einem solchen verspürte man nun in Hamburg sehr wenig Lust; „un tel traité de paix a beaucoup d'inconveniens et cause beaucoup de fraix tant pour sa conclusion que pour son exécution", schrieb der hamburgische Syndicus Sieveking an Stöcqueler. Chiappa schätzte den Preis, um den man einen formellen Frieden mit Marokko haben könne, auf einen recht ansehnlichen Betrag; für Geschenke allein bedürfe es, meinte er, 20—25000 Piaster. Ohne Tributzahlung hielt Chiappa den Frieden für nicht erreichbar, wenigstens unter den damaligen Umständen nicht und in Anbetracht, dass selbst Dänemark und Schweden nur vermittelst Tribut an Geld und Kriegsmaterial den Frieden aufrecht erhielten.

Andererseits musste Hamburg an einem Frieden mit Marokko mehr denn je gelegen sein. Nicht als ob etwa ein direkter Schiffahrtsverkehr mit Marokko in Betracht kam; nur 1798 kam, wie aus der nun schon zur Verfügung stehenden Schiffahrtsstatistik sich ergiebt, ein Schiff aus Mogador an. Aber dies letzte Decennium des Jahrhunderts hatte den Hansestädten und namentlich Hamburg einen starken Aufschwung des Verkehrs mit Amerika gebracht, womit verbunden war eine erfreuliche Zunahme desjenigen mit

---

[2]) Das hamburgische war: „Die 2 Freunde", Schiffer Joh. Mart. Hubert, Rheder Wilhelm Schlüter; das bremische: „Elisabeth"; das preussische aus Memel „Charlotte."

[3]) „Ligurische Republik." Chiappa ist mit dem gleichnamigen, von 1772—1797 in Marokko residirenden venetianischen Consul (vgl. Marchesi a. a. O. S. 67 ff. 72) nicht zu verwechseln; ein dritter Chiappa war Secretär des Auswärtigen beim Kaiser von Marokko (nach Brief des holländ. Viceconsuls van Nieuwerkerke in Tanger, 1785. 8. Oktober).

Portugal. „Notre commerce avec le Portugal et avec l'Amérique, qui occupent la plus part de nos navires, s'est beaucoup augmenté depuis l'an 1780 et est aujourd'hui très considérable", schrieb Syndicus Sieveking an Stöcqueler[1]); und deshalb war es, wie es ebendaselbst heisst, „fort important pour nous, de mettre nos navires à l'abri des corsaires Maroquins".

Weniger Eindruck scheint auf den Senat die von Chiappa ausgesprochene Befürchtung gemacht zu haben, dass nämlich für Hamburg aus einem Bruch mit Marokko insofern grosser Schade erwachsen könne, als Altona dann den Verkehr mit Cadix an sich ziehen möchte. Wenigstens ist von diesem Argument sonst nie die Rede. Doch war man sich in Hamburg klar bewusst, dass Dänemark kein Interesse an einem guten Einvernehmen zwischen Marokko und Hamburg haben konnte. Als Graf Bernstorff dem hanseatischen Agenten Meinig in Kopenhagen seine guten Dienste zur Vermittlung in Marokko anbot, wurde dies zwar dankbar anerkannt; doch wollte der Senat sich in dieser Angelegenheit auf die Annahme Desjenigen beschränken, was der dänische Hof selbst vorgeschlagen habe, „sachant bien qu'il seroit contraire à l'intérêt de cette cour même, d'employer ses bons offices pour contribuer au retablissement de la bonne intelligence entre l'Empereur de Maroc et cette ville et à la sûreté de nos navires contre les Barbaresques".

Syndicus Sieveking richtete nun am 17. December an Fester folgende vertrauliche Mitteilung: „dass die Absicht des Senats nicht ist, einen förmlichen Friedenstractat mit Marokko zu schliessen, sondern nur durch eine mit einigen Geschenken begleitete Verbeugung gegen den Kayser von Marokko das gute Vernehmen mit ihm wiederherzustellen, und unsere Schiffe für die Zukunft gegen die Marokkaner zu sichern, woran uns wegen unsrer Fahrt nach Portugal und Amerika sehr gelegen ist". Zugleich erging an den Kaiser von Marokko ein Schreiben des Senats, in dem dieser sein Bedauern über die Wegnahme des Schiffes, seine Unbekanntschaft mit den Gründen dieses Ereignisses darlegte, sowie die ehrerbietige Bitte um Wiederherstellung des Friedens aussprach.

Der Senat beschränkte sich aber nicht hierauf. Gleich nachdem Stöcqueler von der Wegnahme der Schiffe gehört, hatte er in Lissabon sich um portugiesische Convoy für die hamburgischen

---
[1]) Am 7. Dec. 1798; vgl. auch meine Beiträge z. Gesch. der Handelsbezieh. zw. Hamb. u. Amerika S. 66 ff.

Schiffe bemüht. Die portugiesische Regierung hatte ungesäumt die Fregatte Minerva zur Verfügung gestellt; sie sollte die in portugiesischen Häfen sich befindenden hamburgischen Schiffe nach Hamburg geleiten und dann auf der Elbe überwintern, um im Frühjahr die nach Portugal bestimmten Schiffe zurückzuführen. So sehr nun auch der Senat erfreut war über dies Zugeständniss, das zugleich von dem hohen Wert zeugte, den man in Portugal auf die Unterhaltung der Schiffahrt mit Hamburg legte, so war er doch aus politischen Gründen gegen diesen Schritt seines Consuls. Portugal lag damals im Krieg mit Frankreich, und die Convoyrung hätte den hamburgischen Schiffen leicht beschwerlich werden können. Auch war es zweifelhaft, ob ihr Tiefgang der Fregatte gestattete den Winter auf der Elbe zuzubringen.

Ein Einverständniss mit Portugal schien im Uebrigen dem Senat höchst wünschenswerth; konnte die Unterstützung Portugals dem Schreiben an den marokkanischen Kaiser zu Hülfe kommen, so war dies Convoyen vorzuziehen. Sieveking instruierte deshalb am 7. December Stöcqueler folgendermassen:

Man sei in Hamburg überzeugt, dass das gute Einvernehmen mit Marokko bald wiederhergestellt werde. Die Freundschaft dieses Landes sei für Hamburg nicht gleichgültig, ebenso wenig auch für Portugal ein Bruch Hamburgs mit Marokko. Portugal sei doch sehr interessiert, nicht nur an der Erhaltung seiner Handelsverbindungen mit den Hansestädten, sondern auch der Sicherung der hansestädtischen Schiffahrt im portugiesischen Verkehr, in Anbetracht dessen, dass diese Schiffe nach Portugal die Producte des Nordens einführten und von dort portugiesische und brasilianische Produkte holten; die Frachten würden sicher steigen, wenn die hanseatischen Schiffe von diesem Verkehr ausgeschlossen würden.

Stöcqueler sollte demnach versuchen, den portugiesischen Hof zu bestimmen, dass die Verhandlung zwischen Marokko und Hamburg durch den portugiesischen Konsul betrieben würde; sei dies nicht möglich, so möge doch Portugal eine geeignete Persönlichkeit in Vorschlag bringen, die unter der Leitung und dem Schutz des portugiesischen Konsuls sich dieser Aufgabe unterzöge. In diesem Sinne schrieb der Senat auch an den portugiesischen Minister de Souza Pinto; ferner wurde dem portugiesischen Geschäftsträger in Hamburg, Schuback, die Sache mitgeteilt.

Von Marokko selbst wünschte Hamburg vorläufig nichts weiter zu erreichen als Freigabe des gekaperten Schiffes und der Mannschaft sowie Wiederherstellung und Sicherung des guten Einvernehmens. Sollte Marokko ausserdem ein jährliches Geschenk und die Bestellung eines hamburgischen Konsuls beanspruchen, so sollte Stöcqueler, der ja vorläufig die Verhandlung zu führen hatte, dies ad referendum nehmen, inzwischen aber Alles daran setzen, zunächst die hamburgische Schiffahrt gegen die Marokkaner zu sichern, eventuell selbst mit Überschreitung der im Allgemeinen ausgesetzten Summe von 20000 Pesos.

Hamburgs Schritte bei Portugal hatten sogleich die Folge, dass letzteres seinen Konsul in Tanger, Colaço, beauftragte, sich bei dem Kaiser in der erwähnten Art zu verwenden. Und dies geschah mit so gutem Erfolg, dass das aufgebrachte Schiff und seine Mannschaft ohne jegliches Lösegeld wieder freigegeben wurden; nur die schon verkaufte Ladung war verloren. Ebenso wurde das Bremer Schiff freigegeben, wobei nicht ganz klar ist, ob hauptsächlich durch dänische oder portugiesische Vermittlung.[1])

Zugleich wirkte aber Colaço für die hamburgischen Schiffe einen Waffenstillstand auf sechs Monate aus, und, als sie abgelaufen waren, auf weitere sechs Monate. Diesem Waffenstillstande und der im Jahre 1799 in Marokko ausgebrochenen Pest hatte Hamburg es zu verdanken, dass gegen seine Schiffe mehrere Jahre lang die Marokkaner keine Feindseligkeiten verübten.

Doch machte schon im Mai 1799 Colaço Stöcqueler darauf aufmerksam, dass es unmöglich sein werde, auf die Dauer die hamburgische Schiffahrt gegen die Marokkaner ohne Weiteres zu sichern; schon die Eifersucht der nordischen Mächte werde es nicht zugeben, dass Hamburg frei durchginge, während sie ihre Freiheit teuer bezahlen mussten. Colaço wies auch darauf hin, dass der neue Kaiser von Marokko nicht mehr, wie früher Sidi Mohammed, eine besondere Ehre darin erblicke, mit ganz Europa in Frieden zu leben, sondern glaube, dass Europa den Frieden von ihm erkaufen müsse. Die geringste Zögerung in der Entrichtung des ihm zukommenden Tributs veranlasse den Kaiser zu Feindseligkeiten, wie dies Dänemark und Schweden bereits erfahren hätten.

---

[1]) Bremen hatte sich gleich nach der Nachricht von der Wegnahme des Schiffes an Dänemark gewandt, und dieses den Consul Olsen in Marokko mit den nöthigen Schritten beauftragt. Doch erklärte auf Anfrage des Syndicus v. Eelking der portugiesische Geschäftsträger in Hamburg, Schuback, am 21. Februar 1800, dass die beiden Schiffe allein durch die Vermittlung des portugiesischen Hofes freigegeben worden seien.

In Hamburg scheint man zuerst nicht abgeneigt gewesen zu sein, auf diese Anregung einzugehen. Jedenfalls wurde aber für gut gehalten, nicht mit Lübeck und Bremen gemeinsam zu agieren; Stöcqueler bekam die ausdrückliche Instruktion, dass er nur für Hamburg, nicht für die drei Städte, zu verhandeln habe.

In Lübeck und Bremen betrachtete man die hamburgische Aktion mit einigem Misstrauen; beide Städte waren gegen Vertragsverhandlungen. „Die dermalige Spannung verschiedener Höfe unter sich, die doch eigentlich in einem Dritten, darin nemlich übereinkommen, dass sie auf jede Vergrösserung des Handels und Ausbreitung der Schiffarth der Städte, besonders wenn diese künftig auf bisher wohl nicht befahrene Gewässer sich erstreckte, sollten äusserst eifersüchtig sich zeigen, schien hier die grösseste Behutsamkeit anzurathen, und diese ein mehreres, besonders Kostbarkeit des Erwerbes und Unsicherheit der Dauer, entfernte jeden Gedanken, einen Frieden mit Marokko zu unterhandeln." So schrieb am 30. Mai 1799 Syndikus von Eelking an den lübischen Senator Rodde.

Und dass Hamburg solche Verhandlungen plante, ersah man aus einem Briefe Stöcquelers an Eelking vom 22. März, in dem ersterer mitteilte, er habe von Hamburg Auftrag, einen Frieden mit Marokko zu unterhandeln.[1]) Obwohl man nun in Bremen wie in Lübeck glaubte, dass Stöcqueler einen ihm von Hamburg erteilten Auftrag entweder missverstanden oder überschritten habe, wurde doch für richtig gehalten, Stöcqueler vor solchen Schritten für diese beiden Städte zu warnen. Darauf schrieb letzterer, der diese Mahnung persönlich sehr empfindlich aufnahm, an Eelking:[2]) er könne nun nicht anders denken, als dass Bremen auf jede Schifffahrt mit Portugal verzichte, „car sans une paix avec les Marocquins la navigation est très-hazardeuse." Dem Misstrauen, das in Lübeck und Bremen gegen Verhandlungen bestand, die weiter führen könnten als sie beabsichtigten, lag namentlich auch der Umstand zu Grunde, dass die unentgeltliche Freilassung der Schiffe ziemlich rätselhaft schien; hinter dieser marokkanischen Grossmut witterte man Unrat und fürchtete, dass sie auf der Voraussetzung beruhe, dass eine Verhandlung zu einem Frieden führen werde. Überdies hatte man Hamburg in Verdacht, dass es vor diesen letzten feindlichen Handlungen Marokkos mit diesem in einer Art von freundschaft-

---

[1]) v. Eelking an Rodde. 1799. Mai 30.
[2]) 20. Juni 1799.

lichem Verhältnis, das den Schwesterstädten unbekannt geblieben, gestanden habe.[1])

Im August erkundigten sich dann beide Städte formell bei Hamburg nach dessen Schritten und erhielten die Antwort, dass Stöcqueler nur beauftragt sei, wegen der Erlangung marokkanischer Pässe zu sondieren.[2])

Ganz klar ist das Verfahren Stöcquelers nicht; während seine Briefe immer konfuser wurden, beantwortete er Anfragen der Senate oft sehr lässig; hierüber klagte besonders Bremen.

Anfang des Jahres 1800 trat man in Hamburg, wo allein in dieser Sache eine Initiative sich zeigt, der Angelegenheit wieder näher. Die bekannte Kommission wurde abermals mit der marokkanischen Frage befasst, und der portugiesische Geschäftsträger, Schuback, der als geborner Hamburger und Chef eines grossen mit Portugal in den engsten Beziehungen stehenden Handlungshauses der beste Kenner der in Rede stehenden Verhältnisse war, wurde wiederum um seine Ansicht gefragt.

Das Resultat der Überlegung war, wie früher, dass von dem Gedanken, einen förmlichen Frieden mit Marokko zu schliessen, abgesehen wurde; selbst nur Unterhandlungen mit Marokko einzuleiten, konnte man sich nicht entschliessen, sondern wollte sich darauf beschränken, durch portugiesische Vermittlung allen hamburgischen Schiffen im Verkehr mit Portugal Sicherheit vor den Marokkanern zu erwirken.

Der Vorschlag, es zu versuchen, ob man nicht Pässe von Marokko erlangen könne, ein Gedanke, der ja immer wieder auf der Oberfläche erscheint, wurde ganz fallen gelassen; Colaço hatte darauf aufmerksam gemacht, dass Marokko sich gegenwärtig von den elendesten kleinen Fahrzeugen, die gar nicht weite Reisen zu machen im Stande wären, 150—400 Piaster für die Erlaubniss, unter marokkanischer Flagge zu fahren, bezahlen lasse. Für grosse Schiffe werde natürlich ein ungeheurer Preis gefordert werden.

Wenn man nun auch diese Kosten willig auf sich genommen hätte, so hatte man doch in Hamburg das Bedenken, dass, da alle Schiffe, die möglicherweise den Marokkanern in die Hände fallen könnten, Pässe nehmen würden, deren eine sehr beträchtliche Anzahl nötig sein werde; dadurch würde aber „dem Kayser von Marokko

---

[1]) Relation der Deputation des brem. Ältesten-Coll. 27. Aug. 1799 (Brem. H. K.). Bremer Senat an Hamb. Senat 12. Sept. 1799.
[2]) Sieveking an Eelking 30. August; an Rodde 31. Aug.

über die Grösse unserer Schiffarth die Augen geöffnet werden, wo er denn wahrscheinlich finden würde, dass solche bedeutender sey wie er geglaubt habe." Er würde dann fortdauernd den Preis der Pässe steigern, woraus sich ein stattlicher Tribut entwickeln könne.[1])

Der Senat war noch besonders gegen die Pässe, weil, wenn man diese erlangen wollte, dies eine vorhergehende unmittelbare Verhandlung mit Marokko vorausgesetzt hätte; diese wollte man ja aber vermeiden.

Es wurde nun wieder an die portugiesischen Minister, wie auch den portugiesischen Gesandten in Kopenhagen, de Souza, geschrieben, und sie um ihre Mitwirkung in dieser Sache gebeten. Stöcqueler wurde beauftragt, Colaço vorzustellen, dass Hamburgs Finanzen und Verhältnis zu andern Mächten ihm nicht gestatteten, einen förmlichen Friedensschluss mit Marokko zu machen und zu dessen Erhaltung einen Jahrestribut zu zahlen. Bis Alles reguliert sei, könne Colaço, um den Kaiser bei guter Laune zu erhalten, ihm noch ein Geschenk von 5—6000 Piastern machen.

Lübeck und Bremen wurden von Allem unterrichtet und erklärten sich durchaus mit Hamburg einverstanden.[2]) Zurück könne man wohl nicht mehr, schrieb der Bremer Senat an den Lübecker[3]), da der Kaiser von Marokko „wohl schon ziemlich auf Friedensunterhandlungen zwischen ihm und den Hansestädten gerechnet, und der nach dem Schlusse eines Friedens von allen Städten für solchen zu zahlenden Tribut als zum Ersatz desjenigen, dessen er nach dem Abgang des, so die Republic Venedig ihm sonst zahlte, nach deren Staats-Umwälzung entbehren muss, bestimmt hätte." Lübeck schrieb als hanseatisches Direktorium an die portugiesischen Minister.

Von diesen erhielt Stöcqueler allerdings sogleich die Versicherung, dass die dem Consul Colaço bereits früher erteilte Instruction erneuert werden sollte. Darauf beschränkte sich aber auch damals die Unterstützung Portugals. Die in Marokko ausbrechende Pest störte dann bald Stöcquelers Briefwechsel mit Colaço.

Im Herbst 1801 kamen dann abermals beunruhigende Nachrichten von Rüstungen Marokkos gegen die mit ihm nicht im Ver-

---

[1]) Sieveking an Rodde 14. Februar 1800. Der Bremer Senat billigte diese Ansicht vollkommen (Br. Senat an Lüb. Senat 1800. März 17).

[2]) Rodde an Sieveking 1800. Febr. 26.

[3]) 17. März 1800.

tragsverhältnis stehenden Mächte, also den Kaiser, Preussen, Russland, Neapel, die Hansestädte. Colaço fand es deshalb im Winter 1801—2 für geraten, die Verhandlungen mit Marokko zu eröffnen; durch zwei Depeschen vom 16. und 21. November ersuchte er Stöcqueler dringend um Instruktionen. Colaço hielt die Gelegenheit für besonders günstig, weil am marokkanischen Hofe ein neuer Minister ans Ruder gekommen war; diesen letzteren bat Colaço im Vertrauen, ihm mitzuteilen, auf welche Weise die Hansestädte dem Kaiser am Besten durch ein Geschenk ihren Wunsch nach seiner Freundschaft zu erkennen geben könnten. Dem Baron Stöcqueler schlug Colaço vor, den Kaiser durch ein jährliches Geschenk und zwar in Geld, nicht in Effekten zu gewinnen. Von den Pässen riet Colaço wieder dringend ab; andere Mächte, die auf den Handel der Hansestädte eifersüchtig seien, hätten den Kaiser versichert, Hamburg bedürfe 1000 Pässe.

Da Colaço Stöcqueler dringend um schnelle Instruktion bat, verstand sich dieser dazu, ihm seine Ansicht mitzuteilen, ohne erst nach Hamburg um Verhaltungsmassregeln zu schreiben. Diese Ansicht war folgende: am Besten sei einmalige Zahlung, auf einige tausend Piaster werde es in diesem Falle dem Senat nicht ankommen; Pässe seien nicht thunlich, obwohl nicht mehr als 100 hanseatische Schiffe im Jahre in Betracht kämen. Jährliche Kontribution sei das sicherste Mittel, vorausgesetzt, dass sie die Kräfte der Stadt, die in diesem Kriege schon grosse Opfer gebracht, nicht übersteige. Er werde dem Senat rathen, sich zu einer jährlichen Gratifikation von 1000—1500 Piastern zu verstehen.

Als diese Mitteilung Stöcquelers nach Hamburg berichtet wurde, stand man hier also wieder einmal vor der Alternative, ob man sich in direkte Friedensverhandlungen mit Marokko einlassen und die deshalb geschehenen Schritte Colaços genehmigen, oder ob man die Schiffe der Stadt der Gefahr aussetzen sollte, von den Marokkanern aufgebracht zu werden. Auf Portugal schien jetzt kein Verlass mehr zu sein; der Generalkonsul Schuback nahm in dieser Beziehung jede Hoffnung. Schon dass die beiden portugiesischen Minister auf die im Jahre 1800 seitens der Senate von Hamburg und Lübeck an sie erlassenen wiederholten dringenden Schreiben nur mit Stillschweigen geantwortet hatten, liess vermuten, dass durch Portugal nicht mehr viel zu erreichen war. Und auf ein Schreiben des Barons Stöcqueler vom 25. December 1799 hatte der portugiesische Marineminister den Rat gegeben, Hamburg möge mit Marokko ein Abkommen treffen (faire l'accommodement avec Maroc), denn man wisse nicht, welches Ergebnis die Schritte Portugals bei Marokko haben werde; und ein anderer Minister hatte im Januar 1800 Stöcqueler nahe gelegt, mit Marokko Frieden zu schliessen, sobald die Umstände es gestatteten. Die auf dasselbe hinauslaufenden Vorschläge Colaços konnten die Ansicht, dass von Portugal nichts mehr zu erwarten sei, nur bestärken. Überhaupt war dies Land damals in einem solchen Zustand der Ohnmacht, dass materiell und autoritativ seine Unterstützung wenig Wert hatte. Auf eine andere Macht sich zu stützen, war in dieser Frage ziemlich ausgeschlossen. Die früher angebotene Vermittlung Spaniens[1]) und Dänemarks hatte man abgelehnt; und keine Macht ausser Portugal hatte ein Interesse daran, den Hansestädten in dieser Kalamität zu helfen, die meisten sogar ein gegenteiliges Interesse.

War Hamburg so auf sich selbst gestellt, so konnte allerdings gegenüber der oben aufgestellten Alternative die Wahl kaum schwer fallen. Die Fahrt nach Portugal stand in Frage, wenn das Verhältnis mit Marokko ein feindliches war; was das bedeutete, ergiebt sich schon daraus, dass von den 100 Schiffen, die im Jahre 1799 aus Portugal nach Hamburg kamen, 57 Hamburger und 4 Lübecker waren. Allerdings war die hamburgische Schiffahrt nach Portugal damals infolge des Krieges ganz besonders stark; und dass mit dem Frieden die ganze Schiffahrt der Stadt und die nach Portugal im Besonderen beträchtlich abnehmen würde, wusste man in Hamburg wohl; sie aber ganz zu verlieren, wäre ein sehr harter Schlag für Hamburg gewesen.

Von Pässen wollte man auch hier nichts wissen; empfehlenswert waren sie nur insoweit, als ihre Benutzung die Verteilung der Kosten unter die drei Städte sehr erleichtert haben würde; aber die mit fremden Pässen überall verknüpften und in diesem Falle ganz besonders gefürchteten Chicanen schreckten von diesem Mittel ab. Blieb nur noch ein Jahrestribut übrig. Allerdings zweifelte Syndicus Sieveking sehr, dass mit 1200—1500 Pesos jährlich der Friede zu erhalten sein werde; er schlug 5—6000 Pesos duros oder

---

[1]) Wann Spanien seine Vermittlung angeboten hat, ergiebt sich aus den Akten nicht; dass es aber einmal geschehen ist, geht aus der am 13. Januar 1802 in der Conferenz erstatteten Relation Sieveking's, die oben mehrfach benutzt ist hervor.

Thaler Banco vor[1]). Auf das etwaige Verlangen, ausserdem noch ein Konsulat in Marokko zu errichten, wollte Hamburg keineswegs eingehen; die Stadt glaubte die Vertretung ihrer Interessen in Marokko getrost einem fremden Konsul, etwa dem portugiesischen, anvertrauen zu können.

Durch Schreiben vom 22. Januar 1802 instruierte also Sieveking Stöcqueler, er möge Colaço schreiben, dass der Senat in dessen Hände die Sache lege; er möge dieselbe eventuell durch ein einmaliges grösseres Geschenk ordnen oder über ein jährliches mässiges Geschenk eine Vereinbarung treffen; in ersterem Falle solle er über 10—20000 Piaster oder Pesos duros verfügen, in letzterem für Hamburg allein bis zu 5000, eventuell für das erste Jahr bis zu 10000 Pesos. Eigenes Consulat sei zu vermeiden, Colaço könne die Vertretung überlassen werden; diese Konsulatsbedingung sei conditio sine qua non. Vorläufig beträfen diese Schritte nur Hamburg. Übrigens sollte Stöcqueler Colaço daran erinnern, dass mit dem allgemeinen Frieden die hansestädtische Schiffahrt abnehmen werde, und dass, wenn Marokko zu viel fordere, die Städte die Fahrt jenseits des Cap Finisterre aufgeben würden.

Da die Sache als eilig galt, wurde diese Instruktion abgesandt, ehe von Lübeck und Bremen Antwort auf die ihnen in dieser Angelegenheit seitens Hamburgs gemachten Mitteilungen eingetroffen war.

In Lübeck war man zuerst gegen einen Anschluss an die von Hamburg getroffenen Massregeln. Senator Rodde verhehlte Sieveking[2]) nicht die Besorgnis, die „gegen einen hiesigen Entschluss zu fortgesetzten Leistungen an Marokko vorherrsche". Auch hätte man in Lübeck zu Stöcqueler, der auf keinen Brief antworte, wenig Vertrauen. Als aber neue Meldungen von Rüstungen Marokkos kamen, wurden die Ältesten der bürgerlichen Kollegien um ihre Ansicht befragt. Diese erklärten am 2. Februar 1802:

„Das glänzende Beispiel von Hamburg kann uns in dieser Sache nicht zur Nachahmung reizen, weil die Hamburger viele und beträchtliche Ladungen nach Lissabon, Cadix, Sevilla u. s. w. haben, welche bei uns nicht die häufigen Fälle sind, und Bremens Gesinnungen sind nicht bekannt." Die geringe lübische Schiffahrt nach Portugal rechtfertige die Ausgabe einer so grossen

---

[1]) Um diese aufzubringen, schlug Sieveking vor, sollten alle jenseits des Cap Finisterre fahrenden Schiffe mit einer nach ihrer Grösse bemessenen, mässigen Abgabe belegt werden; das Deficit habe die Admiralität zuzulegen.

[2]) Rodde an Sieveking 23. Januar 1802.

Summe nicht. Damit aber Hamburg und Bremen „keine Sicherheits-Praerogativen durch ihre Unterhandlungen mit Ausschliessung Lübecks gewinnen mögen und damit das Wohlwollen, welches der portugiesische Hof sehr oft für die Reichsstädte bewiesen hat, auch für Lübeck conserviret, mithin viele Lübeckische Schiffe mit glücklichem Erfolg nach Portugal geführet werden mögen," so dürfe auch Lübeck sich dem Winke Portugals nicht entziehen. Die Bürgerschaft erklärte sich deshalb für die Einleitung der „Sicherheits-Negociation" mit Marokko, war auch geneigt, dafür etwas zu zahlen, sprach aber zugleich ihren Wunsch aus, dass diese Negociation mit Marokko unter Garantie Portugals zu Stande kommen möge, „in Betracht, dass die marokkanische kaiserliche Herrlichkeit gar zu oft und in Hinsicht anderer Regierungen ungewöhnlich schnell der Veränderung und dem Wechsel der Dinge unterliegen muss."

Als der Lübecker Senat sich bei diesem Beschluss nicht beruhigte und den Kollegien die Sache nochmals vorstellte, erklärten sie am 23. Februar: „dass, wenn Bremen und Hamburg gemeinschaftlich wegen Sicherheit ihrer Schiffahrt mit Marokko negotiiren würden, mithin Bremen der von Hamburg intendirten Negotiation beizutreten geneigt wäre, man sodann von Seiten Lübecks dieser Negotiation beitreten und die Freiheit der lüb. Flagge gleichfalls zu sichern und zu erhalten bemühet seyn müsse, wenn auch solches einen jährlichen Kostenaufwand von 3—4000 Mark erfordern würde."

Bremen aber, von dessen Entscheidung Lübeck seinen Beitritt abhängig machte, zögerte lange. Man bedauerte in Bremen das einseitige Vorgehen Hamburgs, das diesem, wie man befürchtete, vielleicht die Hände binden werde. Doch empfahl der Bremer Senat der Bürgerschaft die Bewilligung der Gelder.

Inzwischen hatte Colaço mit dem marokkanischen Minister verhandelt und dieser die Art der dem Kaiser anzubietenden Geschenke Colaço freigestellt. Letzterer riet nun zu einem einmaligen Geschenk von 20000 Piastern, das halb in klingender Münze, halb in Effekten zu machen sei, sowie einen jährlichen Tribut; diesen berechnete er aber höher, als Stöcqueler ihn bisher veranschlagt hatte. Doch hatte Colaço nicht nur für Hamburg allein, sondern für alle drei Städte mit dem Minister verhandelt; somit galten diese Summen auch für die letzteren.[1]

---

[1] Colaço an Stöcqueler 11. Januar 1802.

Nach Empfang dieser Mitteilungen drängte der Hamburger Senat die beiden Schwesterstädte zur endgültigen Entscheidung, [1]) indem er erklärte, dass, wenn diese nicht binnen vierzehn Tagen erfolgt sei, er für Hamburg allein unterhandeln werde. Hamburg war bereit, die Hälfte aller Kosten zu tragen, hielt es auch für billig, dass Bremen und Hamburg das erste Geschenk von 20 000 Piastern allein aufbrächten, da es zugleich als eine Gratifikation für die Lösung der 1798 genommenen und ohne Lösegeld freigegebenen Schiffe anzusehen sei.

Der Lübecker Senat suchte nun seinerseits die Sache möglichst zu beschleunigen. Senator Rodde[2]) beklagte lebhaft, dass die lübische Verfassung „die Behandlung von Gegenständen der Art, wie die marokkanische Angelegenheit, unglaublich erschwert;" der Senat meinte, Lübeck könne sich dem Beitritt zu dieser Sache nicht länger entziehen, und machte Anfang April den bürgerlichen Kollegien eine Eröffnung in diesem Sinne; letztere verwiesen jedoch auf ihren früheren Beschluss und lehnten die Bewilligung eines Kostenbeitrages vorläufig ab.

In Bremen hatte sich das Ältesten-Kollegium der Kaufmannschaft nach eingehender Beratung für Verhandlungen mit Marokko ausgesprochen. So gern man hier mit Hamburg gemeinsam gegangen wäre, so hielt man dies jetzt doch nicht mehr für möglich; da Hamburg sich abgesondert, müsse Bremen seinen eigenen Weg gehen. Selbstverständlich durfte es der Stadt aber möglichst wenig kosten; deshalb sollte in der Verhandlung die bremisch-portugiesische Schiffahrt als nur sehr geringfügig geschildert werden. Kaum zehn bremische Schiffe kämen jährlich nach portugiesischen Häfen; nach Spanien hatte Bremen keine Handlung unter eigener Flagge. Überhaupt aber sollte die bremische Handlung als nur etwa den zehnten Teil derjenigen Hamburgs ausmachend hingestellt werden. [3])

Der Bremer Senat wollte aber zunächst über die Aufbringung der Kosten im Klaren sein. Zwischen dem Senat, dem Kaufmannskonvent und den Ältesten wurde nun hin und her verhandelt. Schliesslich kam die Sache am 30. April vor den Bürgerkonvent; auch mit diesem konnte sich der Senat über den Modus, wie die Mittel aufzubringen, nicht einigen. Darauf erklärte der Senat, er

---

[1]) Hamb. Senat an Lüb. Senat 1802. April 1.
[2]) An Sieveking 1802. April 6.
[3]) Relation vom 15. Februar 1802 (Br. H. K. Arch.).

müsse nun auf die „Ihm ohnehin bedenkliche Sache" verzichten; und in diesem Sinne, also ablehnend, schrieb er am 10. Mai nach Hamburg.

Doch war die Stimmung in Bremen keineswegs gegen die Sache selbst. Die Ältesten der Kaufmannschaft wiederholten schon am 8. Mai, dass sie, wie die ganze Knufmannschaft, es für äusserst nothwendig hielten, dass die Verhandlungen mit Marokko nicht abgebrochen würden; und Eelking schrieb am 13. Mai an Rodde: er habe Ursache zu der Vermuthung, dass die bremische Kaufmannschaft, in welcher die Meinungen über diesen Gegenstand sehr geteilt sein sollten, den Plan noch nicht aufgebe, sondern vielleicht bald mit neuen Anträgen kommen werde.

Syndicus Sieveking[1]) bedauerte die bremische Ablehnung und meinte, die beiden Städte würden es bald bereuen, jedenfalls würden sie auf portugiesische Verwendung schwerlich jemals wieder rechnen dürfen.

Der Lübecker Senat bereute zuerst. Da nämlich inzwischen wieder allerlei Mitteilungen, besonders von Seiten des Consuls Riess in Cadix[2]) über Rüstungen und Kreuzzüge der Marokkaner kamen, wandte sich im Juni der lübische Senat abermals an die bürgerlichen Collegien, erhielt aber von diesen am 16. Juli wiederum eine, nunmehr ganz abschlägige Antwort: Von einer „Sicherheitsnegociation mit der Marokkanischen Regierung "sei„ aus hinzugekommenen Gründen — nichts heilsames zu erwarten, weil unsern Schiffen durch solche Negociation, selbst wenn sie zum Schluss käme, doch keine Sicherheit gewährt wird"; deshalb seien sie „keineswegs geneigt, uns an Hamburg anzuschliessen und uns dafür zu erklären, dass von Seiten Lübecks der Marokkanischen Regierung ein Opfer gebracht werde".

So unterhandelte denn Hamburg vorläufig allein weiter. Colaço wurden, wie er gewünscht, allmählich die 20000 Pesos teils bar, teils in Effekten übersandt; er beförderte sie dann an den Kaiser. Dies zog sich hin bis in die erste Hälfte des Jahres 1803. Colaço richtete seine Vorstellung an den Kaiser so ein, dass es den Anschein hatte, als ob diese Gensche ein für allemal gegeben werden sollten; einen jährlichen Tribut hoffte er noch immer vermeiden zu können. Diese Hoffnung wurde zerstört durch einen Brief Stöcquelers vom 17. September 1803. Colaço hatte, da ein dänisches

---

[1]) An Eelking 14. Mai.
[2]) An Hamb. Senat 11. Mai.

von Hamburg kommendes Schiff von den Marokkanern genommen worden und viele marokkanische Schiffe ausgelaufen waren, an den marokkanischen Minister die Frage gestellt, ob es richtig sei, dass man auf die hansischen Schiffe Jagd mache, und hierauf die Antwort erhalten: dass der Kaiser Solches weder geboten noch verboten habe und dass die Sache in diesem Zustande gelassen werden sollte, weil der Friede noch nicht abgeschlossen sei: Colaço empfahl nun dringend, auf einen Jahrestribut einzugehen, bat auch um schleunige, bestimmte Instruktion.

Der Hamburger Senat schrieb dann sogleich an Bremen und Lübeck und fragte an, ob sie sich nunmehr an den Verhandlungen beteiligen wollten.[1])

Während Lübeck am 10. Dezember mit Bezugnahme auf seine früher geäusserten Ansichten kurz ablehnte, erwiderte Bremen erst am 10. Mai 1804: die alten Bedenken beständen noch fort; ferner öffneten „die neuen Vorfälle und die dem diesseitigen Handel See- und Landwärts erwachsenen Beschränkungen gewiss keine Quellen, aus welchen zur Bestreitung der mit solchen ohnehin wenig sichern Unterhandlungen gepaart gehenden Kosten genugsam geschöpfet werden könnte." Deshalb und aus in der Verfassung und besonderen Verhältnissen Bremens liegenden Gründen könne es auf die Sache nicht eingehen.

Es ist allerdings begreiflich, dass Bremen, das durch preussische Besetzung und Einengung seines Handels in schwere Bedrängnis geraten war, damals noch weniger als bisher Lust zu Unterhandlungen mit den Barbaresken haben konnte. Hamburg blieb also, nach wie vor, allein. Es billigte endgültig einen Tribut von 5000 Pesos, da ohne einen solchen ein gutes Einvernehmen mit Marokko nicht erreichbar zu sein schien[2]); Colaço unterhandelte in Tanger. Wann genau der Abschluss erfolgt ist, steht nicht fest. Am 7. September 1805 schrieb Stöcqueler: soeben berichte Colaço ihm, dass der Kaiser in die letzten Bedingungen des Vertrags eingewilligt habe und derselbe zum Abschluss reif sei.

Und schon am 31. Oktober 1805 heisst es in einem Schriftstücke der Bremer Ältesten der Kaufmannschaft, es sei „dem Vernehmen nach" zwischen Hamburg und Marokko eine Vereinbarung

---

[1]) Relation von Syndius Gries an Commerz-Deputation 1803. Dez. 17.; Hamb. Senat an Bremen und Lübeck 2. Dezember 1803.

[2]) Die Admiralität bewilligte auf Antrag des Senats diesen jährlichen Tribut am 12. April 1804.

geschlossen. Den hamburgischen Kommerzdeputierten wurde der Vertrag erst am 13. Februar 1806 mitgeteilt.

Dieser zweite und letzte zwischen einer Hansestadt und einem Barbareskenstaat formell abgeschlossene Vertrag[1]) enthält wenig Bemerkenswertes. Am wichtigsten ist die am Schluss folgende Deklaration, die über den Tribut eine Bestimmung enthält; letzterer sollte vom 10. Juni 1803, als dem Termin der Einstellung der Feindseligkeiten, an gezahlt werden. Übrigens ist der Vertrag in Hamburg und auch sonst nie veröffentlicht worden. Freude hat die Stadt von ihm wenig gehabt; die bald darauf erfolgende Umwälzung in Deutschland und die dann eintretende Stockung von Handel und Schiffahrt machten alle für jenen Vertrag gemachten Bemühungen nutzlos.

Praktischen Wert hat er wenig gehabt. Der Tribut ist einige Jahre hindurch bezahlt worden, wahrscheinlich bis 1810[2])

Einen Konsul in Marokko anzustellen, war der Senat bekanntlich stets abgeneigt gewesen. Doch zeigte sich die Notwendigkeit, dass in Marokko eine Person war, die sich der hamburgischen Angelegenheiten annahm, sei es auch nur, um den Tribut auszuzahlen. Im Einverständnis mit Colaço wurde dieses Geschäft seinem Sohne übertragen gegen eine jährliche Gratifikation von 200 Pesos.[3]) Hamburgischer Konsul war damals der junge Colaço aber nicht; erst später, nach der französchen Zeit, trägt er diesen Titel, ohne dass es ersichtlich ist, wie sich dieser Wandel vollzogen hat. —

Werfen wir noch einen schnellen Blick auf die Schwesterstädte.

Im Sommer 1805 war an Lübeck die Versuchung herangetreten, sich doch noch schliesslich an diesen Verhandlungen zu beteiligen. Das lübische Schiff „Fester Sinn", Schiffer Sass, von St. Petersburg nach Lissabon bestimmt, wurde damals von einer marokkanischen Fregatte aufgebracht. Da gleichzeitig berichtet wurde, dass diese Fregatte mehrere hamburgische Schiffe respectiert

---

[1]) Abgedruckt Beilage No. VII. Colaço wurden 1500, Stöcqueler 500 Pesos von der Admiralität auf Antrag des Senats als Geschenk überwiesen (Admir. Prot. 1806. März 12.).

[2]) Seltsamerweise erscheint in den Cassabüchern der Admiralität die Ausgabe für Marokko nur bis einschliesslich 1807. Im Admir. Prot. 1809. Mai 18 ist die Rede von 3 hamburgischen Schiffern, die in Marokko in Sklaverei gerathen und nach 31 Monaten vom Kaiser wieder freigegeben seien.

[3]) Ratsprot. 20. Juni 1808; Admir. Prot. Juli 14.

habe¹), machte diese Wegnahme begreiflicherweise in Lübeck einen doppelt starken Eindruck. Der Senat hoffte aber, dass Colaços Vorstellungen und die Bemühungen des dänischen Generalconsuls Schousboe in Tanger genügen würden, Schiff und Mannschaft ohne Lösegeld zu befreien²). Stöcqueler stellte dagegen die Sache so dar, als ob diese Wegnahme gradezu ein Mittel sei, durch das Marokko den Beitritt Lübecks zu dem Frieden, den es mit Hamburg zu schliessen im Begriff war, erzwingen wollte³); auch warnte Stöcqueler⁴) Bremen und Lübeck vor Marokko.

Der Lübecker Senat liess sich aber durch diese Anfechtungen in seiner Ansicht nicht wankend machen; von Vertragsverhandlungen oder Anschluss an Hamburg wollte er nichts wissen. Doch beantragten am 31. März 1806 die bürgerlichen Kollegien beim Senat, er möge die portugiesische Regierung veranlassen, einige wirksamere Massregeln zur Sicherung der dortigen Küsten und Schiffahrt zu treffen.

Mehr Eindruck als in Lübeck machte in Bremen der hamburgisch-marokkanische Friedensschluss. Bereits am 23. Oktober 1805 erwog das Ältesten-Kollegium den Anschluss an Unterhandlungen mit Marokko; am 28. bejahte es die Frage, ob es notwendig sei, einen Friedensvertrag nachzusuchen; am 30. berieth der Kaufmannskonvent über die finanzielle Seite der Sache; eine Schiffsabgabe wurde in Aussicht genommen. Am 1. November trat der Bürgerkonvent dem Beschluss, eine Vereinbarung mit Marokko zu suchen, bei. Dann ruhte aber die Sache den Winter über; vielleicht wollte man erst sichere Nachrichten über den hamburgischen Vertrag abwarten.

Der Juni 1806 brachte dann eine merkwürdige Überraschung. Fast gleichzeitig mit der Nachricht, dass die Mannschaft des oben erwähnten Lübecker Schiffes freigelassen worden sei, kam plötzlich die Meldung, dass der Kaiser von Marokko den Frieden mit Lübeck und Bremen publiziert habe. Anfang Juni wurde dies von der portugiesischen Regierung Stöcqueler mitgeteilt und von diesem sogleich am 7. Juni den Senaten der beiden Städte berichtet. Stöcqueler fügte selbst die Erklärung für dieses unerwartete Ereignis hinzu; er hatte nämlich Colaço nahe gelegt, nicht den Faden

---

¹) Stöcqueler an Lüb. Senat 1805. Aug. 26.
²) Lüb. Senat an Stöcqueler 1805. Okt. 3.
³) Stöcqueler an Lüb. Senat. 1805. Sept. 7.
⁴) An Lüb. Senat 24. Dec. 1805.

der Verhandlung zu verlieren, damit er eventuell auch für Bremen und Lübeck abschliesen könne[1]). In weiteren Schreiben[2]) legte Stöcqueler, der sich äusserst befriedigt über dieses Ereignis aussprach, dar, es bedürfe nur noch der Anzeige an die marokkanische Regierung, dass Bremen und Lübeck vom Datum des Vertrages an 7000 Piaster zahlen wollten; er wiederholte endlich, dass Marokko nur eine freie hanseatische Flagge kenne, die hamburgische.

Begreiflicherweise war man in Lübeck und Bremen sehr überrascht über diesen Vertrag, zu dem sie gekommen, man wusste nicht wie. Die bremische Bürgerschaft hatte allerdings erst vor kurzem beim Senat auf Beteiligung Bremens an dem hamburgischen Vertrage angetragen, auch hinsichtlich der Bewilligung der Mittel mehr Entgegenkommen gezeigt. Am 28. März hatten ferner eine Anzahl von Seeschiffern dem Senat eine Supplik übergeben, in der sie dem Wunsch nach einem Vertrage Ausdruck gaben. Trotz der Befremdung über das Verfahren Stöcquelers war der Senat deshalb einer Unterhandlung nicht abgeneigt[3]).

Lübeck war dagegen dem Vertrage ganz abhold. Ein ausführliches Promemoria des Syndicus Gütschow[4]) kam zu folgendem Ergebnis:

Die Fahrt nach Portugal müsse gewiss geschützt und alles gethan werden, was zu ihrer Erhaltung dienen könne. Ob dies Ziel aber durch einen Vertrag mit Marokko zu erreichen war, sei doch sehr zweifelhaft. Portugal stehe nur noch mit Algier im Kriege und auch nur zum Schein. Seitdem fast alle italienischen Staaten in Frankreich einverleibt seien und den Barbaresken innerhalb des Mittelländischen Meeres kaum ein Gegenstand der Beute übrig geblieben, sei noch mehr zu befürchten, dass die Räuber ihre Kreuzzüge ausserhalb der Meerenge ausdehnen würden. Es käme die Unzuverlässigkeit solcher Verträge hinzu, der Mangel an einer Garantie, der hohe Tribut. Auch sei der Gewinn aus einem solchen Frieden mangelhaft; allerdings waren im Jahre 1805 nach

---

[1]) Stöcqueler an Lübecker Senat. 7. Juni: „Je ne dois pas, Messeigneurs, eu estre tout à fait surpris, car ne pouvant pas m'accomoder, que la paix avec la ville d'Hambourg ne fusse pas comprise aux autres villes, de mon propre mouvement, sans excéder les limites de vos ordres et sans vous compromettre, j'ai sougiré [= suggéré] des moins à Monsieur Colasso de ne pas perdre le fil de la négociation."

[2]) An Bremen 21, an Lübeck 28. Juni.

[3]) Brem. Sen. an Lüb. Sen. 19. Juli 1806.

[4]) 14 Juli 1806.

portugiesischen Häfen 23 lübische Schiffe gegangen; diese ausserordentliche Frequenz wurde aber zum Teil der durch den Krieg erfolgten Unterbrechung der schwedischen Frachtfahrt zugeschrieben. Überhaupt aber scheine es misslich, in dem gegenwärtigen Zeitpunkt der höchsten politischen Krise sich in so bedenkliche Verwicklungen einzulassen.

Weniger skeptisch äusserte sich der kaufmännische Senator Rodde[1]); er meinte, „dass bey öffentlichen Verwendungen für das Interesse der Kaufmannschaft, der Seefahrenden und des Schiff-Baues eines durchs Commercium existierenden grössern oder kleineren Staats wohl ebenso gut einiges Verfahren auf Speculation dürfte gewagt werden müssen, als die wichtigsten und erspriesslichsten mercantilischen Unternehmungen meistens Speculationen zum Grunde haben und haben müssen". Er sprach sich deshalb für ein Einleitungsgeschenk und einen Jahrestribut aus, stimmte aber mit Gütschow darin überein, dass mit Stöcqueler, der über 80 Jahre alt war, in dieser wichtigen Sache nichts zu machen sein werde; er schlug für etwaige Unterhandlungen den in Lissabon etablierten A. F. Lindenberg vor.

Privatbriefe aus Lissabon sprachen die Ansicht aus, dass Hamburg seinen Vertrag zu teuer bezahlt habe, und man mit Marokko billiger abschliessen könne. Namentlich machten aber die einlaufenden Meldungen von dem häufigeren Erscheinen der Tuneser, Tripolitaner und Algierer ausserhalb der Meerenge die Lübecker stutzig; ein hamburgisches Schiff[2]) war sogar an der portugiesischen Küste von einem Tripolitaner genommen worden.

Der Lübecker Senat schrieb deshalb am 13. August an Stöcqueler, diese neueren Ereignisse hätten ihn nur noch mehr von der Nutzlosigkeit eines Vertrages überzeugt.

Die Bremer liessen sich aber nicht abschrecken. Ihr Senat schrieb am 23. August an den Hamburger Senat: der Abschluss des Friedens mit Marokko wie auch der Umstand, dass die hauptsächlichsten Schwierigkeiten, die Bremen 1804 von der weiteren Verhandlung abgehalten hätten, jetzt gehoben seien, machten Bremen geneigter, nun an dem Frieden teilzunehmen. Er empfahl einen gemeinsamen Vertrag aller drei Städte mit Marokko. Hierauf teilte am 5. September der Hamburger Senat dem Bremer auf dessen Wunsch die Hauptbedingungen des mit Marokko abgeschlossenen Vertrages mit, erklärte aber auf den Wunsch, an ihm teilzunehmen,

---
[1]) Promemoria vom 29. Juli 1806.
[2]) Schiffer Henn.

Folgendes: „dass, da sie [die Unterzeichneten] sogar Bedenken gefunden haben, gegen einzelne Punkte desselben Einwendungen zu machen, um nur den Abschluss nicht zu verzögern, sie es dem Interesse dieser Stadt vorteilhafter halten, diese in Hinsicht auf sie völlig geendigte Sache in der Lage zu lassen, worin sie sich nun einmal befindet, und sie bedauern daher, in diesem Punkt ihre Willfährigkeit nicht bezeugen zu können". Einem Mangel an freundschaftlicher Gesinnung könnten die Schwesterstädte dies Verhalten nicht zuschreiben, da Hamburg sie ja früher wiederholt zur Teilnahme aufgefordert habe[1].

Als diese Absage dem Bürgerkonvent in Bremen mitgeteilt wurde, beschloss er am 30. September: „Da die Stadt Hamburg in Betreff der marroccanischen Angelegenheit den diesseitigen Wünschen sich entzieht, so ersucht die löbl. Bürgerschaft die bisherige Deputation, darauf bedacht zu seyn, wie der Zweck auf eine andere Weise erreicht werden könne, indem derselbe äusserst wichtig für unsere Seehandlung ist". Der Senat trat Dem bei, hat aber infolge der gleich darauf eintretenden Weltereignisse keine Gelegenheit mehr gehabt, der Aufforderung nachzukommen[2].

Mit der Absage Hamburgs an Bremen endet dieser Abschnitt in der Geschichte der hansisch-marokkanischen Beziehungen. Hamburg wollte seinen mühsam errungenen Frieden nicht aufs Spiel setzen, indem es ihn unabsehbaren und unberechenbaren Verhandlungen Preis gab. Eine objektive Beurteilung wird der hamburgischen Antwort die Berechtigung nicht bestreiten können. Es ist schon charakteristisch genug, dass die beiden einzigen Verträge mit den Barbaresken, die wirklich zustande gekommen sind, nur von einer Stadt allein geschlossen sind. Wenn Hamburg stets allein verhandelt hätte, wäre es vielleicht weiter mit seinen Verträgen gekommen, was sicher nicht nur in seinem, sondern auch im deutschen Interesse gewesen wäre.

Bremen und Lübeck waren bald in der Lage, froh zu sein,

---

[1] Die „summarische Darstellung" dieser Verhältnisse, die Herrmann a. a. O. S. 146 gibt, ist in mehreren wichtigen Punkten unrichtig, ganz abgesehen von ihrer Unvollständigkeit.

[2] Das letzte, was geschah, war ein Brief des bremischen Synd. Schöne an Stöcqueler vom 3. Oktober 1806; in diesem wurde Stöcqueler aufgefordert, genau über Alles zu berichten und etwa zu treffende Massregeln zu empfehlen. Am 8. Juni 1807 beklagt sich Schöne gegen Stöcqueler, dass er seit dem 7. Juli 1806 keinen Brief mehr beantwortet habe.

dass sie ihr Geld gespart hatten. Grössere, wichtigere Ereignisse, als die Wegnahme von ein paar Kauffahrteischiffen, erschütterten kurz hernach Europa; mitten ins Herz Deutschlands wurde die Kriegsfackel getragen; die Hansestädte spürten den Umsturz des Reichs am eignen Leibe. Die Verhandlungen mit den Raubstaaten fielen der Vergessenheit des Aktenstaubes anheim.

Gar an eine Ausdehnung der direkten Beziehungen Hamburgs mit Marokko, die in geringem Masse bestanden [1]) und ja auch in dem Vertrage Ausdruck gefunden haben, konnte nicht gedacht werden.

---

[1]) In dem Zeitraum 1791—1806 ist in den Jahren 1798, 1800 und 1801 je ein Schiff aus Mogador in Hamburg angekommen.

5. Kapitel.
Die Hansestädte und die Barbaresken nach 1814.

In der Zeit von 1806—14 kamen die Hansestädte mit den Barbaresken in keine Berührung; die Fahrt nach Portugal und Spanien hörte allmählich auf, und damit auch die Sorge, sich gegen die Barbaresken zu sichern.

Nach der Wiederherstellung des allgemeinen Friedens dauerte es aber nicht lange, und die Barbareskenfrage wurde wieder lebendig. Kaum zeigten sich wieder Schiffe von Nationen, die mit den Raubstaaten in keinem vertragsmässigen Verhältnis standen, in jenen Gewässern, als das alte Unwesen der Beraubung und Belästigung von Neuem, und schlimmer denn je, begann.

Der einzige Vertrag zwischen einer Hansestadt und einem Raubstaat, der vor der französischen Zeit bestand, war, wie wir oben gesehen, der zwischen Hamburg und Marokko geschlossene. Als Bedingung der Beobachtung dieses Vertrages seitens Marokkos war von diesem Reiche die Zahlung des Tributs seitens Hamburgs ausdrücklich hingestellt worden. Der Tribut war seit etwa 1810 nicht mehr entrichtet worden.[1] Nach Wiederherstellung der selbständigen Regierung Hamburgs forderte nun der Kaiser von Marokko die Nachzahlung des Tributs für die vergangenen Jahre und erklärte, als dies nicht erfolgte, den Frieden mit Hamburg für gekündigt.[2]

Es scheint nicht, als ob grade diese Aufkündigung Hamburg sehr beunruhigt habe. Aber der allgemeinen Regelung des Verhältnisses mit den Barbaresken trat man hier doch schon sehr bald nach wiederhergestelltem Frieden näher. Bereits im September 1814 wurde der Syndikus Oldenburg vom Senat beauftragt,

---

[1] Vgl. oben S. 124.

[2] Dies Letztere ergibt sich aus dem Hamb. Senatsprotokoll 20. Febr. 1822 u. 17. Febr. 1823. Gleichzeitige Aktenstücke oder dgl. finden sich merkwürdigerweise nicht; so steht nicht einmal der genaue Zeitpunkt jener Forderung Marokkos u. s. w. fest.

an den Agenten Gennotte in Madrid die Anfrage zu richten, wie es wohl einzuleiten sein und wie viel es kosten würde, um Frieden mit allen Barbaresken zu erlangen. Im Oktober 1815 regte ein gewisser Grützmacher die Frage von neuem an; die Kommerzdeputierten dachten dabei an die Vermittlung Österreichs.

Bald darauf gab die Frage der Neuordnung des hamburgischen Konsulatswesens Veranlassung zu einem Meinungsaustausch zwischen dem Senat und den Kommerzdeputierten auch über die Barbareskenfrage.

Zu den hamburgischen Konsulaten gehörte auch das zu Tanger, das der Sohn des oft erwähnten Colaço[1]) inne hatte. Die Existenz dieses Konsulats, dessen Inhaber von Hamburg eine Jahresvergütung von 200 Pesos erhielt, stand im engen Zusammenhang mit dem Verhältnis Hamburgs zu Marokko. Als deshalb die Beibehaltung dieses Konsulats zur Sprache kam, wurde auch der Anknüpfung von Verhandlungen mit Marokko gedacht. Die Kommerzdeputierten antworteten am 1. März 1816 dem Senat auf seine Anfrage:

Die Schwierigkeiten einer Unterhandlung mit Marokko seien unleugbar. Es sei aber der jetzige Zeitpunkt sehr günstig. Die Barbaresken seien jetzt mit allen Seemächten im Frieden und nichts hindere sie mehr, im Atlantischen Ozean auf hanseatische Schiffe zu kreuzen. Diese würden somit die Fahrt nach Portugal u. s. w. bald ganz aufgeben müssen, und, bei der Unmöglichkeit, bloss von der Zwischenfahrt nach England und einigen nordischen Plätzen zu bestehen, vielleicht ganz aus der Fahrt kommen. Eben dieser Friedensstand mit den Seemächten würde aber die Barbaresken um so geneigter zu einem Frieden mit den Hansestädten machen; denn, da die Schiffahrt der letzteren dahin bald aufhören würde und sie sich anderer Flaggen würden bedienen müssen, so würden jene lieber etwas von den Hansestädten nehmen als später garnichts. Allerdings werde die Verhandlung erschwert dadurch, dass man sie nicht mit allen Staaten auf einmal führen könne; man dürfe aber auch nicht durch Korrespondenz verhandeln, sondern müsse einen gewandten und zuverlässigen Mann dahin schicken; nur auf diese Weise sei früher ein Friede mit Algier zustande gekommen. Die Kosten der Unterhandlung seien aus der Sklavenkasse, die des Jahrestributs aus einem mässigen Lastgelde zu bestreiten.

---
[1]) Vgl. oben S. 124.

Grade hinsichtlich der Kosten aber, einer Frage, über die die Kommerzdeputierten ziemlich schnell hinwegglitten, hatte der Senat grosse Bedenken;. zunächst müsste, meinte er, diese Frage ganz klar gestellt werden.

Im August 1816 trat nun in London die internationale Konferenz zusammen, auf der gemeinsam mit der Frage des Sklavenhandels die der Barbaresken verhandelt wurde. Wahrscheinlich in Veranlassung dieser Konferenz beauftragte am 1. Oktober Hamburg den hanseatischen Agenten in London, Colquhoun, bei der englischen Regierung Schritte zur Sicherung der hamburgischen Flagge zu thun.[1]) Viel Vertrauen hatte der Senat nicht zu der englischen Vermittlung. „Es scheint," schrieb im November Syndikus von Sienen in Hamburg an den lübischen Syndikus Curtius, „dass für die Hansestädte von England vielleicht wohl Hülfe in einzelnen Fällen für die Befreiung genommener Schiffe, aber schwerlich für die Sicherstellung ihrer Flaggen zu erwarten seyn dürfte."

Das Interesse der Hansestädte an einer endlichen friedlichen Erledigung der Barbareskenfrage war, wenn es sich auch für jede der drei Städte verschieden gestaltete, doch ein gemeinsames.

Lübeck betrieb den Handelsverkehr mit dem Mittelländischen Meer und den spanisch-portugiesischen Seehäfen mit fremden Schiffen; es überwog dabei der Handel nach Lübeck den von Lübeck nach dort betriebenen. Von 1790—99 waren aus Häfen des Mittelmeers nach dieser Stadt durchschnittlich jährlich 7—8 Schiffe gekommen; Anfang des 19. Jahrhunderts war wegen der Elbsperre diese Zahl gestiegen. Im Jahre 1815 kamen in Lübeck 6 Schiffe (445 Last) aus dem Mittelmeer an, 1816: 9 (573 L.). [2])

Grösser war das bremische Interesse. Die eigene Rhederei Bremens beschränkte sich im Wesentlichen damals auf die Fahrt nach der Ostsee und Nordamerika. Vom 1. Januar 1815 bis 31. Oktober 1816, also in 22 Monaten, kamen in Bremen an aus dem Mittelmeer 23 Schiffe, von denen kein einziges bremisches war; es waren meist schwedische. Wenn die Schiffahrt gegen die Barbaresken gesichert war, hätte unzweifelhaft die bremische Rhederei grossen Gewinn daraus gezogen; auch erhoffte man einen Aufschwung des Handels nach der Levante.[3])

---

[1]) Synd. v. Sienen an Curtius 8. Nov. 1816.
[2]) Bericht der lüb. Commerz-Commission 1817. Juni 14.
[3]) Denkschrift des Synd. v. Gröning, Ende 1816.

Auf Hamburg traf dies alles in vergrössertem Massstabe zu. Fremde Schiffe aus dem Mittelmeer (incl. von Gibraltar) kamen hier an:

im Jahre 1815: 55 Schiffe
„ „ 1816: 55 „
„ „ 1817: 64 „ [1])

Die hansestädtischen Kaufleute drängten deshalb ihre Senate unablässig. Die Verhältnisse mit den Barbaresken, so stellten am 21. Oktober 1816 die Commerzdeputierten in Hamburg dem Senat vor, würden immer bedenklicher, die Schiffahrt der Stadt nach Portugal, Havana, St. Thomas, Brasilien u. s. w. immer mehr bedroht. Seitdem die Tripolitaner, die sich damals besonders feindselig gegen die hanseatischen Flaggen zeigten, sogar ihre Prisen in marokkanische Häfen einbrachten, wuchs die Unsicherheit der Schiffahrt[2]). Die Commerzdeputierten riethen dringend, durch Colquhoun englische Vermittlung nachsuchen zu lassen, und schlugen überdies vor, der Senat möge bei der niederländischen Regierung sich darnach erkundigen, „ob und wann, gegen wen und unter welchen Bedingungen" hamburgische Schiffe die niederländischen Convoyen benutzen dürften. Endlich aber stellten sie zur Erwägung, ob nicht den Hansestädten eine Betheiligung an dem zwischen Spanien und den Niederlanden zur Abwehr der Barbaresken geschlossenen Vertrag ermöglicht werden könne.

Ein ähnliches Ersuchen stellte am 29. Oktober die Ehrliebende Bürgerschaft Lübecks an den dortigen Senat.

Keiner der drei Senate war von der Wirksamkeit solcher Schritte überzeugt. „Vorläufig ist man der Meinung", schrieb der bremische Syndicus v. Gröning am 6. November an Curtius, „dass man weder durch England, noch durch ein Anschliessen an den zwischen Spanien und den Niederlanden geschlossenen Defensiv-Tractat für die Hansestädte den für sie zu wünschenden Zweck erreichen könne; nicht bloss weil das dem Interesse Englands und der Niederlande zuwider seyn würde, den Hansestädten für ihre Schiffe Schutz gegen die Barbaresken zu gewähren, sondern weil

---

[1]) Tönnies, Mercant.-geschichtl. Darstellung S. 216 ff.

[2]) Etwas seltsam ist es, wenn Friedr. v. Gentz den Kaiser von Marokko wegen seines Raubzuges gegen die preussischen Schiffe in Schutz nimmt. Er rechnet den Kaiser nicht zu den „Piraten" (Briefe von Fr. v. Gentz an Pilat, herausg. von Mendelssohn-Bartholdy I. 229).

ein Beytritt zu dem angeführten Tractat auch nicht anders als sehr kostspielig für die Hansestädte sich ergeben könnte".

Doch glaubte man nicht, sich aller Schritte enthalten zu dürfen. Syndicus Oldenburg legte am 3. Januar 1817 im hamburgischen Senat dar: ein grosser Erfolg sei ja nicht davon zu erwarten; bei dem grossen Interesse der Börse müsse man aber doch versuchen, was durch Vorstellungen bei den Mächten zu erreichen sei. Als nun gar im Mai 1817 die Nachricht von dem Erscheinen der Barbaresken im Kanal kam, beeilten sich die Städte, das bisher noch Aufgeschobene nachzuholen. Hamburg richtete Noten an Russland, Preussen, Oesterreich, Dänemark, England, Frankreich, Spanien, Portugal, Schweden und die Niederlande. Ebenso wandte sich Lübeck an eine Reihe der grösseren Mächte.

Namentlich in Hamburg empfand die Kaufmannschaft und Rhederei den Zustand, der durch die Seeräuberei geschaffen wurde, höchst schmerzlich. Am 7. Juni wandten sich die angesehensten Rheder an die Commerzdeputierten und empfahlen „schleunigste Anwendung wirksamer Gegenmittel" gegen die Kreuzzüge insbesondere der Tuneser; auch sie stellten Schritte bei England anheim. Die Commerzdeputierten übermittelten diese Supplik dem Senat; in der Vorstellung ist von „dem Aufhören unserer Schiffahrt" die Rede. Wie schon oft vertraten die Deputierten wieder den Standpunkt, dass nur durch direkte Verhandlungen mit den Barbaresken zum Ziel zu kommen sei. Sie teilten nicht die Besorgnis, dass solche Verträge zu viel kosten würden; und wenn sie auch nicht sich dem Bedenken, dass diese Verträge nie von langer Dauer wären, verschlossen, so wiesen sie doch andererseits auf die Erfahrung hin, „dass diese Raubstaaten keine Kriege anfangen, so lange sie ihre Tribute pünktlich erhalten und nicht beleidigt werden, und dass sie überhaupt weit strengere Begriffe vom Völkerrecht haben wie die Seevölker des civilisierten Europens". Die Deputierten erklärten diese etwas gewagt klingende Behauptung näher, indem sie darauf aufmerksam machten, dass nirgends sonst als bei den Raubstaaten das Princip „frei Schiff, frei Gut" gelte. Die Kosten würde Hamburgs Rhederei und Assecuranz willig tragen; und „was unsre Vorfahren zur Ausdehnung der hamburgischen Schiffahrt mit Algier auf diese Weise glücklich zu Stande gebracht haben, davon dürfen wir den Versuch nicht scheuen, da die Frage davon abhange, ob wir noch Schiffe unter eigner Flagge werden halten können oder nicht". Schliesslich wiederholten die Commerzdeputierten ihre schon früher gemachten Vorschläge, die auf die Benutzung niederländischer Convoyen und Teilnahme an dem spanisch-niederländischen Bündnis hinausliefen.

Auf alle diese Vorschläge konnte der Senat bei der damaligen Sachlage und im Hinblick auf seine Schritte bei den Mächten und in Frankfurt nicht eingehen. Doch lehnte er den auf direkte Verhandlungen hinzielenden Antrag der Commerzdeputierten nicht durchaus ab, sondern erklärte ihnen, dass, wenn es später nötig sein werde, es ihm sehr lieb sein würde, wenn jene ihm „eine zuverlässige qualificierte Person zur Absendung nach den Küsten des Mittelländischen Meeres und eventualiter nach den verschiedenen Raubstaaten zur vorsichtigen Einziehung behufiger Erkundigungen würden ausmitteln können¹)". Dies fasste die Commerzdeputation sogleich sehr bereitwillig auf; sie versammelte am 5. Juli die Vorsteher der sämtlichen Assecuranzgesellschaften und legte ihnen die Lage der Sache dar: „Da abseiten unseres Staates noch keine öffentlichen Schritte, als die bis jetzt gethanen, gemacht werden können, so ist das einzige noch übrige, dass **abseiten des hamburgischen Commercii direct mit den Barbarischen Mächten unterhandelt werde. Wir haben die Hoffnung, dass, sobald diese Verhandlungen nur einen irgend günstigen Gang nehmen, Ampliss. Senatus diesen Unterhandlungen durch Seinen Beitritt gerne die gehörige Sanction geben und sie zur öffentlichen Sache machen werde".**

Die beste und leichteste Art, diese Verhandlungen einzuleiten, und mit Erfolg durchzuführen, wäre „eine qualificierte Person mit gehöriger ausgedehnter Vollmacht an die Küsten des Mittelländischen Meeres, Marseille, Livorno oder sonst einen Ort zu senden, um von da aus, schriftlich oder persönlich, in den Raubstaaten Algier, Tunis oder Tripolis etc. zu unserm Besten zu unterhandeln". Als Ziel dieser „Unterhandlungen" wurde betrachtet die Ermittelung: „um welchen Preis unsere Schiffe eine freye Farth bis ins Mittelländische Meer oder allenfalls nur, wenn Jenes wegen Dänemark und Schweden Schwierigkeit haben mögt, bis St. Uebes, erhalten können".

Als geeignete Persönlichkeit schlugen die Commerzdeputierten den Dr. Karl Sieveking, der später Ministerresident in St. Petersburg und 1820 Syndikus wurde, vor.

---

¹) Senatsprotokoll 1817. Juni 16.

Zur Bestreitung der Kosten sollten sich sämtliche hamburgische Rheder zu einem Beitrage im Verhältnis der Lasten ihrer Schiffe, etwa 1—3 Mark per Last, vereinigen, ebenso die Assekuranz-Institute einen Beitrag leisten nach der Zahl der Aktien, etwa 10 Mark per Aktie, endlich auch die Privatassekuradeure einen angemessenen Beitrag zusteuern. Mit höchstens 60000 Banco Mark glaubte die Commerzdeputation die Praeliminar-Unkosten bestreiten zu können.

Diese Vorstellung fiel bei den Assekuradeuren aber auf keinen fruchtbaren Boden. Sie erklärten, dass sie zwar von der Wichtigkeit der Sache überzeugt wären, meinten aber doch, dass sie dem Rheder und Kaufmann näher als ihnen läge. Sie, die Assekuradeure, deckten sich gegen höhere Gefahren durch höhere Prämien, welche letztere den Versicherten zur Last fielen; Verringerung der Gefahr komme deshalb den letzteren zu Gute. Die Assekuradeure sprachen ferner ihre grundsätzliche Anschauung dahin aus, dass „**das Vorrecht unsere Flagge und unsern Handel zu schützen, allein Sache des Staats sei; nur demselben kommt es zu, die dazu behufigen Schritte zuerst zu thun. Eine Privat-Gesellschaft darf es nicht wagen, demselben vorzugreifen.**"

Mit dieser deutlichen Ablehnung mussten sich die Commerzdeputierten zufrieden geben; denn die Rehder, die auch befragt wurden, konnten allein die Kosten nicht tragen. Von dieser Mission wird fernerhin nicht mehr gesprochen.

Konnten die Vorschläge, die dem Senat seitens der Commerzdeputation gemacht wurden, jenem vorläufig nicht als annehmbar erscheinen, so ist es doch sehr bemerkenswert, dass, als er sich mit dem Ersuchen um Ratschläge an den erfahrenen Colquhoun wandte, dieser mit Dingen heraus rückte, die den Vorschlägen der hamburgischen Kaufmannschaft recht ähnlich sahen.

Colquhoun[1]) schlug den Hansestädten Friedensunterhandlungen mit den Barbaresken, eventuell durch englische Vermittlung vor, ferner dass die hanseatischen Schiffe bewaffnet werden und in Flotten zusammensegeln sollten.

Diesen Vorschlägen gegenüber äusserte sich die Barbaresken-Commission des hamburgischen Senats dahin:

    a) „Dass die Unterhandlung eines Friedens mit den Barbaresken

---

[1]) An Curtius 3. und 14. Juni 1817.

vielen Schwierigkeiten unterworfen sei; es sich auch frage, ob es gerathen sey, diesen Frieden durch England zu unterhandeln; dass aber auf jeden Fall dieses nicht sofort nützen könne und besser bis zum Herbst ausgesetzt bleibe."

b) „Dass das Projekt der Bewaffnung unserer Schiffe kaum ausführbar sey und unter den gegenwärtigen Umständen auch nicht gerathen sey, da man die Absicht habe, noch durch Vermittelung anderer Höfe unsere Flagge vor den Kapereien der Barbaresken befreit zu erhalten und diese daher nicht durch feindselige Maassregeln noch erst erbittern dürfe."

Mit diesen Grundsätzen waren Lübeck und Bremen ganz einverstanden.[1])

Inzwischen machten die Hansestädte die Erfahrung, dass von den grossen Mächten in der Barbareskenfrage wenig zu erwarten sei. Auf die Noten erfolgten fast ausschliesslich nichtssagende, höfliche Antworten. England gab nur die Zusicherung, dass es Kapereien im Kanal und an seinen Küsten nicht dulden werde. Von Interesse waren nur die Antworten Spaniens, der Niederlande und Schwedens. Der spanische Resident stellte dem hamburgischen Senat eine Einladung zu der zwischen Spanien und den Niederlanden geschlossenen Allianz gegen die Barbaresken in Aussicht; eine ähnliche vertrauliche Mitteilung erfolgte durch den niederländischen Residenten.

Weiter noch ging Schweden. Der diplomatische Vertreter dieses Reiches, Herr v. Hjort schrieb den Senaten Lübecks und Hamburgs: der König habe sogleich seinen Konsul in Tunis beauftragt, das Loos der hanseatischen Gefangenen möglichst zu mildern und dort kräftige Vorstellungen zu machen. Ausserdem aber sei der König bereit, soviel an ihm liege, den Handel der Hansestädte gegen die Kapereien der Barbaresken zu sichern, und dass in diesem Sinne der schwedische Konsul in Tunis beauftragt sei, die Regentschaft dieses Landes über die Bedingungen eines etwaigen Friedens mit den Hansestädten zu sondieren; der König biete hierfür seine Vermittlung an.[2])

Sowohl Lübeck wie Hamburg lehnten dies Anerbieten dankend ab; auch auf die angekündigte Einladung zu der Teilnahme an

---

[1]) Synd. v. Gröning an Curtius 1817. Juni 27. Hamb. Senatsprot. 17. Juni 1817.

[2]) v. Hjort an Lübecker Senat 24. Juli 1817; Hamb. Senatsprot. 25. Juli; v. Sienen an Curtius 30. Juli.

dem spanisch-niederländischen Vertrag, auf den wir unten noch zurückkommen werden, beschloss man vorläufig nicht einzugehen.

Doch erkannte Lübeck es dankbar an, als der schwedische Konsul Ankarloo in Algier sich energisch für die Lübecker Matrosen des damals von den Algierern genommenen russischen Schiffes „Industrie" [1]) verwandte. —

Die Hansestädte standen damals schon ganz unter dem Banne der Erwartungen, die man auf ihre Schritte bei der Bundesversammlung setzte; wir behandeln diese unten näher. Als deshalb noch Ende Juni Colquhoun auf Grund einer Unterredung mit einem Aegypter, Saliani, vorschlug, direkte Verhandlungen mit den Barbaresken einzuleiten und zu diesem Behuf eine hansestädtische Gesandtschaft auf einer brittischen Fregatte an jeden Raubstaat zu senden [2]), lehnten die 3 Städte ein Eingehen auf diesen Vorschlag ab; er wurde weder an sich für zweckmässig noch nach der Lage der Verhandlungen am Bundestage für angemessen gehalten.

Der stimmführende Gesandte der Hansestädte bei der Bundesversammlung, Senator Smidt äusserte sich darüber am 15. Juli: „Alle Gesandte, mit denen ich hier über die Barbaresken-Angelegenheit gesprochen, halten es nicht zuträglich, sich in diesem Augenblick auf Friedensunterhandlungen mit denselben einzulassen, sondern erst abzuwarten, welche Folgen aus den desfallsigen Schritten der Bundesversammlung hervorgehen werde."

Leider entsprachen die Erfolge dieser Schritte so wenig auch nur den allergeringsten Erwartungen, dass man später wohl bedauern konnte, sich in der Aktionsfreiheit haben beschränken zu lassen.

Als man in den Hansestädten beschloss, wegen der Seeräubereien auswärtige Hilfe anzurufen, waren auch Schritte bei der Bundesversammlung in Frankfurt ins Auge gefasst worden.

Damit tritt in die Geschichte der deutschen Barbareskenfrage ein neues Moment. Die Bundesversammlung von Frankfurt war eine Errungenschaft des 19. Jahrhunderts; sie war an die Stelle der alten Kaisergewalt getreten. Von dieser hatten die Hansestädte in den Wirren des Barbareskenunfugs nie energische Unterstützung gefunden; nur als es galt, einer Stadt, die aus eigener Thatkraft sich den jämmerlichen Zuständen zu entziehen ver-

---

[1]) Das Schiff selbst wurde von einem Teil der Mannschaft wieder zurückerobert; einige Leute gerieten aber in Gefangenschaft.

[2]) Colquhoun an Curtius 24. Juni 1817.

suchte und dabei mit einer europäischen Macht in Konflikt geraten war, aus der Patsche zu helfen, hatte der kaiserliche Hof seine grossmütige Vermittlung nicht versagt. Fremde Hülfe — spanische, portugiesische — hatte den Hansestädten mehr genützt als deutsche.

Und das Kollegium der Bundesversammlung gewährte nicht den Anschein, als ob man mit ihm weiter kommen werde; im Gegenteil, es war eher schlimmer geworden. Aber versuchen musste man es doch; das gebot nicht nur der Patriotismus, das empfahl auch die Politik.

In Bremen wollte man sich zuerst überhaupt auf eine Aktion beim Bundestag beschränken[1]). Die Erwartungen waren hier aber gering; von dem Bundestag einen Kreuzzug gegen die Raubstaaten zu erreichen, hielt Syndikus Schöne für ganz aussichtslos[2]). Des letzteren Kollege, Syndikus v. Gröning, arbeitete eine Denkschrift aus, in der er u. A. „einige Anheimstellungen zur Betreibung der Sache am Bundestage" entwickelte; man dürfe, meinte er, nicht zu sehr die besonderen Vor- und Nachteile, die der Bremer Handlung und Schiffahrt durch die Beseitigung bezw. den Fortbestand der Barbareskengefahr zuwüchsen, hervorheben; denn dann würden etwaige Kosten, die für diesen Zweck aufzubringen nötig wären, nicht nach den sonst herkömmlichen Quoten unter die deutschen Staaten, sondern nach dem Interesse verteilt, und somit vorzugsweise den Hansestädten aufgebürdet werden. Ausser diesen die Taktik betreffenden, nicht gerade von grosser Opferwilligkeit zeugenden Bemerkungen, wies Gröning auch darauf hin, dass der dänische Gesandte am Bundestag nicht zu den ersten, sondern den letzten gehören werde, mit denen man über diese Sache verhandelte; denn Dänemark und Schweden, auch „aller zur Schau gelegten liberaler Ideen ohnerachtet, das selbstsüchtige England" schienen bei der möglichst langen Fortdauer des gegenwärtigen traurigen Zustandes hinsichtlich der Barbaresken interessiert.

Auch in Hamburg beschloss der Senat am 3. Januar 1817, sich ausser an die grossen Mächte auch an die Bundesversammlung zu wenden, um hier „etwas zum Besten des Ganzen auszuwirken." Die Lübecker Commerzdeputierten drangen noch im Juni 1817 auf „eine von Seiten der Hansestädte auf den Bundestag baldigst zu bringende und mit Eifer zu verfolgende Anrege."

---
[1]) v. Gröning an Curtius 1816. Nov. 6.
[2]) Bericht vom 29. Nov. 1816.

So legte[1]) denn am 16. Juni 1817 Namens der drei norddeutschen freien Städte der stimmführende Gesandte, Syndikus Danz, der Bundesversammlung die traurige Lage des deutschen, insbesondere hansestädtischen Seehandels dar; die Senate, so schloss er, ergäben sich „vertrauensvoll der Hoffnung, dass die empörenden Vorgänge, welche der Gegenstand dieser Vorstellung sind, bei sämmtlichen allerhöchsten und hohen Mitgliedern des deutschen Bundes den stärksten Unwillen und die lebhafteste Teilnahme erregen werden, und dass nicht nur ein jeder von ihnen mit den Mitteln, welche ihm zu Gebote stehen, zur Ausrottung eines so drohenden Uebels mitzuwirken geneigt sein, sondern dass auch der hohe deutsche Bund als Gesamtheit und europäische Macht sich bewogen finden wird, alle Schritte zu thun, welche in seiner Macht sind, um die durch jene Seefrevel gefährdete Ehre der deutschen Flagge und Wohlfahrt der deutschen Nation aufrecht zu erhalten." Der Antrag ging hin auf eine „ernstliche Ueberlegung dieses Gegenstandes."

Die Bundesversammlung wählte hierauf eine Kommission zur Erstattung eines Gutachtens „über die wirksamsten Vorkehrungen zur möglichsten Sicherung der deutschen Seehandlung gegen die Räubereien der Barbaresken."

Dies Gutachten[2]), das schon am 3. Juli von dem preussischen Gesandten Grafen von der Goltz verlesen wurde, endete im Wesentlichen in dem Gedanken, dass ohne Unterstützung der Seemächte, namentlich Englands, nichts zu thun sei. Es würden deshalb Österreich und Preussen gebeten, ihren europäischen Einfluss in dieser Richtung geltend zu machen. Der Commissionsantrag fand Annahme.

Einen sehr viel erhebenderen Eindruck, als diese ziemlich schwächlichen Vorschläge, die auf jede Initiative deutscherseits von vornherein Verzicht leisteten, machte dagegen die erst am 17. Juli erfolgende Abstimmung Badens; sein Votum[3]) rief die Erinnerung an die Tage der Hansa wach, an die Kämpfe der Vitalienbrüder, an Türkenhülfe und Normannensteuer und forderte schliesslich eine Abwehr der Barbaresken, „durch eigene Kraft, sey es der seehandelnden Bundesstaaten allein, sey es der Gesammtheit aller Bundesstaaten." Baden beantragte, dass, unabhängig von den vor-

---

[1]) vgl. Protokolle der Deutschen Bundes-Versammlung III. 229 ff.
[2]) ebenda S. 347 ff.
[3]) ebenda S. 461 ff.

geschlagenen Eröffnungen an die fremden Seemächte, eine Commission weitere Vorschläge zum Schutz gegen die Barbaresken, sofern solcher von den deutschen Bundesstaaten selbst auszugehen habe, vorbereiten und vorlegen sollte.

Leider verhallte diese männliche Sprache, die ungeheuer wohlthuend innerhalb der meist sehr vorsichtig und schwächlich gehaltenen Protokolle der Bundesversammlung wirkt, ergebnisslos. Sie ging nicht auf den badischen Vorschlag ein, sondern überliess vorläufig dem Auslande und den deutschen, an der Angelegenheit direkt betheiligten Staaten diese Sorge.

Was zunächst Österreich betraf, auf dessen Einfluss in dieser Sache der Bundestag ja verwiesen hatte, so hatten die Hansestädte zu dieser Verwendung wenig Vertrauen. „Österreich hat freilich", schrieb schon am 13. Juni 1817 ,von Sienen an Curtius, „keine Gründe, die Sicherung der hanseatischen Flagge nicht zu wünschen, allein unter allen angegangenen Mächten wohl das wenigste directe Interesse an solcher Sicherung, und daher dürfte vorzugsweise von Österreich schwerlich viel zu erwarten seyn." Den Mangel an Vertrauen, den in der Barbareskenfrage der römische Kaiser bei den Hansestädten genossen, hatte sein Nachfolger, der Kaiser von Österreich, geerbt.

Dass von den Londoner Conferenzen nicht viel zu erwarten sei, wurde dem Senator Smidt schon aus den Unterredungen klar, die er mit dem für jene Konferenzen als preussischen Vertreter bestimmten Wilhelm v. Humboldt im August in Frankfurt hatte. „Humboldt", so schreibt Smidt am 31. August 1817, „besorgt, dass die Londoner Verhandlungen kein bedeutendes Resultat liefern werden, da England zu sehr dabey interessirt sey, dass die Küste der Barbarey keinem europäischen Staate in die Hände falle;" in einen Vertilgungskrieg gegen die Barbaresken werde es nie einwilligen, „und die anderen grossen Mächte hätten zu wenig Interesse bey der Sache, als dass man deshalb mit England einen Speer brechen sollte." Eine permanente kriegerische Anstalt gegen die Barbaresken zu unterhalten, sei sehr kostbar; die Maltheserritter erböten sich zwar fortwährend dazu, wollten auch zu diesem Zwecke ihren Orden reorganisieren, forderten aber grosse Gegenleistungen.

Am meisten schien man noch von Preussen und seiner Unterstützung in dieser Sache erwarten zu können. Preussen war an hr ja nächst den Hansestädten am meisten praktisch beteiligt.

Sein Minister, Graf Bülow, zeigte für diese Angelegenheit ein warmes Interesse[1]); Smidt schrieb am 15. Juli aus Frankfurt, Preussen nehme die Sache sehr ernst. Ende August 1817 erklärte Humboldt dem Senator Smidt[2]), Preussen sei bereit, zur Beschützung des deutschen Handels etwa 2 Fregatten auszurüsten, und wenn die andern deutschen Staaten sich in demselben Verhältnis anstrengten, so werde der Kanal und die Nordsee sicher werden; Expeditionen nach dem Mittelländischen Meer hielt Humboldt für nicht ausführbar. Smidt wies dagegen darauf hin, dass eine kleine deutsche Flottille von 5—6 Fregatten und einigen kleineren Kriegsschiffen grade im Mittelländischen Meer und an der Strasse von Gibraltar mit dem wirksamsten Erfolge sich gebrauchen lassen werde; denn wenn die Räuber einmal die Meerenge passiert hätten, wären sie schwer zu finden. Wenn England und Frankreich sich vereinigten, keine Seeräuber durch den Kanal zu lassen, würden wir uns in der Nordsee schon mit einigen kleineren Kriegsschiffen schützen können. Interessant ist es ferner, dass Smidt schon damals auf den zu erhoffenden Verkehr mit dem spanischen Amerika aufmerksam machte und ihn in Verbindung brachte mit der Barbareskengefahr: „Da es nicht zu erwarten sey," so stellte er Humboldt vor, „dass die insurgierten spanischen Provinzen sämmtlich unter die alte Herrschaft zurückkehren dürften, da Brasilien aufgehört habe, eine Colonie Portugals zu seyn, und dem freien Verkehre aller Nationen offen stehe, so komme es sehr darauf an, dass bei so erweiterten und sich täglich erweiternden Handelscommunicationen mit der Neuen Welt Deutschland davon auch seinen Theil bekomme und nicht Alles den Engländern in die Hände falle." So günstig der Zeitpunkt für diese Handelsausdehnung sei, so könne doch die Gefahr vor den Barbaresken derselben sehr hinderlich sein.[3])

Aber alle diese Bemühungen trugen doch keine Früchte. Dennoch hat man den Eindruck, als ob, wenn Preussen und die Hansestädte in dieser Frage, unbeirrt von differierenden Einzelinteressen, Hand in Hand gegangen wären, sie wohl etwas wirklich Dauerhaftes hätten zu Stande bringen können.

---

[1]) vgl. über die Stellung Preussens zu der Barbareskenfrage Zimmermann, Geschichte der preuss.-deutsch. Handelspolitik S. 113 ff.

[2]) Bericht Smidt's vom 2. Sept. 1817.

[3]) vgl. hierzu meine Beiträge z. Gesch. d. Handelsbezieh. Hamb. mit Amerika S. 137 ff.

In der Bundesversammlung traf die Action der Hansestädte, wie man gar bald merkte, auf nicht mehr als ein beschauliches Wohlwollen. Als im November 1817 über Holland die Nachricht kam, dass eine von der Pest angesteckte algierische Flotte ausgelaufen sei, um auf preussische Schiffe zu kreuzen, benutzte Smidt die Sitzung des Bundestages am 27. November, um eine vertrauliche Discussion über die Barbareskenfrage zu eröffnen, von der die ganze Sitzung ausgefüllt würde.[1]) Da versicherte der niederländische Gesandte v. Gagern: sein Hof sei sehr thätig in dieser Sache und hoffe von den gegenwärtigen Verhandlungen ein günstiges Resultat; sollte das nicht der Fall sein, so werde er zum Beitritt zu dem Vertrag mit Spanien auffordern. Im übrigen tadelte Gagern, dass die Engländer die Sache der Abschaffung des Neger-Sklavenhandels mit der der Unterdrückung der Barbaresken in eine die Sache eben nicht fördernde Verbindung gebracht hätten. Worauf der hannöversche Gesandte v. Martens entgegnete: „es sey nun einmal Ton, auf die Engländer zu schelten, während diejenigen, die Seehandel treiben wollten, doch besser thäten, dem Beyspiel der Engländer zu folgen, sich anzustrengen, Kriegsschiffe auszurüsten und ihren Flaggen Respekt zu schaffen;" es seien ja noch nicht 100 Jahre her, dass die Hansestädte ihre Handelsschiffe durch eigene bewaffnete Fahrzeuge gegen die Barbaresken hätten convoyren lassen, und sie könnten das auch jetzt wieder thun, da sie seitdem doch nicht schwächer geworden wären. „Sie hätten es aber ihrer Konvenienz nicht gemäss gefunden und ihre Kriegsschiffe verfaulen lassen."

Smidt, der selbst in dieser Sitzung einen längeren, ausführlich die Sachlage darstellenden Vortrag hielt, entnahm aus den Äusserungen des preussischen, oesterreichischen und hannöverschen Vertreters nur zu deutlich, „welche Furcht man hat, Verhältnisse zu berühren, welche die grossen europäischen Mächte nun einmal ihrer besondern Curatel unterworfen zu haben meynen". Ueber die von Hannover angeregte Convoyfrage enthielt er sich der Meinungsäusserung. Nach einer aktenmässigen Mitteilung[2]) hat Smidt in dem fortdauernd bestehenden förmlichen Kriegsstande der Barbaresken gegen mehrere deutsche Bundesstaaten sogar den casum foederis geltend gemacht.

Alles das nützte aber nichts; auch nicht die Vorlesung eines

---
[1]) Bericht Smidt's über diese „vertrauliche Sitzung" in den hans. Archiven.
[2]) Prot. der Hamb. Oberalten 1817. Dez. 8.

gemeinsam von Smidt und dem Grafen v. Eyben verfassten Aufsatzes über die Barbareskensache[1]). Der hamburgische Gesandte Syndikus Gries schrieb deshalb am 7. Dezember nach Hamburg: „Soviel scheint mir gewiss, dass durch den Bund nichts Ernsthaftes zu bewirken sein wird, wenn nicht bestimmte Anträge zur allgemeinen Teilnahme an den Massregeln gegen die Barbaresken gemacht werden können".

Das Zweckmässigste war gewiss eine Seerüstung; auf sie hatte Hannover hingewiesen; an sie mahnte Smidt: die öffentliche Meinung müsse, schrieb er schon im August[2]), bearbeitet und diese so gesteigert werden, „dass Oesterreich und Preussen durch dieselbe genötigt werden, die Sache als reine deutsche Bundessache lebendig aufzufassen und **kriegerische Massregeln des deutschen Bundes** gegen die Barbaresken beschliessen und ausführen zu helfen". Helfe das nicht, müsse man sich entweder an Spanien oder die Niederlande anschliessen, oder, wenn auf diese nicht zu rechnen, Unterhandlungen mit den Vereinigten Staaten von Amerika anknüpfen, ihnen einige bewaffnete Schiffe zu ihrer Flottille liefern und dahin streben, in ihren Frieden mit den Barbaresken aufgenommen zu werden. „In dem einen wie dem andern Falle", meinte aber zum Schluss Smidt, „dürften wir übrigens wohl im Voraus zu überlegen haben, quid valeant humeri, quid ferre recusent. Denn thun wir unsern Mund weit auf, so muss die That schnell nachfolgen, und wir dürfen dann nicht als Träumer, die eine fremde Haut zu Markte tragen wollen, erfunden werden".

Bei einem und dem andern Bundestagsgesandten mag diese kriegerische Auffassung Anklang gefunden haben. Der württembergische Gesandte von Wangenheim äusserte einmal, „dass ihm das Zweckmässigste scheine, dass von dem deutschen Bunde gemeinschaftlich eine Seerüstung gemacht werde, wozu die Seestaaten in grösserem Verhältnisse, aber auch alle übrigen beytragen müssten"; er hielt die Herstellung eines Einverständnisses nicht für so schwierig, wenn nur gleich mit dem Antrage ein Kostenüberschlag vorgelegt werde[3]). Smidt wurde wiederholt von Frankfurter Kollegen befragt, was denn wohl die Ausrüstung und Erhaltung von 6 Fregatten und ebenso vielen Briggs kosten werde; er liess sich darauf

---

[1]) Vertraul. Sitzung vom 15. Dez., offene vom 22. Dez. 1817 (Bericht von Gries vom 17. Dez. 1817).

[2]) Bericht vom 12. August 1817.

[3]) Bericht von Gries 7. Dez. 1817.

von dem Schiffbauer Franz Tecklenborg einen Anschlag machen; in 6 - 8 Monaten konnten darnach an der Weser 3 Corvetten und 3 Briggs' völlig segelfertig geliefert werden und zwar zum Preise von 2—300 000 Thalern.

Aber das bundestägliche Deutschland schwang sich nicht zu solchen Extravaganzen, wie eine Flotte gewesen wäre, auf. —

Da man in Frankfurt auf eigene deutsche Schritte Verzicht zu leisten schien, gewannen neben den Londoner Konferenzen, auf die der Bundestag ja verwiesen hatte, auch die Anerbietungen anderer Mächte für die Hansestädte grössere Bedeutung. Solange man vom Bundestag noch etwas erwarten zu dürfen glaubte, hatten sich die Städte in ehrfurchtsvollem Respekt vor seiner Autorität von Schritten fern gehalten, die der Aktion am Bundestag irgendwie hinderlich sein konnten.

Unter den fremden Anerbietungen spielte der Beitritt zu dem spanisch-niederländischen Bündniss, das wir schon mehrfach erwähnt haben, eine gewisse Rolle. Dies Bündnis[1]) war am 10. August 1816 abgeschlossen worden, bezweckte eine Defensive gegen die Raubstaaten und sah den Schutz der beiderseitigen Schiffahrt durch Kriegsschiffe und Convoyen und die Errichtung von Kreuzerstationen an den Küsten der Berberei vor.

Im August 1817 lud nun die spanische Regierung die Hansestädte zum Beitritt zu diesem Vertrage ein; allerdings nicht ganz formell; die Einladung bestand darin, dass bei Gelegenheit der Korrespondenz über die Befreiung der Mannschaft eines hamburgischen von Tunesern genommenen Schiffes der spanische Minister dem hanseatischen Ministerresidenten in Madrid, Provost, schrieb, dass für den hansestädtischen Handel es wohl eine bessere Garantie bieten würde, wenn die Städte jenem Bündnis beiträten[2]). Die Senate, denen Provost dies mitteilte, zeigten sich aber dem Beitritt zu jenem Bündnis nicht geneigt. Mehrere Mächte, wie Dänemark, Schweden, Sardinien, hatten die Beteiligung abgelehnt; England sah den Vertrag mit scheelen Augen an. Bei allen diesen Mächten fürchtete man anzustossen; auch besorgte man, sich dadurch den Weg der Unterhandlung mit den Barbaresken, der doch immer offen zu halten war, abzuschneiden[3]).

---

[1]) Gedruckt bei Lagemans, Rec. d. traités concl. p. le Roy. des Pays-Bas I. 188.

[2]) Provost an Curtius 1817. Aug. 11.

[3]) v. Sienen an Curtius 1817. Sept. 11.

Uebrigens bot auch der Vertrag nach der Ansicht Hamburgs wenig Vorteile: von Sicherheitsmassregeln ausserhalb des Mittelländischen Meeres und gegen Marokko ist in ihm nicht die Rede; die Kreuzerstationen standen auf dem Papier.

Namentlich hatte man aber zu Spanien sehr wenig Vertrauen in dieser Frage; noch kürzlich hatte man mit dieser Regierung bei der Wegnahme des bremischen Schiffes Leda, das von einem tunesischen Kaper nach dem spanischen Hafen Corunna aufgebracht worden war, merkwürdige Erfahrungen gemacht[1]).

Zu der Convoyrung durch niederländische Schiffe, wie sie Syndikus v. Gröning vorschlug, hatte Hamburg ebenso wenig Vertrauen.

So unterblieb denn jede Beteiligung an jenem Bündnis; und man liess sich auch von dem niederländischen Gesandten in London nicht umstimmen. —

Eben so wenig Gutes wie die Frankfurter Verhandlungen brachten den Hansestädten die Londoner Konferenzen; in beiden wurde viel geredet und geschrieben und wenig gehandelt. Colquhoun hatte am 24. Juli 1817 eine Note Lord Castlereaghs erhalten, die nur erklärte, dass in Veranlassung der bevorstehenden Vereinbarung mit andern Mächten hoffentlich bald dem Handel der Hansestädte grössere Sicherheit zu Teil werden würde. Dies bedeutete ja nun gar nichts.

Colquhoun stellte deshalb im September den Senaten anheim,[2]) ein gemeinschaftliches Schreiben an den Prinz-Regenten zu richten, um von diesem nicht nur eine auf die Befreiung der hanseatischen Prisen und Matrosen hinzielende Autorisation an die britischen Konsuln bei den Raubstaaten, sondern auch eine Zusicherung hinsichtlich der Beschleunigung der Verhandlungen zwischen den Mächten zu erhalten. Das letztere unterblieb aber, weil man das englische Ministerium durch diese Mahnung zu verstimmen fürchtete. Doch befahl letzteres seinen Konsuln, sich für die Befreiung aller hansischen Seeleute zu verwenden.

Auch ersuchte Colquhoun den türkischen Gesandten in London,[3]) er möge seiner Regierung die Feindseligkeiten der Barbaresken schildern und sie um Vermittlung bitten, damit der Unfug ein Ende nehme; oder die Pforte möge ihrem Gesandten in London

---

[1]) v. Gröning an Curtius 1817. Aug. 12.
[2]) von Sienen an Curtius 1817. Sept. 26.
[3]) 10. Oktober 1817.

Vollmacht erteilen, den hanseatischen Schiffen schützende Pässe zu gewähren, eventuell gegen Zahlung für jede Reise. Hierauf scheint Antwort nie erfolgt zu sein.

Ueberhaupt aber entwickelte Colquhoun eine grosse Thätigkeit; er bestürmte die englische Regierung und die bei ihr beglaubigten Diplomaten schriftlich mit Noten und mündlich mit Unterredungen und verfehlte nicht, eingehend darüber an die Hansestädte zu berichten.

Viel setzte Colquhoun aber nicht durch; am wichtigsten war die Verwendung der englischen Consuln für die Gefangenen. Das war aber kein radikales Heilmittel, wie die Hansestädte es erstrebten.

Es zeigte sich sehr bald, dass von den Londoner Konferenzen eine gründliche Erledigung der Sache nicht zu erwarten war. Die grossen Mächte konnten sich nicht einigen und die kleinen hatten das Nachsehen. Alle die schönen Hoffnungen, die selbst von sehr einsichtigen Leuten gehegt waren, schwanden dahin. Noch im Februar 1818 hatte Smidt geschrieben: „Es würde jetzt wohl darauf hinauskommen, dass England, Oestreich, Russland und Preussen zuvörderst gemeinschaftlich eine Flottille zum beständigen Kreuzen gegen die Barbaresken ausrüsten und dann die übrigen seehandelnden Staaten auffordern würden, ihren desfallsigen Tractat zu accediren und durch verhältnissmässige Beiträge an Schiffen und Geld an der Anstalt Theil zu nehmen." Das waren Luftschlösser eines Mannes, der, von jeher ein Idealist, zu gut dachte von seiner Zeit. Wenige Monate darauf, im Juni, berichtete Colquhoun, dass künftige Massregeln gegen die Barbaresken bis zu der bevorstehenden Fürstenzusammenkunft in Aachen verschoben seien. Aber auch in Aachen kam hinsichtlich der Barbareskenfrage nichts zu Stande, was den allgemeinen Interessen nützen konnte[1]).

Noch während der Tagung des Aachener Kongresses trat an die Hansestädte ein Anerbieten heran, das geeignet schien als Mittel, endlich das Ziel zu erreichen. Mitte Oktober 1818 richtete der englische Resident bei den Hansestädten, Cockburn, Noten an die Senate, in denen er folgendes mitteilte: Er habe Befehl von seinem Hofe, sie zu benachrichtigen, dass der Pascha von Tripolis dem englischen Consul daselbst seine Geneigtheit kundge-

---

[1]) vgl. Stern, Geschichte Europas I. 473f.

geben habe, mit verschiedenen europäischen Mächten, unter denen die Hansestädte besonders genannt wurden, Frieden zu schliessen. Die britische Regierung habe sofort ihren Vertretern am Mittelländischen Meere Ordre erteilt, auf jede Weise diese günstige Gesinnung des Paschas zu pflegen, um ein befriedigendes Resultat zu erzielen. Doch sei vorläufig noch Diskretion zu empfehlen.

Dieser beachtenswerte Vorschlag fand bei den Hansestädten nur geringen Beifall. Lübeck dankte und erklärte, es wolle zunächst die allgemeinen, vom Bund und den Mächten vorbereiteten Massregeln abwarten, auch auf Separatverträge nicht eingehen[1]. Bremen lehnte ebenfalls ab[2]). Syndikus v. Gröning schrieb am 22. Oktober an Curtius: Verträge mit den Barbaresken gewährten überhaupt keine Sicherheit; auch würden Friedensunterhandlungen, die doch nur mit Tributen endigten, unserem Verhältnis zum deutschen Bunde und den daselbst gestellten Anträgen zuwiderlaufen.

Auch Hamburg lehnte den englischen Antrag mit höflichen Worten ab; doch erhellt aus dem Berichte, den der Senat durch Syndicus v. Sienen[3]) nach Lübeck ergehen liess, dass seine Motive und Stellungnahme sich wesentlich von denjenigen der Schwesterstädte unterschieden. Es sei zunächst sehr bedenklich, schreibt v. Sienen, die englische Regierung, deren Verwendung man früher angerufen habe, zu verstimmen. „Eine Aufstellung einer deutschen Bundesflotte zur Sicherung dürften wir schwer erleben"; und wenn fremde Hülfe in Betracht käme, sei die englische jedenfalls die wirksamste. Von Erkaufung eines Friedens stehe in der englischen Note nichts; darauf würde sich auch Hamburg schwerlich einlassen, am wenigsten wenn nicht ein Friede mit allen Raubstaaten zu Stande käme. „Man nimmt diesseits die Sache so, dass es Englands Absicht sey, durch dessen Einfluss auf die Regierung zu Tripolis den Hansestädten Frieden mit diesem Raubstaat ohne Aufopferung von ihrer Seite zu verschaffen". Nur Erkaufung eines Friedens könne als mit den beim Bundestag und den Mächten geschehenen Schritten contrastierend angesehen werden. Namentlich aber gab v. Sienen der Ansicht Ausdruck, dass jene Schritte unmöglich dahin ausgelegt werden könnten, als ob man nun ausschliesslich durch die Bundesversammlung oder durch Vereinigung der Mächte zum Ziel kommen wolle. Bei der Langsamkeit

---

[1]) Lüb. Senat an Cockburn 24. Okt. 1818.
[2]) Brem. Senat an Cockburn 22. Okt.
[3]) an Curtius 26. Oktober.

des Bundes könne es nicht missdeutet werden, wenn man sich wenigstens interimistisch anderweitig zu sichern suchte. Spätere Thatsachen haben dem hamburgischen Standpunkt Recht gegeben. Aber man setzte noch immer seine Hoffnung auf gemeinsame deutsche Schritte. Smidt billigte die Ablehnung des englischen Anerbietens durchaus; u. A. auch weil die Unterhandlung und der Friede mit Tripolis den Hansestädten mindestens 25 000 Thaler kosten werde [1]).

Immer und immer mahnte er wieder an eine Ausrüstung von Kriegsschiffen durch die Hansestädte; sei diese erfolgt, so würden ihre Anträge und Bitten gleich ein weit besseres Ansehen erhalten und die ganze öffentliche Meinung erobern. „Fassen wir keinen Entschluss der Art, so bleiben wir fortwährend in der Position des Mannes, der von Jerusalem nach Jericho wanderte, Priester und Leviten gehen schweigend und gefühllos an uns vorüber, und wir können sehr leicht noch ein Jahrhundert vergebens warten, ehe uns ein barmherziger Samariter erscheint". Könnten die Hansestädte sich als Staaten nicht dazu vereinigen, so lasse sich der Anfang vielleicht mit einer Privatassociation von Bürgern der Städte machen, „die klein anfängt und allmählig dahin erwächst, dass die Staaten sich dann derselben gern annehmen und sie sich aneignen". Er schlug eine „gemeinschaftliche Assecuranz-Compagnie gegen Barbareskengefahr" vor. Oldenburg, Mecklenburg u. A. würden bei dieser Gesellschaft ihre Schiffe versichern lassen. Und die Gesellschaft lasse dann die Kriegsschiffe bauen. „Haben wir 1813 die alte Waffenscheu zu Lande glücklich besiegt, warum sollte sie denn auf dem Meere permanent bleiben müssen?" Am Besten sei, man folge dem Grundsatz: „Greif an das Werk mit Fäusten". In dem Lübecker Capitän Schumann und seinen Matrosen, die vor Kurzem sich mannhaft gegen die Seeräuber gewehrt und mehrere derselben über Bord geworfen hatten, sah Smidt die „Cadre zu einer Schaar hanseatischer See-Todtenköpfe"; aus dieser Schule könnten hanseatische Tromps, Ruyters, Jean Barts und Paul Jones hervorgehen. Lasse man aber den günstigen Augenblick vorübergehen, „so haben wir eine Schäferstunde versäumt, deren die Geschichte unserer kleinen Staaten kaum alle Jahrhunderte einmal darbieten mag". Dieser Appell an die alte hansische Seetüchtigkeit verhallte ebenso wirkungslos wie der früher von Baden aus-

---

[1]) Bericht Smidt's 28. Oktob. 1818; aus ihm auch das Folgende.

gegangene. Diese Vorschläge Smidts scheinen in den Hansestädten nie ernsthaft erwogen worden zu sein.

Dagegen fanden die Smidt'schen Ideen, sowohl soweit sie die Gründung einer Kriegsflotte betrafen, als auch namentlich sofern sie auf die Errichtung einer Privat-Association und die Bearbeitung der öffentlichen Meinung sich erstreckten, wenigstens teilweise damals eine Verwirklichung in den Bestrebungen des „Antipiratischen Vereins"; ein ursächlicher Zusammenhang zwischen beiden, den Smidt'schen Ideen, die auch wohl kaum in weitere Oeffentlichkeit gelangt sind, und der Gründung des Vereins scheint aber nicht bestanden zu haben.

Auf diesen Verein müssen wir hier mit einigen Worten näher eingehen[1]).

Schon seit dem Mai 1818 bemühten sich Joh. Christian Dittmann, der mecklenburgischer Konsul in London war, aber in Hamburg wohnte, und Karl Kreyssing durch Vorstellungen an Regierungen und litterarische Thätigkeit eine Verbesserung der deutschen Schiffahrt und Abstellung der Seeräuberei zu bewirken. Sie fanden in Hamburg bei hochangesehenen Rhedern und Kaufleuten Unterstützung und richteten Aufrufe an die Rheder und Kaufleute der anderen Seeplätze an Nord- und Ost-See. Ihre Bestrebungen fanden hier manchen Beifall. Im Herbst 1818 verdichteten sich diese zu der Gründung des „Antipiratischen Vereins" in Hamburg, als dessen Geschäftsführer die beiden Genannten wirkten. Sie waren äusserst thätig, hielten Vorträge und Versammlungen; Kreyssing veröffentlichte ein Buch über den Verein.

Wenn man aus den oft etwas unklaren, allgemein menschenbeglückenden Ausführungen dieser Männer den eigentlich praktischen Kern ihrer Ziele herausschält, so finden wir, dass diese darin bestanden, Mittel zu suchen, um der deutschen Schiffahrt im Mittelländischen Meere aufzuhelfen und die Rhederei zu verbessern. Diese Ziele zu erreichen, sollte entweder für die Flaggen der Glieder des Deutschen Bundes ein Friede mit den Barbaresken unterhandelt werden, oder man sollte, wenn dies schwierig sei, die Kosten von ein paar Kriegsschiffen, die im Mittelmeer zu kreuzen hätten, aufbringen.

Dieses praktische Ziel war gewiss erstrebenswert und nicht durchaus unerreichbar. Die guten Namen, die wir nicht nur unter

---

[1]) vgl. auch Tönnies. a. a. O. S. 188 ff.

den Ehrenmitgliedern, die der Verein zu ernennen sich beeilte, sondern auch unter seinen Vorstandsmitgliedern und sonstigen Freunden, namentlich den Kaufleuten, finden, lassen wohl vermuten, dass sie ihm durch die Aufstellung jener Ziele zugeführt worden sind.

Aber die Zeit der Karlsbader Beschlüsse war Vereinen unter Privatleuten zu öffentlichen Zwecken, und mochten diese noch so vortrefflich sein, wenig hold; am wenigsten solchen Vereinen, die, wie der Antipiratische, ganz offen erklärten, dass von den Kabinetten allein nichts zu erwarten sei.[1]) Den diplomatisch-wohlwollenden Schreiben, die den Geschäftsführern von hohen Staatsbeamten, wie dem Fürsten Hardenberg, dem Grafen Bülow zugingen, folgten bald kühle Ablehnungen. Der Hamburgische Senat liess im Juni 1819 dem Verein, der sich mit der Bitte um obrigkeitliche Genehmigung an ihn gewandt, erklären[2]): dass Er bekanntlich längst sich mit dieser Frage beschäftigt habe und dass allgemeine Massregeln aller europäischen Flaggen demnächst zu erwarten seien, „daher dann ein Verein von Privatpersonen zu desfallsiger öffentlicher Aufregung um so weniger passend erscheine"; eine Genehmigung des Vereins könne der Senat deshalb nicht aussprechen; doch bezweifle er die wohlgemeinten Absichten der Supplikanten nicht; auch bedürfe der Verein nicht der obrigkeitlichen Genehmigung zu Auseinandersetzungen über Gegenstände dieser Art, sofern dabei nicht die Grenzen desjenigen, was Privaten zugestanden werden könne, überschritten würden.

Ebenso lehnte die Lübecker Kommission für Handel und Schiffahrt, an die der Verein sich um Unterstützung gewandt hatte, diese ab und drückte vielmehr den Wunsch aus[3]), „dass für jetzt alle Privatverwendung in Beziehung auf den Barbaresken-Unfug eingestellt und die ganze Thätigkeit darauf beschränkt werden möge, die Folgen der notorisch in solcher Beziehung getroffenen Stipulationen der grösseren Mächte und überhaupt den Stand und Fortgang dieser Angelegenheit sorgfältig wahrzunehmen".

Der Verein liess sich durch diese Abweisungen nicht abschrecken; er wandte sich an den Bundestag, die Senate von Bremen und Lübeck, fand aber überall wenig Gegenliebe. Kreyssing trat im

---

[1]) So, ausser mehrfach in den Drucksachen des Vereins, auch in einem Briefe der Geschäftsführer an Syndic. Curtius 1819. Sept. 10.
[2]) Sen. Prot. 1819. Juni 11.
[3]) 27. Aug. 1819.

Mai 1820 aus und arbeitete dann unter List in Stuttgart[1]); Dittmann gerieth in Vermögensschwierigkeiten. Und ihre Schöpfung, der Verein, dem es an Mitteln fehlte und von dem sich die Kaufleute allmählich zurückzogen, verfiel.

Mag in dem Verein, namentlich wohl durch die Leiter, Manches verfehlt angelegt gewesen sein, so ist es doch sehr bedauerlich, dass die in ihm sich concentrierenden Kräfte nicht für seine vortrefflichen Ziele zusammengehalten und nutzbar gemacht worden sind; etwas Ermunterung von Oben, etwas mehr Selbstvertrauen und Wagemut, etwas weniger Zersplitterung, und als Wichtigstes ein grosser Geldbeutel wären diesem Verein von Nöten gewesen.

Wir haben schon oben gesehen, dass Hamburg nicht Willens war, sich in den seine wichtigsten materiellen Interessen betreffenden Angelegenheiten ganz von der Langsamkeit und Nachlässigkeit der Bundesversammlung abhängig zu machen. Es ist dies ein Standpunkt, ähnlich dem, den Jahrhunderte früher Hamburg wiederholt den gegen sein Interesse laufenden Grundsätzen der verfallenden Hansa gegenüber eingenommen hat; der Standpunkt eines Einzelgliedes, dem man da, wo die Gesammtheit so wenig Kraft, Fähigkeit und Willen zu positivem Schaffen zeigt, seine Berechtigung nicht wird bestreiten können.

Bereits seit Ende 1817 machte sich in Hamburg eine starke Strömung bemerkbar, die auf energische Massregeln gegen die Barbaresken drang. Es waren diesmal die sonst meist sehr zurückhaltenden Oberalten, die in einem Antrage an den Senat[2]) die radikale Ausrottung der Raubstaaten forderten; dies sei eine Idee, die über ganz Europa als etwas jetzt Ausführbares verbreitet sei. Es möge nur keiner der Erste zur Ausführung sein. Die Oberalten schlugen vor, der Deutsche Bund solle dies in die Hand nehmen; und wenn Deutschland bestimmt sei, diese Coalition der Mächte zu vermitteln, warum sollte denn nicht Hamburg auf dem Bundestag die Sache zuerst anregen? Es sei eine Angelegenheit der Seefahrt und des Welthandels, und für solche Dinge würden die Hansestädte als Fürsprecher und Anwälte angesehen.

---

[1]) Dittmann hielt es für gut, als er am 14. März 1821 ein Schreiben an den Hamb. Senat richtete, darin zu bemerken: „dass ich durchaus nichts mit dem Handels- und Gewerbsverein [der bekannten, viel angefochtenen Schöpfung List's] zu schaffen habe oder mit demselben in Verbindung stehe."

[2]) Vom 8. Dez. 1817.

Der Senat war zunächst anderer Ansicht; er befürchtete verstärkte Erbitterung der Barbaresken gegen Hamburg, hielt die Ausrottung überhaupt und eine Blokade im besonderen für schwer durchführbar. Dagegen sprach er sich entschieden für „eine Vereinigung abseiten der Mitglieder des deutschen Bundes zu einer gemeinschaftlichen Seerüstung" aus, an der eventuell auch nichtdeutsche Staaten teilnehmen könnten.[1] Da die Oberalten aber weiter drängten und die Gründe des Senats nicht für stichhaltig ansahen,[2] wurde Gries um seine Ansicht befragt. Dieser schrieb darauf[3]: ein Antrag auf direkte Unternehmungen gegen die Barbaresken beim Bundestag werde wohl nicht erfolgreich sein, „wenn es gleich keineswegs übel aufgenommen werden würde, und dem Staate, von welchem er ausgeht, in der öffentlichen Meinung nicht anders wie vortheilhaft sein könnte." Aber man hoffte damals ja immer noch von den grossen Mächten; deshalb wurde die Sache vorläufig vertagt.

Ein ganzes Jahr wurde gewartet; die Londoner und Aachener Verhandlungen sah man, in dieser Sache wesentlich ergebnislos, enden. Da erklärten am 1. März 1819 die hamburgischen Commerzdeputierten dem Senat, es wäre doch „unverantwortlich", wenn man sich noch länger mit Hoffnungen auf fremde Hülfe und den Bundestag hinhalten lasse, „und inzwischen den gemeinnützigsten Zweig des städtischen Gewerbes gänzlich verdorren lassen wollte." Von anderen Staaten, davon seien sie überzeugt, lasse sich vorläufig nichts mehr erwarten. Es bleibe nur direkte Unterhandlung mit den Raubstaaten übrig; da die hierzu erforderlichen Kosten von den Assekuradeuren abgelehnt seien, müsse man öffentliche Mittel dafür aufwenden, „denn die Aufrechthaltung der Schiffsrhedereien ist eine allgemeine Stadtsache", wenn auch in der Folge die Rheder wohl ein mässiges Lastgeld bewilligen würden.

Auf Verträge wollte der Senat sich aber noch immer nicht einlassen[4]; er fand in dieser Hinsicht die Oberalten auf seiner Seite; eine separate Friedensunterhandlung, erklärten letztere[5], scheine ihnen ebenso unthunlich, als erfahrungsmässig zwecklos. Der Senat bezweifelte, ob solche Verträge der hansestädtischen Rhederei und Schiffbauerei grossen Nutzen bringen würden; er

---

[1] Senatsprot. 22. Dez. 1817.
[2] An den Senat 2. Januar 1818.
[3] Frankfurt 28. Januar 1818.
[4] Senatsprot. 12. März 1819.
[5] 17. März 1819.

wies auf Dänemark und Holland hin, die mit den Barbaresken im Frieden lebten und dennoch über Abnahme ihrer Frachtfahrt und ihres Schiffsbaues klagten.

Dagegen wollte der hamburgische Senat nun nochmals versuchen, etwas beim Bundestag zu erreichen. Gries wurde im März instruiert[3]), beim Bundestag darauf anzutragen, es möge dieser nun nicht mehr, wie bisher, allein sein Augenmerk darauf richten, wie den Bundesstaaten Sicherheit gegen die Barbaresken durch dritte Mächte geschaffen werden könne, sondern dass zugleich, im Wesentlichen nach dem früheren Votum Badens, es in Erwägung komme, dem deutschen Handel durch Vereinigung der Bundesstaaten unter sich zu angemessenen Seerüstungen jene Sicherheit zu erwirken; zugleich sollte eine Vereinbarung hinsichtlich der Kosten eingeleitet werden.

Gries sollte die Gesandten der drei andern freien Städte zu einem gemeinsamen Antrage auffordern, eventuell aber auch allein für Hamburg vorgehen; er sollte ferner die Sache möglichst beschleunigen, damit Missdeutungen, die ein längeres Stillschweigen in dieser wichtigen Angelegenheit veranlassen könne, vermieden würden.

Auf Smidt's Wunsch, erst Instruktionen von Bremen und Lübeck abzuwarten, ging Gries desshalb nur ungern ein.

Uebrigens war Gries persönlich nicht dafür, aus der Sache eine gemeinschaftliche Bundesangelegenheit zu machen; er riet zu der Wiederherstellung einer hansestädtischen Marine und meinte, erst wenn diese geschaffen, könne man mit den andern Bundesstaaten sich besser gegen die Barbaresken zu einer bewaffneten Coalition vereinigen[2]).

Das hatte ja früher auch schon Smidt geäussert. Der Plan Hamburgs bezweckte dagegen eine Beteiligung des ganzen Bundes an Seerüstungen. Thatsächlich war der Unterschied nicht so gross; auf die Dauer hätte sich auch der Bund wohl der Hansestädte, wenn diese rüsteten, annehmen müssen.

Smidt sympathisirte denn auch vollkommen mit dem hamburgischen Antrage; es möchte, so schrieb er[3]), den Hansestädten nötiger denn je sein, durch öffentliche Betreibung nationaler An-

---

[1]) v. Sienen an Gries 1819. März 17.
[2]) Prot. d. Oberalten 1819. April 7.
[3]) an Curtius 24. April.

gelegenheiten am Bundestage die Meinung für sich zu gewinnen. Namentlich aber wegen der in jenem Antrage enthaltenen Kostenfrage glaubte er erst Instruktionen abwarten zu sollen.[1])

Die Antwort Bremens und Lübecks ging dahin, dass, falls überhaupt ein solcher Antrag gestellt werde, er nur allgemein gehalten sein dürfe. Von Erwähnung der Beiträge, von Anerbietungen zu Ausrüstungen wollte Lübeck gar nichts wissen[2]), Bremen es möglichst vermeiden.

Gries bestand aber auf genauer Ausführung des ihm von Hamburg erteilten Auftrages, in dem gerade die Kostenfrage die Hauptsache war; und Smidt hätte sich schliesslich für Bremen an Gries angeschlossen. Denn Hamburg allein seinen Weg gehen zu lassen, hielt er für sehr bedenklich. Darin ist sich Bremen gegenüber hamburgischen Schritten in der Barbareskenfrage nie untreu geworden. Wenn Smidt auch in der grossen Eile, die Gries zeigte, einen Beweis von der „hamburgischen Absonderungslust von den anderen Hansestädten[3])" deutlich zu erkennen wähnte, so urteilte er doch, dass Ehre und Interesse der letzteren geböte, Hamburg zu folgen. „Hamburg hat ohnehin immer mehr die Meinung gehabt, sich quovis meliori modo mit den Barbaresken freundschaftlich zu setzen; es scheut Alles, was die Hansestädte in der deutschen Verbindung ostensibel macht. In dieser Sache wollte es nun einmal etwas, und die beiden andern Städte zeigten sich ihm hinderlich. Wird es uns das nicht über kurz oder lang zu vergelten suchen, wird es nicht künftig, ohne uns Part davon zu geben, mit dergleichen Anträgen hier direkt und einseitig herausgehen?"[4]).

Wenn diese Worte hierher gesetzt werden, so geschieht es nicht, weil sie in jeder Beziehung berechtigt erscheinen; aber sie gewähren ein Stimmungsbild.

Dann unterblieb aber schliesslich diese ganze Aktion beim Bundestage; noch im April wurde Gries instruiert den Antrag vorläufig nicht zu stellen. Mit grossen Erwartungen war übrigens der hamburgische Senat von vornherein nicht an diese Aktion herangetreten[5]).

---

[1]) Smidt an Gries 27. März.
[2]) Curtius an Smidt 6. April.
[3]) Smidt an Curtius 27. März 1819.
[4]) Smidt an Curtius 24. April 1819.
[5]) Sen. Prot. 8. März 1819.

Aber nicht desshalb wurde sie unterlassen; im Gegenteil schrieb der Senat noch am 19. April nach Lübeck, dass er einen Antrag auf Rüstungen der Bundesstaaten zur Sicherung gegen Seeräubereien im Allgemeinen und namentlich auch die südamerikanischen Insurgenten für sehr angemessen halte. Wenn trotzdem davon abgesehen wurde, so geschah das, weil sich eine Aussicht eröffnete, auf wirksamere Weise zu dem lang erstrebten Ziel zu kommen.

Im April 1819 erhielt Colquhoun eine Note des englischen Ministeriums mit der Mitteilung, dass durch Vermittlung des Gouverneurs von Malta, Maitland, ein Friede zwischen Tripolis einer — und dem Papst und Toskana andrerseits abgeschlossen sei; ferner, dass der Pascha von Tripolis Maitland die schriftliche Erklärung gegeben habe, dass er auch mit den Hansestädten bereit sei, Frieden zu schliessen. Die englische Regierung stellte den Hansestädten anheim, sich ihrer Vermittlung zu bedienen.

Colquhoun riet den Senaten dringend, auf dieses Anerbieten einzugehen; sie möchten nur an den Prinz-Regenten schreiben und seine Vermittlung nachsuchen.[1]

Alle drei Senate waren bereit auf diese Verhandlung einzugehen. Hamburg brach, wie wir gesehen, die vorbereitete Aktion am Bundestag schnell ab. Die Oberalten billigten diese Abschwenkung; nur eine Minderheit derselben meinte, „dem deutschen Bunde gebühre mehr Vertrauen als der englischen Regierung", und sprach sich gegen Verträge mit den Barbaresken aus[2].

Colquhoun wurde instruiert, seine Bemühungen dahin auszudehnen, dass diese Verhandlungen auch auf die anderen Raubstaaten sich erstrecken möchten. Der Befürchtung, sich zu jährlichen Tributen verstehen zu müssen, glaubte man ledig zu sein[3], da die vorliegenden tripolitanischen Verträge darüber nichts enthielten. Lübeck betonte ausdrücklich, dass es sich auf Jahrestribute und dgl. nicht einlassen werde[4].

Jede Stadt richtete nun ein Schreiben an den Prinz-Regenten. Am 27. Mai antwortete Castlereagh Colquhoun mit einer kurzen Note, in der er mitteilte, dass ein allgemeiner Appell in dem von

---

[1] Colquhoun an Curtius und an v. Sienen 6. April 1819; Hamb. Sen. Prot. 1819. April 14. u. 16.

[2] Oberalten-Prot. 1819. April 19.

[3] Hamb. Senat an Lüb. Senat 1819. April 19.

[4] Curtius an Colquhoun 1819. April 24.

den Städten gewünschten Sinne seitens Englands und Frankreichs im Namen und auf Ersuchen des Aachener Kongresses an die Barbareskenstaaten im Begriff sei zu ergehen.

Von den tripolitanischen Verträgen ist nicht die Rede; die ganze Anregung verlief im Sande; die Hansestädte hatten einmal wieder das Nachsehen. Sie hatten sich von Schritten am Bundestag abgewandt, von denen wohl nicht viel Erfolg zu erwarten war, die aber doch in der öffentlichen Meinung ihnen genützt haben würden. Nun liess sie der, der sie abrief, in Stich. Denn der Hinweis auf die allgemeinen Massregeln, die nichts wirkten, hatte keinen Wert.

Preussen suchte sich damals selbst zu helfen, indem es den Kaufmann Pütter nach Spanien schickte, um Verhandlungen mit den Barbaresken anzuknüpfen[1]). Die Hansestädte aber standen isoliert; Verhandlungen, die Colquhoun im Jahre 1820 mit dem preussischen Gesandten in London, Baron Maltzan, führte, blieben ebenso resultatlos wie eine abermalige Note an Castlereagh.

Immer dringender wurde der Wunsch, dem Barbaresken-Unwesen durch eine gründliche Zerstörung ihrer Staaten ein Ende zu machen[2]).

Mit Marokko hatten die Hansestädte lange keine Berührung gehabt; während die andern Raubstaaten durch ihre Kapereien in den letzten Jahren den Hansestädten sehr lästig gewesen waren, hatten sie weniger von Marokko gelitten. Die mehr denn je dies Land erfüllenden inneren Kämpfe mögen hierzu beigetragen haben.

Mitte November 1821 hatte Kaiser Mulay Soliman über seinen Nebenbuhler triumphiert und sich nach Tanger begeben. Hier empfing er die Besuche und üblichen Geschenke der fremden Consuln, wobei er seinen friedlichen Absichten Ausdruck zu geben nicht verfehlte; er befahl sogar, dass das von seinem Vorgänger gekaufte Kriegsschiff wieder verkauft werden sollte.

Die Hansestädte als Gesamtheit hatten keinen Konsul in Tanger; dagegen wurde Hamburg noch immer von dem oben erwähnten Colaço vertreten; noch im Sommer 1821 war ihm das rückständige Gehalt für mehrere Jahre ausgezahlt; die Kommerzdeputierten hatten sich gegen die Aufhebung des Postens ausgesprochen, „weil

---

[1]) vgl. Zimmermann a. a. O. S. 120 ff.
[2]) vgl. z. B. Polit. Journal 1820. I. S. 32.

man nicht wissen kann, wie bald man wieder Jemanden dort braucht"¹).

Schon bald traf dies zu. Als Colaço von der friedlichen Gesinnung des neuen Kaisers Kenntnis erhielt, glaubte er keine Zeit verlieren zu dürfen; obwohl jeglichen Auftrages ermangelnd, schloss er schnell für die Hansestädte einen Vertrag, nicht nur für Hamburg, Bremen und Lübeck, sondern auch eventuell für Frankfurt, und zwar gegen einen von jeder dieser Städte zu leistenden Jahrestribut von 2000 Piastern. Ausserdem gab der Kaiser Colaço den Wunsch zu erkennen, in den Besitz von zwei hübschen Caffeeservicen zu kommen, deren einzelne Erfordernisse genau geschildert wurden. Übrigens stand jeder einzelnen Stadt frei, dem Vertrage beizutreten oder nicht.²)

Unter dem 26. November 1821 erklärte der Kaiser schriftlich sein Einverständnis mit einem solchen Übereinkommen; die Zahlung der genannten Summe wurde in diesem Schriftstück³) ausdrücklich als Bedingung genannt.

Colaço glaubte mit dem Vertrage den Hansestädten einen wichtigen Dienst geleistet zu haben; solange sie, meinte er, mit den andern Raubstaaten auf dem Kriegsfuss ständen, wäre es für sie sehr wichtig und wertvoll, wenigstens mit Marokko Frieden zu haben.

Die Kunde von diesem Vertragsschluss fand bei den Städten eine recht verschiedene Aufnahme. Lübeck und Bremen verhielten sich ablehnend Dass Frankfurt von der Sache nichts wissen wollte⁴), ist begreiflich. In Bremen hatte die Handelskammer wenig Neigung auf den Vertrag einzugehen; doch meinte sie, wenn Hamburg es thäte, dürfe man die Sache doch nicht ganz von der Hand weisen, obgleich der Friede mit einem Raubstaat wenig nütze.⁵)

Vertrauensvoller widmete man sich in Hamburg dieser Sache, diesmal vielleicht etwas zu sanguin. Hier war der Gedanke an

---

¹) Senats-Prot. 1821. Aug. 15.
²) Nach Bericht Brunetti's, Madrid 20. Dezemb. 1821 (Comm. Dep. Prot.).
³) Gedruckt bei A. Schäfer, Verhandlungen der Hansestädte mit dem Sultan v Marocco, in v. Sybel's Histor. Zeitschrift XXII. S. 67 f. Schäfer benutzte nur das Bremer St. Archiv, wodurch sich mehrere wesentliche Lücken und Irrtümer seiner Darstellung erklären; ich enthalte mich, im Einzelnen auf jene einzugehen.
⁴) Hamb. Senatsprot. 1823. Febr. 17.
⁵) Bürgermeister Smidt 11. Februar und 19. März 1822.

Wiederherstellung des Friedens mit Marokko niemals gänzlich aufgegeben worden.[1]) Die Commerzdeputierten, die ja seit langer Zeit schon auf Verträge gedrungen hatten, empfahlen die Annahme des nun endlich geschlossenen dringend[2]); sie verglichen mit ihm den Vertrag von 1805 und wiesen auf die grössere Wohlfeilheit des jetzigen Vertrages hin. Ein Zusammengehen mit den Schwesterstädten schien ihnen empfehlenswert.

Doch blieb auch in Hamburg das Eingehen auf diesen Vertrag nicht ohne Widerspruch. Im Senat schien Manchem die Sache bedenklich, so namentlich dem Bürgermeister Bartels; Syndikus Oldenburg aber, zu dessen Ressort diese Angelegenheit gehörte, war entschieden dafür und drang durch mit seiner Ansicht.[3]) Die stärkste Opposition ging von den Oberalten aus; sie erklärten sich am 6. März einstimmig gegen einen Tribut an Marokko und legten in einem Antrag an den Senat[4]) ihre Gründe dar: Marokko sei in Anarchie; ein Friede mit diesem Lande sei bei fortdauernder Feindschaft der andern Raubstaaten nutzlos; ob Colaço zu trauen, sei zweifelhaft. Die Oberalten verwiesen den Senat wieder an den Deutschen Bund; von England, dessen Beihülfe doch wieder in Betracht kommen werde, solle man nicht zu viel erwarten.

Der Senat liess sich durch die Oberalten von dem Fortschreiten in der Verhandlung nicht abhalten; sie erhielten erst am 17. Februar 1823 eine Antwort, in der der Senat erklärte, er wisse nicht, wie man den Bundestag zu zweckdienlichen Schritten bewegen könne; er halte eine Einigung desselben in dieser Sache für unmöglich u. s. w. Die Oberalten blieben auch nach dieser Antwort bei ihrer Ansicht.[5])

Inzwischen war der Resident Brunetti in Madrid von Hamburg beauftragt worden, die Kaffeeservice zu besorgen. Lübeck, Bremen, Frankfurt und Preussen wurden eingeladen, sich an dem Vertrage zu beteiligen; doch beschloss der Hamburger Senat, den Frieden für Hamburg anzunehmen, unabhängig von den seitens jener Staaten zu nehmenden Beschlüssen.[6])

---

[1]) Hamb. Senat an Oberalte 1822. Febr. 20.
[2]) An Senat 8. Febr. 1822.
[3]) Bartels an Synd. Gütschow 1824. Juli 6; Gütschow an Pauli 1825. Febr. 11.
[4]) 11. März 1822.
[5]) An Senat 1823. März 3.
[6]) Senatsprot. 1822. Febr. 11. und 18.

Es verging fast ein Jahr, bevor man wieder von der Sache hörte. Ende Dezember 1822 präsentirte Brunetti eine Rechnung für die Kaffeeservice.[1]) Zugleich kam aber die Nachricht, dass in Marokko wieder einmal ein Thronwechsel eingetreten war. Mulay Abderrahman hatte den Thron bestiegen und sogleich auch seine friedliche Gesinnung kundgegeben. Nun meldete sich auch Colaço wieder mit dem Anerbieten, Verhandlungen einzuleiten. Bremen und Lübeck hielten sich, wie bisher, noch zurück. Der Hamburger Senat beschloss aber am 21. Februar 1823, Colaço zum Abschluss mit dem neuen Kaiser zu autorisieren; die Zusendung der Service wurde ihm in Aussicht gestellt und ihm ein ganz stattlicher Credit eröffnet.

Im Herbst 1823 hörte man aber, dass Colaço, der sich zuletzt in Lissabon aufhielt, geisteskrank geworden, und die Kaffeeservice zerbrochen daselbst angekommen waren; Colaços Gattin behelligte den Senat noch einige Zeit mit allerlei Ansprüchen.

Wenn man nun auch Colaço, seine Anträge, das Kaffeeservice und eine Summe Geldes los war, so entledigte man sich Marokkos nicht so leicht. Schon im Mai 1824 hatte Lindenberg aus Lissabon berichtet, dass ein marokkanisch-hamburgischer Vertrag zustande gekommen sei und dass der Kaiser Bremen und Lübeck auffordere, diesem Vertrage beizutreten. Im Juli erhielt man in Hamburg Abschriften von zwei angeblichen Schreiben des Kaisers vom 19. April an den Senat, in denen jener den von seinem Vorfahr an Hamburg bewilligten Frieden zwar bestätigte, zugleich aber den für die verflossenen 2½ Jahre verfallenen Tribut von zusammen 5000 Pesos forderte.[2]) Man war in Hamburg bereit, diese Summe zu bezahlen, unter der Voraussetzung, dass man glaubhaft überzeugt würde, dass der Friede zwischen Marokko und Hamburg wirklich erneuert worden sei.[3]) Was in dieser Beziehung von Frau Colaço mitgeteilt wurde, ward als Prellerei angesehen[4]); mit dieser Frau wollte man überhaupt nichts zu thun haben.

Lübeck lehnte den Beitritt zu dem angeblichen Vertrage rundweg ab[5]); Bremen sah der Entwicklung der Dinge abwartend zu.

---

[1]) Senatsprot. 1823. Febr. 5.
[2]) Senatsprot. 1824. Juli 14.
[3]) Senatsprot. 13. Aug. 1824.
[4]) Bartels an Gütschow 6. Juli 1824.
[5]) Curtius an Lindenberg in Lissabong 9. Au. 1824.

Im November 1824 berichtete sogar der dänische Generalconsul in Tanger, Schousboe, an seine Regierung über diese Angelegenheit. Ein Agent des Kaisers, Macnin, hatte sich an ihn mit dem Ersuchen gewandt, Bremen und Lübeck von der Lage der Sache Kenntnis zu geben und ihnen mitzuteilen, dass der Kaiser von ihnen den schuldigen Tribut von im Ganzen 7000 Piastern verlange [1]). Hierauf reagierten weder Lübeck noch Bremen [2]); sie hatten auch, wie wir gesehen, gar keine Veranlassung dazu. Auch Hamburg wandte nun der ziemlich unerquicklichen Angelegenheit den Rücken zu, zur grossen Befriedigung Bremens. Smidt [3]) rieth, lieber mit Spanien, Portugal oder den Niederlanden, wenn sie wieder zu eigenen Kräften gekommen, sich zu verständigen und etwas zu ihren Kriegskosten beizutragen, als „jenen schmählichen Tractat" einzugehen.

In Lissabon bemühte sich Lindenberg vergeblich den Originalvertrag zwischen Marokko und Hamburg, der angeblich abgeschlossen sein sollte, aufzutreiben. [4]) Noch heute sind wir nicht darüber sicher, ob er wirklich abgeschlossen ist. Es ist aber sehr unwahrscheinlich.

Von Ende 1824 an mehrten sich wieder die Belästigungen, denen die hanseatische Schiffahrt durch die Barbaresken ausgesetzt war. Im Herbst kam die Nachricht, dass algierische Korsaren sich unter hamburgischer Flagge zeigten. Im Herbst des nächsten Jahres hiess es, Marokko rüste und zwar gegen die Hansestädte. Auch die Tripolitaner zeigten sich wieder feindlich; ein hamburgisches Schiff, die „Louise", fiel ihnen als Beute zu; nur mit Mühe verschaffte man ihm wieder die Freiheit. [5]) Im Jahre 1827 wurde wieder ein hamburgisches Schiff, die „Flora", genommen. [6]) Tripolis namentlich zeigte sich damals in hohem Grade unverschämt. Schon als die „Louise" genommen wurde, erklärte der Pascha, er sei bereit, mit Hamburg auf ewig Frieden zu schliessen, gegen Erlegung einer Summe von 3000 Thalern. Später verlangte

---

[1]) Schäfer S. 68 f.
[2]) Gütschow an Pauli in Kopenhagen 11. Febr. 1825.
[3]) an Curtius 2. Febr. 1825.
[4]) Senatsprot. 2. Dez. 1825.
[5]) Com. Dep. Prot. 1824. Nov. 23. 27; 1825. Dezember 5; Tönnies, Chronik des Hamb. See-Assecur. Geschäftes im Jahre 1825. S. 13.
[6]) Tönnies, Chronik u. s. w. im Jahre 1826. S. 145 ff.

er 100 000 Piaster baar und 8000 Piaster jährlichen Tribut.[1]) Nachdem er im Sommer 1826 dem dänischen Generalkonsul Knudsen gegenüber diese Forderung wiederholt hatte, änderte er plötzlich seine Ansicht und erklärte nun letzterem, er halte neue Friedensanerbietungen an Hamburg für unnütz und werde sich zu einem Kreuzzug gegen die hamburgische Flagge rüsten, da seine früheren durch englische Vermittlung an Hamburg gelangten Anerbietungen unbeantwortet geblieben seien; er betrachte es als seiner Würde zuwider, sie gegenüber einem ihm so wenig Achtung bezeigenden Staate zu erneuern.[2])

Fast gleichzeitig lief auch Meldung von marokkanischen Rüstungen ein. Pauli berichtete im November aus Kopenhagen, dass Marokko und Algier den Hansestädten und Preussen wieder Krieg erklärt hätten.[3])

Die Wegnahme der „Flora", die Nachricht, dass zwischen den Azoren und Kanarischen Inseln noch verschiedene Raubschiffe kreuzten und sich speziell nach hamburgischen Schiffen erkundigt hätten, verursachte unter den hamburgischen Rhedern und Assekuradeuren eine gewaltige Aufregung.

Zwar hatte Colquhoun sogleich Schritte bei der englischen Regierung gethan und diese gebeten, die Freilassung der „Flora" zu bewirken; der Staatssekretär Huskisson hatte auch seine Hülfe zugesagt. Aber es galt doch endlich einmal, solche Fälle überhaupt unmöglich zu machen. Am 24. Oktober 1827 wandten sich sämtliche hamburgischen Assekuradeure in einer Supplik an den Senat und legten die traurige Lage der Rhederei und Assekuranz dar: sie zitterten vor dem Schicksal der reichbeladenen Schiffe, die sich auf der Fahrt nach Südamerika, West- und Ostindien den gefährdeten Gewässern näherten oder die Madeira, Teneriffa oder die Kapverdischen Inseln anlaufen mussten. Unberechenbare Verluste für die Assekuranzkompagnien standen bevor, und auch die kaum wieder auflebende Rhederei war von einem empfindlichen Stoss bedroht, da, auch wenn die schwebenden Risikos verschmerzt waren, hamburgische Schiffe schwerlich weiterhin befrachtet würden. Die Assekuradeure forderten dringend Abschluss von Verträgen mit den Barbaresken; sie wiesen auf die mehrfach geäusserte Be-

---

[1]) Pauli in Kopenhagen an Gütschow 1826. Nov. 11; vgl. Tönnies, Chronik 1825. S. 14.
[2]) Com. Dep. Prot. 1826. Nov. 18; vgl. oben S. 147 ff.
[3]) Senatsprot. 1826. Nov. 13.

reitwilligkeit von Marokko und Tripolis hin, ferner darauf, dass Algier seit langer Zeit keine Feindseligkeiten gegen Hamburg verübt habe. „Es wird Hamburg nicht verdacht werden, wenn es sich, um den Frieden zu erkaufen, dessen es für Handel und Schiffahrt nicht entbehren kann, zu Opfern entschliesst, welche jährlich und regelmässig von bedeutenderen Staaten nicht geachtet und die durch den Zuwachs und die Ausbreitung unserer Rhederei reichlich compensirt werden."

Ebenso wandten sich auch 21 Rheder an die Kommerzdeputation:[1]) sie sahen voraus, dass bald die hamburgische Flagge, wenn sie nicht ganz verschwände, nur noch an den Gestaden der Ostsee sich blicken lassen könne; sie wiesen auf die segensreichen neueren Verträge hin, die den hamburgischen Schiffen die gleiche Stellung mit den Schiffen der mächtigsten Staaten verschafft hätten; die Brust des hamburgischen Kaufmanns erfülle dies mit Stolz. Namentlich aber deuteten sie auf die grade schwebenden Verhandlungen über einen Vertrag mit Brasilien hin. In Rücksicht auf ihn wie überhaupt unsere Verbindung mit den transatlantischen Staaten gewann die Eröffnung des Mittelmeers für die hamburgische Flagge besondere Bedeutung. Statt dessen drohte die Gefahr, aus dem Ozean ganz vertrieben zu werden; die Früchte jener weisen Bestrebungen, den Handel auszudehnen, zu pflücken, wurde verhindert durch die Räubereien der Barbaresken. Die Rheder kündigten das Ende ihres Geschäftes an; sich zu dem „zweideutigen Auswege" zu entschliessen, wie er früher oft eingeschlagen war, nämlich hamburgische Rhedereigeschäfte unter fremder Flagge zu betreiben, lehnten sie ab aus Gründen sowohl der Rechtlichkeit wie des Patriotismus. Besondere Vorschläge machten die Rheder nicht; sie baten nur inständigst um Sicherung ihrer Flagge.

Die Kommerzdeputation überwies diesen Antrag dem Senat; sie hielt den Zeitpunkt, durch Vermittlung einer grösseren Macht Unterhandlungen mit Erfolg anzuknüpfen, für günstig.

Noch ehe ihm dieser Antrag zuging, hatte der Senat am 19. November folgenden Beschluss gefasst:

„dass, da die Capereien der Barbaresken gegen die hamburgische Flagge eher zu- als abnehmen, dabei aber alle Aussicht auf allgemeine Sicherungsmassregeln gegen dieses Unwesen, sei es durch Einwirkung der Seemächte oder des Deutschen Bundes

---

[1]) Eingabe vom 5. November 1827.

verschwunden ist, ausserdem auch die politischen Verhältnisse sich in mehrfacher Rücksicht geändert haben, ferner auch abseiten der Barbaresken eine Geneigtheit zu friedlichen Vereinbarungen nach den Umständen nicht unwahrscheinlich ist, — die Frage, auf welche Weise der hamburgische Handel, ohne Rücksicht auf die Massregeln anderer Staaten, gegen diese Capereien gesichert werden könne, ernstlich in Erwägung zu ziehen und die desfalls bestandene Senats-Commission zu reconstituiren."

Zur Befreiung der „Flora" sollte die Verwendung Frankreichs und Hollands nachgesucht werden, was auch geschah. Beide Regierungen erklärten sich bereit.

Wenn man in Hamburg noch schwankte, in welcher Weise der Senatsbeschluss vom 19. November zur Ausführung gelangen sollte, so wurde wenigstens nach einer Richtung hin bald Klarheit geschaffen.

Wie schon bemerkt, hatte Colquhoun die britische Regierung um Verwendung beim Pascha von Tripolis behufs Freigebung der „Flora" gebeten. Am 22. Dezember 1827 richtete nun der englische Staatssekretär Dudley an Colquhoun eine Note. In dieser teilte er mit, dass der englische Konsul in Tripolis instruiert sei, dem Pascha zu erklären, dass England die Freigebung der „Flora" gern sehe. Mehr könne die englische Regierung nicht thun. Zugleich erinnnerte Dudley Colquhoun daran, dass es nicht Schuld der britischen Regierung sei, wenn andere europäische Staaten nicht ihrem Beispiel gefolgt seien, „in endeavouring to repress the piratical practises of the Barbary States" Er, Dudley, könne Colquhoun nicht ermutigen[1]), sich auf dasselbe Entgegenkommen Englands in ähnlichen Fällen zu verlassen, bevor nicht die Versicherung gegeben, dass die Hansestädte Massregeln ergriffen hätten, um sich der Gelegenheiten zu bedienen, die geeignet wären, ihre Beziehungen zu den Barbaresken auf einen endgültigen und weniger unbefriedigenden Fuss zu stellen.

Das war ein deutlicher Wink; er wies hin auf das Anerbieten, das früher von England den Hansestädten gemacht war, nämlich durch seine Vermittlung Frieden mit den Barbaresken zu schliessen, und das wegen der beim Bundestag schwebenden

---

[1]) „to rely upon the like countenance of future applications of this nature, without a previous assurance, that the Hanse Towns have taken measures for availing themselves of the opportunities which are open to them of placing their relations with the Barbary States on a definite and less unsatisfactory footing."

Aktion nicht angenommen worden war.[1]) Von England hatten somit die Städte nichts mehr zu erwarten, es sei denn, sie bewiesen ihren guten Willen auch durch die That.

Man griff also wieder zurück auf das Mittel direkter Verträge mit den Barbaresken, wie sie von den Commerzdeputierten so oft empfohlen waren, und wie noch kürzlich Tönnies sie in Druck-[2]) und Schriftwerken[3]) angeraten hatte. Auf Vortrag des Syndikus Amsinck beschloss am 23. Mai 1828 der Senat, die Vorbereitungen zu den Sicherungsmassregeln gegen die Barbaresken nun nicht länger zu verschieben. Diese Sicherung dachte man sich ausgedehnt auch auf das Mittelmeer; als passendste Modalität wurden Verträge mit den Barbaresken angesehen. Um aber ganz sicher zu gehen, holte man von Sachverständigen Gutachten ein, so von Colquhoun, vom Generalkonsul Lindenberg in Lissabon und dem Konsul Turner in Gibraltar. Auch über die preussischen Schritte wollte man Erkundigungen einziehen.

Die Gutachten der genannten drei Männer entsprachen durchaus den im Senat herrschenden Ansichten; sie stimmten namentlich darin überein, dass sie direkte Verträge für das geeignetste Mittel hielten.[4])

Wenn man nun direkte Verträge zu schliessen gedachte, so beabsichtigte man damit doch nicht, auch die Verhandlungen direkt zu führen. Die Erinnerung an frühere Erfahrungen scheint diesen Gedanken gar nicht haben aufkommen lassen. Schon am 23. Mai hatte Amsinck vorgeschlagen, für etwaige Vertragsverhandlungen sich der Vermittlung Englands zu bedienen; ja, man verstieg sich sogar zu der Hoffnung, die Garantie Englands für die Verträge zu erreichen. Colquhoun sondierte vorläufig die britische Regierung; Lord Aberdeen wünschte zunächst einen schriftlichen Antrag.[5])

Verhandlungen, die ohne Wissen und Willen des Senats ein Lissaboner Jude Cardozo[6]) im Namen Hamburgs mit Marokko eingeleitet hatte, wurden vom Senat noch rechtzeitig desavouiert.[7])

---

[1]) vgl. oben S. 147 ff.
[2]) Merkantilistisch-geschichtliche Darstellung der Barbaresken-Staaten etc. Hamb. 1826, namentlich S. 199 ff. Über die Stellung der preussischen Regierung zu seinen Vorschlägen vgl. Zimmermann S. 126 f.
[3]) So in einer den Commerzdeputierten am 24. November 1827 überreichten Denkschrift.
[4]) Senatsprot. 20. Aug. 1828.
[5]) Senatsprot. 7. Juli 1828.
[6]) über ihn vgl. auch Zimmermann S. 127.
[7]) Senatsprot. 6. Juni 1828.

In Hamburg hielt man es nun für angemessen, mit den beiden Schwesterstädten sich ins Einvernehmen zu setzen. Der hamburgische Senat legte ihnen die Gründe dar[1]), die ihn bestimmten, den Versuch zu machen, sich so zu helfen, wie es einem einzelnen kleinen, einer Seemacht entbehrenden Staate möglich sei. Es sei Alles bisher nutzlos gewesen: die englische Expedition gegen Algier, die Anträge am Bundestag. Auch der russisch-türkische Krieg werde in dem Verhältnis zu den Barbaresken nichts ändern. An der Bereitwilligkeit der letzteren, Verträge zu schliessen, wurde nicht gezweifelt; vor die Wahl gestellt zwischen kostbaren Ausrüstungen gegen so kleine Staaten wie die Hansestädte, und Verträgen, die ihnen Geld einbrachten, würden die Raubstaaten, meinte man, sicherlich letztere vorziehen.

Es begann nun eine langwierige Verhandlung zwischen den Städten, bei der insbesondere die Ausdauer Hamburgs und seines Syndikus Amsinck bewundernswert erscheint. Erleichtert wurde ohne Zweifel diese Arbeit dem hamburgischen Senat durch die dem Unternehmen günstigere Stimmung der Oberalten. Diese erhielten erst am 8. Dezember 1828 von dem neuen Plan Kenntnis und antworteten darauf umgehend: wenn sie auch nicht in der Lage seien, Alles genau beurteilen zu können, so hätten sie bei den gegenwärtigen Umständen doch nichts gegen eine einleitende Unterhandlung einzuwenden.

Der Bremer Senat stand von vornherein dem Unternehmen sehr skeptisch gegenüber. Er war nicht der Ansicht, dass sich die Verhältnisse wesentlich nachteiliger für die Städte entwickelt hätten als früher; meinte auch, die Kosten würden sich weit höher belaufen, als Hamburg annehme. In Bremen, meinte Bürgermeister Heineken, seien stets genügend Schiffe unter hannöverscher Flagge nach dem Mittelmeer zu haben.[2])

Solche Gründe konnten allerdings Hamburg nicht von dem geplanten Vorhaben abschrecken. Fremde Schiffe fanden sich auch auf der Elbe; namentlich die dänische Flagge wurde von Hamburg aus benutzt; doch beschränkte sich der durch sie gewährte Schutz auf die Mittelmeerfahrt. Aber Hamburg wollte

---

[1]) Schreiben vom 29. August 1828.
[2]) Brem. Senat an Hamb. Senat 10. Sept.; Heineken an Curtius 11. Sept.; das Folgende nach dem Bericht Gütschows über seine Unterredungen mit Amsinck im Oktober 1828 und dem späteren Bericht Gildemeisters über seine Hamburger Reise.

seine eigene Rhederei schützen und heben; man hatte hier schwere Bedenken, sich allzu sehr von dem guten Willen und der Nachsicht fremder Regierungen abhängig zu machen; man versprach sich von jeder Erweiterung der Schiffahrt Vorteile.

Von Preussen, das zeigte sich auch bald, war ernsthaft nichts in dieser Sache für die Hansestädte zu erwarten. Auf eine vertrauliche Anfrage des Herrn von Rebeur in Berlin erfolgte die Antwort: ·die preussische Schiffahrt im Atlantischen Meere sei noch zu unbedeutend, um auf durchgreifende Mittel zu ihrem Schutz Bedacht nehmen zu müssen.

Der Senat blieb bei seiner Ansicht, dass Hamburg für 12—15000 Piaster mit allen Barbareskenstaaten den Frieden erhalten könne.

Unterdessen war Colquhoun in England sehr thätig. Letzteres verlangte, wie sich aus den vertraulichen Verhandlungen ergab, um Praecedenzfälle zu verhüten, eine wenn auch nur nominelle Kompensation; als solche wurde die Übernahme des Helgoländer Leuchtthurms, den vor 1806 Hamburg und seit 1807 England unterhielt, vorgeschlagen. Auf die Ersparung dieser allerdings für England geringen Ausgabe war im Parlament schon mehrfach gedrungen worden.[1]) Im November machte Lord Aberdeen Colquhoun die günstige Bemerkung, „he considered the business a very legitimate object for the British interposition."[2])

Nun verfasste Colquhoun eine umfangreiche Denkschrift, die er aber, ehe sie an die englische Regierung abging, an die Städte schickte. Colquhoun legte hier dar, wie England wenig oder gar keinen Nachteil, sondern vielmehr Nutzen aus einer Ausdehnung der hansischen Schiffahrt ziehen würde. Den Engländern könnten die Hansestädte nie Abbruch thun, sondern höchstens den weit gefährlicheren Konkurrenten Grossbritanniens, den Amerikanern und Dänen; bei den engen Handelsbeziehungen Englands mit den Städten sei jeder Handelsgewinn für diese auch einer für England.

Nicht Alles in dieser Schrift war unbedenklich und richtig[3]), Alles aber darauf berechnet, das Eintreten für die Hansestädte England möglichst empfehlenswert hinzustellen.

---

[1]) Amsinck an Gütschow 20. Okt. 1828.
[2]) Amsinck an Gütschow 13. Dezemb. 1828.
[3]) Einige Bedenken erhob Gütschow in einem Brief an Amsinck v. 20 Dezemb.

Es bedurfte nun noch der offiziellen Schritte bei England, die mit der Übergabe dieser Denkschrift einzuleiten waren.

Hamburg, das bei dieser Verhandlung weit voranschritt, sie auch allein führte, stiess nun aber auf Widerstand bei den Schwesterstädten. Namentlich Bremen wurde der Entschluss schwer. Allerlei Übergriffe, die die Marokkaner sich gerade damals gegen die Engländer herausnahmen, verringerten die ohnedies nur schwachen Sympathien, die das Unternehmen in Bremen genoss, noch mehr.[1]) Man meinte, Colquhoun sei schon viel zu weit gegangen, und hielt es für höchst bedenklich, jetzt, wo in der grossen politischen Welt ganz eigentümliche Konstellationen sich bildeten, mit dem Türkentum sich so nahe einzulassen. „Ich glaube nicht," schrieb Heineken an Curtius[2]), „dass man sich hier entschliessen wird, bremische Schiffe im Vertrauen auf einen Vertrag ins Mittelländische Meer gehen zu lassen, der sie doch immer der bona oder mala fides der neuen Punier Preis giebt, denen es schwerlich an irgend einem ostensiblen Vorwande fehlen wird, wenn sie ein Gelüst bekommen, sie zu molestiren."

Viel günstiger stand Lübeck dem Vorgehen und Plan Hamburgs gegenüber; durch die Abneigung Bremens liess es sich nicht von dem Anschluss an Hamburg abhalten. Die lübische Kommission für Handel und Schiffahrt[3]) erklärte geradezu, dass auf die hamburgischerseits angetragene „Einleitung zur Herbeiführung eines tractatenmässigen Friedensstandes mit den 4 afrikanischen Raubstaaten gegen mässige Opfer durch Vermittelung der englischen Regierung und unter ihrer Gewährleistung im Allgemeinen einzugehen sey." In diesem Sinne schrieb[4]) dann der lübecker Senat nach Hamburg.

Schliesslich war denn auch Bremen, trotz aller Bedenken, geneigt, sich den Schwesterstädten anzuschliessen. Grosse Schwierigkeiten machte nun aber die Frage der Kostenverteilung; auf diese kam es im Wesentlichen an; bei ihrer Entscheidung spielte naturgemäss eine Hauptrolle die Grösse des Interesses, das jede Stadt an dem Abschluss jener Verträge hatte und zu haben schien.

Die bremischen Rheder und Versicherer behaupteten, nur sehr geringes Interesse an den Verträgen zu haben; sie beschränkten

---

[1]) Heineken an Curtius 1828. Dez. 12.
[2]) am 21. Dezemb. 1828.
[3]) Bericht vom 30. Dezemb. 1828.
[4]) Am 14. Januar 1829.

den Nutzen lediglich auf die Fahrt in das Mittelländische Meer; die Fälle, in denen ausserhalb desselben ein Schiff von den Barbaresken genommen werde, seien, so meinten sie, so selten, dass bei den Versicherungen gar keine Rücksicht darauf genommen werde. Auch dienten die grösseren bremischen Schiffe vorzugsweise dem atlantischen Handel. Ob die 15 Schiffsladungen, die Bremen in der Regel jährlich vom Mittelländischen Meere erhielt, unter bremischer oder fremder Flagge führen, daran scheint Bremen wenig gelegen zu haben. Nur nach dem Massstab dieses geringen Interesses an den Verträgen wollte Bremen an den Kosten derselben teilnehmen.[1]) Unter drei Voraussetzungen versprach es, mit den Schwesterstädten gemeinsame Sache zu machen[2]):

1) Garantie des Friedens mit allen 4 Raubstaaten durch England und Vertretung der Hansestädte durch die dortigen englischen Konsuln; wobei dafür Sorge zu tragen, dass, wenn England mit den Barbaresken Krieg bekäme, die Städte nicht darein verwickelt würden.

2) Die Gesamtkosten müssten im Verhältnis zu dem Erfolg und den abzuwendenden Gefahren stehen.

3) Beitrag jeder Stadt etwa nach der Tonnenzahl ihrer das Mittelländische Meer künftig befahrenden Schiffe und dem besonderen Interesse, das jede Stadt an den Verträgen habe.

Doch behielt sich der Senat vor, erst dann den Gegenstand zur verfassungsmässigen Beratung in Bremen zu stellen, wenn man über Alles, insbesondere die Kosten genau unterrichtet sei.

Über die Frage der Garantie und der Konsuln hatte Colquhoun ununterbrochen in London unterhandelt. Nachdem er am 22. Mai geschrieben hatte, dass eine ausdrückliche Garantie durch England schwerlich zu erlangen sein werde, wurde er instruiert, genau zu erforschen, wie weit denn wohl sich die sichernde Mitwirkung Englands erstrecken werde.[3]) Darauf konnte er Ende Juni berichten, dass England bereit sei, Verträge Hamburgs mit den Barbaresken durch seine Konsuln zu verhandeln, auch diesen die Befugnis zu erteilen, in Zukunft in allen Fällen, wo es nötig sein möchte, sich des hamburgischen Interesses anzunehmen, und dass England in allen solchen Fällen sowohl bei dem Abschlusse wie bei etwaigen künftigen Ereignissen als Vermittler einwirken

---

[1]) Bürgermeister Smidt an Curtius. 1829. Jan. 27.; Februar 26.
[2]) Brem. Senat an Hamb. Senat 1829. Febr. 2.
[3]) Hamb. Sen. Prot. 1829. Juni 1.

wolle. Als Vorbild für die Verträge sollte der im Jahre 1816 unter englischer Vermittlung abgeschlossene sardinisch-tunesische Vertrag dienen.[1])

Die Sache war nun reif für einen definitiven Entschluss namentlich Lübecks und Bremens. Um ihn zu beschleunigen und die entsetzlich schwerfällige Korrespondenz abzukürzen, traten vom 25 bis 31. Juli die Städte zu einer Konferenz in Hamburg zusammen, zu der dieses Syndikus Amsinck, Bremen Senator Gildemeister und Lübeck Syndikus Gütschow abordnete.[2])

Diese Konferenz hatte zunächst das Gute, dass Bremen hier aufgeklärt wurde über den Ernst, mit dem Hamburg den Plan betrieb. An diesem Ernst hatten die Bremer nämlich bisher stark gezweifelt. Sie meinten, der hamburgische Senat betreibe die Sache einseitig und die Kaufmannschaft zeige wenig oder gar kein Interesse daran. Senator Gildemeister war deshalb nach Hamburg gegangen mit der Instruktion, den Hamburgern womöglich die Sache auszureden. Doch hatte man ihm freie Hand gelassen, wofür er nachträglich sehr dankbar war. Denn er überzeugte sich durch Unterredung mit vielen Männern verschiedenen Berufs, dass es den Hamburgern bitterer Ernst war mit einer Verständigung mit den Barbaresken und dass nicht nur die Kommerzdeputierten, sondern auch die Oberalten Wert auf eine solche legten.

So musste denn Gildemeister jede Andeutung, als ob er den Hamburgern ihren Plan ausreden wollte, unterlassen; er hätte dadurch sofort eine gereizte Stimmung hervorgerufen. Im Ganzen kam er zu der Überzeugung, dass Hamburg eventuell auch allein vorgehen werde.[3])

Über die materiellen und formellen Grundsätze einigte man sich auf der Konferenz schnell:

Die Verständigung mit allen vier Raubstaaten als conditio sine qua non, die Notwendigkeit der moralischen Garantie Englands, wie sie von diesem verheissen war. Hinsichtlich der Art der Tributzahlung entschied man sich für eine regelmässige jährliche Zahlung. Der von Colquhoun in Vorschlag gebrachte Modus einer Zahlung für 10 Jahre auf einmal erschien, wenn auch bil-t

---

[1]) ebenda 3. Juli 1829; es ist daselbst nur von Hamburg die Rede, betriff aber natürlich die 3 Städte. Ferner Colquhoun an Amsinck 2. Juli. 1829.

[2]) Protokoll der Conferenz im Lüb. Arch.

[3]) Nach dem Bericht Gildemeisters über seine Reise nach Hamburg 12. Aug. 1829 (Br. St. A.)

liger, doch gefährlicher und unsicherer. Eventuell sollte auch eine Verpflichtung, Geschenke beim Konsulatwechsel zu machen, eingegangen werden. Als erreichbar galten die Verträge für eine jährliche regelmässige Ausgabe von 12000 schweren Piastern, im Notfall sollte bis 15000 gegangen werden.

Nun kam die ebenso schwierige wie peinliche Frage der Kostenverteilung unter die drei Städte; vor dieser Frage traten die andern Punkte, die ausserdem noch verhandelt wurden, weit zurück; wichtig ist nur noch der Beschluss, dass keine der Städte später einseitig von den Verträgen zurücktreten dürfte.

Lübeck erklärte sich bereit, $^1/_6$ der Kosten zu tragen. Bremen erbot sich zu höchstens $^1/_4$; der bremische Vertreter wies nochmals auf das geringe Interesse hin, das die Stadt an den Verträgen habe, betonte den Ersatz durch die hannöversche Flagge, der ausserdem noch manche andere Vorteile durch England ausgewirkt seien. Namentlich hob Gildemeister das besonders grosse Interesse Hamburgs an dieser Sache hervor: Bremens Hauptartikel aus Amerika sei Tabak, der aus Nord-Amerika komme; die Schiffahrt nach dort werde nicht gefährdet; dagegen überwiege im südamerikanischen Handel, den die Barbaresken weit mehr bedrohten, Hamburg bedeutend.

Letzteres hatte sich vorher bereit erklärt, mehr als ein Drittel der Kosten beitragen zu wollen. Auf die $^7/_{12}$, die die Schwesterstädte ihm nun zuschieben wollten, hatte es keine Neigung, sich einzulassen; es bestand auf einer höheren Inanspruchnahme Bremens. „Die Ansichten der hiesigen Kaufleute", schrieb Amsinck am 10. August an Gütschow, „sind über diesen Punkt fast einstimmig, und fürchtet man, dass selbst die Bürgerschaft Schwierigkeiten machen könnte, ein so nachteiliges Verhältnis zu genehmigen" Syndikus Gütschow suchte zu vermitteln und schlug vor, dass Bremen $^7/_{24}$, Hamburg $^{13}/_{24}$ zahlen sollte, musste aber dafür von Bremen die Bemerkung hören, dass nach dortiger Meinung die Verträge vornehmlich für Lübeck wertvoll seien, weil dieses oft bedeutende Getreideverschiffungen aus der Ostsee nach dem Mittelländischen Meer habe, für die es in Zukunft sich vorzugsweise der eigenen Flagge bedienen werde.[1)]

Schliesslich brachte der Bremer Senat die Frage vor den Bürgerkonvent, in dem die Meinungen, ob Bremen überhaupt teil-

---

[1)] Gildemeister an Gütschow 29. Septemb. 1829.

nehmen solle, sehr auseinandergingen. Doch genehmigte der Konvent am 16. Oktober endlich den Anschluss Bremens an die Schwesterstädte mit einer Kostenbeteiligung von einem Drittel. Hamburg hatte also die Hälfte zu tragen, womit es einverstanden war.

Während Bremen noch schwankte, hatte Hamburg die Vorbereitungen fortgesetzt; denn Colquhoun drängte wiederholt auf Abschluss, warnte auch, England nicht lau werden zu lassen.[1]) Eine wesentliche Änderung, die noch die auf der Konferenz getroffenen Verabredungen traf, war die, dass auf Rat Colquhouns und erfahrener englischer Regierungsbeamter beschlossen wurde, von der Bezahlung eines Jahrestributs abzusehen und doch lieber eine einmalige Summe zu entrichten.[2]) Als Gesamtsumme wurden ca. 20 000 Piaster in Aussicht genommen, nämlich an Marokko 5—8000, Algier 3—5000, Tunis 2—4000, Tripolis 1500—3000. Diese Zahlungen sollten als für mindestens 10 Jahre geltend angesehen werden. Für Geschenke beim Konsulatwechsel wurden ca. 10 000 Piaster bestimmt.

Festgehalten wurde, entgegen der widrigen Ansicht Colquhouns, an dem Prinzip, mit allen vier Staaten abzuschliessen.[3]) Um dies praktisch durchzuführen, wurde ein detaillierter Plan entworfen:[4])

Ein vom Konsul Turner in Gibraltar zu mietendes Schiff soll die vier Häfen Tanger, Algier, Tunis, Tripolis der Reihe nach besuchen und von jedem der dortigen, mit den Unterhandlungen betrauten britischen Konsuln Schreiben über das Gelingen der vertraulichen, die pekuniäre Frage betreffenden Verhandlung an die übrigen Unterhändler mitnehmen, successive an diese abliefern und dann nach Gibraltar zurückkehren. Sobald Turner von allem genau unterrichtet ist, hat er dies nach Hamburg zu melden; inzwischen verhandeln die Konsuln die förmlichen Verträge. Auf einer zweiten Rundreise überbringt dann das Schiff die Gelder und nimmt die Traktate in Empfang.

Die ganze Organisation dieser Verhandlung war ebenso wie die bisherige Vorbereitung äusserst verwickelt. Gütschow[5]) nannte sie „in Beziehung auf Inhalt, Form und Behandlungsweise ein

---

[1]) Gütschow an Gildemeister 10. Sept., Amsinck an Gütschow 22. September.
[2]) Hamb. Senatsprot. 1829. Aug. 26.
[3]) ebenda 2. Oktober.
[4]) Amsinck an Gütschow 19. Novemb. 1829.
[5]) An Amsinck 26. Nov. 1829.

wahres diplomatisches Lust-Exempel." Man erblickte aber in den Vorbereitungen, wie sie so gründlich getroffen waren, eine vortreffliche und sichere Grundlage. „Erreichen wir einen Friedenszustand auf die instruktionsmässigen Basen, so haben wir alle uns zu dieser Frucht der Gemeinschaftlichkeit Glück zu wünschen," schrieb Gütschow an Gildemeister. [1])

So weit war man nun glücklich gekommen, als ein kleines Intermezzo eintrat. Schon im Juli war durch Vermittlung des dänischen Konsuls in Tanger ein Schreiben des Kaisers von Marokko an die drei Städte angelangt; [2]) da es in arabischer Sprache verfasst und nicht ohne weiteres entzifferbar war, mussten erst auswärtige Schriftkundige herangezogen werden. Kaum war man damit zu stande gekommen, als im Oktober in Hamburg ein marokkanischer Unterhändler, Namens Aflalo, ein Jude aus Mogador, eintraf [3]) Er überbrachte ein Schreiben [4]) des Kaisers, durch welches dieser ihn autorisierte, mit den Senaten der drei Städte in Verbindung zu treten, um den Tribut, der ihm in Gemässheit der früheren Verträge zukomme, zu erhalten; seit 30 Jahren sei dieser Tribut nicht bezahlt.

Die Hansestädte liessen sich durch diese Forderung, die ganz im Geiste afrikanisch-orientalischer Politik gehalten war, nicht einschüchtern. Der alte Vertrag Hamburgs mit Marokko war von diesem selbst gekündigt, die späteren Verhandlungen waren ohne Ergebnis geblieben. Da hinsichtlich dieser letzteren aber, wie wir oben sahen, in Folge der Unzuverlässigkeit des Colaço gewisse Zweifel obwalten konnten, so war Hamburg bereit, nötigenfalls ein geringes Opfer zu bringen, um die Sache zu erledigen. Der an Bremen und Lübeck gestellte Anspruch Marokkos war ja ganz haltlos. Übrigens zeigte sich Aflalo selbst mit den früheren Verhältnissen nicht vertraut; er bemühte sich, von Amsinck in dieser Beziehung zu lernen; doch war letzterer auf seiner Hut. Schliesslich gelang es, Aflalo zu befriedigen, indem man ihm ein für den Kaiser von Marokko bestimmtes Schreiben übergab; mit diesem verliess er Mitte Dezember Hamburg; seine Drohung, auch Bremen und Lübeck in derselben Angelegenheit zu besuchen, brachte er nicht in Ausführung.

---

[1]) 22. Oktober.
[2]) Hamb. Senatsprot. 31. Juli 1829.
[3]) Hamb. Senatsprot. 21. Oktober.
[4]) Gedruckt bei Schäfer S. 75.

Das genannte Schreiben[1]) enthält ausser den üblichen Hochachtungserklärungen im Wesentlichen nur die Mitteilung, dass die Hansestädte durch den britischen Konsul in Marokko bereit seien mit Marokko zu verhandeln; über die früheren Verträge und Verhandlungen wurde kurz hinweggegangen.

Wie an den Kaiser von Marokko, schrieben die Städte auch an die anderen Raubstaaten; diese Briefe gingen zunächst nach London. Es war dies die offizielle Einleitung der Unterhandlung mit jenen Staaten.

So war der Stand der Dinge Ende des Jahres 1829; man schien der Erfüllung alter Hoffnungen nahe zu sein, als Ereignisse eintraten, die alle Mühe und Arbeit vollkommen überflüssig machten.

Die Hansestädte hatten sich bisher durch keine äusseren Einwirkungen in ihrer Verhandlung stören lassen; diese schritt unter der Leitung Hamburgs unaufhaltsam und sicher fort; das Ziel fest vor Augen, liess Amsinck sich nicht irre machen durch allerlei Verlockungen und Andeutungen, die im Laufe dieser mühsamen Arbeit an ihn herantraten. Fast scheint es, als ob der hamburgische Senat, in dem natürlichen und sehr begreiflichen Bestreben, endlich einmal, gestützt auf vortreffliche Vorbereitungen, etwas Positives zu erreichen, absichtlich von Allem, was dies verzögern oder verhindern konnte, keine Notiz genommen hätte.

Seit 1827 lag Frankreich mit Algier im Konflikt.[2]) Überall und so auch in den Hansestädten legte man diesem keine weitere Bedeutung bei, als den zahlreichen früheren Zusammenstössen einer europäischen Macht mit einem Raubstaat. Auch die ernsteren Rencontre der Franzosen mit den Algierern in den Jahren 1828 und 1829 erschütterten diese Meinung nicht. Am 31. März 1829 berichtete allerdings der hanseatische Resident Rumpff in Paris nach Hamburg über bevorstehende allgemeine Massregeln gegen die Barbaresken und warnte vor einseitigen Schritten der Hansestädte. Der hamburgische Senat mass dieser Meldung keinen Glauben bei und instruierte Rumpff, nichts zu thun, was die Verhandlung der Städte mit England, von deren Existenz übrigens Rumpff gar keine Kenntnis hatte, irgendwie beeinträchtigen könnte.[3]) Auch Rumpff war

---

[1]) Gedruckt in Übersetzung bei Schäfer S. 73 ff.
[2]) vgl. im Allgemeinen Grammont, Histoire d'Alger S. 389 ff.
[3]) Amsinck an Gütschow 22. April 1829.

dann der Ansicht, dass durch England man sicherlich am leichtesten zum Ziel kommen werde.[1])

Ende August schrieb dann v. Fabricius aus Paris:[2]) es sei gewiss, dass das französische Ministerium ernstlich beabsichtige, dem Unfug der Barbaresken ein Ende zu machen und dass Frankreich es gern sehe, wenn es von Seiten kleinerer Staaten, die unter jenem Unfug litten, zu Bemühungen in dieser Richtung aufgefordert werde. Ersteres war ganz richtig; das Ministerium Polignac hat von Beginn seiner Regierung an die Absicht gehabt, ernsthaft gegen Algier vorzugehen.[3])

Aber die Hansestädte wollten die Konsequenzen hieraus doch noch nicht ziehen, die Verhandlungen mit England noch nicht aufgeben. Man mochte nicht recht glauben, dass wirklich dem Barbareskenunfug das letzte Stündlein geschlagen hatte: ein Beweis, wie sehr man sich im Laufe der Jahrhunderte an diese Kalamität als etwas Unabänderliches gewöhnt hatte. Man bedachte ferner, dass es hier ja auch nur um Algier sich handelte. Und während man einerseits zu dem französischen Ministerium und der Dauer seines Bestandes wenig Vertrauen hatte,[4]) waren andererseits die Verhandlungen mit England doch schon zu weit gediehen, als dass man sie ohne wirklich triftige Gründe fallen lassen konnte. Auch erhielt Colquhoun auf seine Anfrage von Lord Aberdeen die Antwort: „We know nothing of this; we have received no communication on this subject, and I should think, the French Government have enough to do to settle their own quarrels, without embarking others in them."[5])

Man setzte also, wie wir sahen, die Vorbereitungen zu den Verträgen fort. Als im Dezember Colquhoun zu einer Verhandlung mit der Türkei rieth, lehnte der hamburgische Senat dies ab.[6]) Von Ende Dezember an mehrten sich die Nachrichten, dass es mit dem algierisch-französischen Konflikt Ernst werden würde. Die französische Regierung sandte vom 4. Februar an Noten an alle Mächte, in denen sie den Zweck der Expedition auseinander-

---

[1]) Rumpff an Curtius 8. Mai 1829.
[2]) an Curtius 24. August. v. Fabricius vertrat damals Rumpff.
[3]) vgl Dareste, Histoire de la Restauration II, 448.
[4]) Amsinck an Gütschow. 7. Sept. 1829.
[5]) Colquhoun an Curtius 9. Oktob. 1829.
[6]) Senatsprot. 1829. Dez. 17.

setzte.¹) Anfang März gingen auch den Hansestädten solche Noten zu.

Der hamburgische Senat war durch die etwas unklare Fassung und den abenteuerlich klingenden Inhalt dieses Schriftstücks zunächst noch nicht überzeugt von der Notwendigkeit, die schwebenden Verhandlungen abzubrechen.²) Bremen, das ja von Anfang an nur widerwillig bei der Sache gewesen war, sprach sich sehr entschieden, wenn auch nicht für das Aufgeben des mühsam Erreichten, so doch für Temporisieren, aus.³) Auch Lübeck hielt eine Zögerung in der Verhandlung für empfehlenswert. So fügte sich der hamburgische Senat, obwohl er noch sehr skeptisch dachte über die französische Expedition⁴), den Bedenken der Schwesterstädte, namentlich demjenigen, dass sie bei Frankreich anstossen würden, wenn sie in diesem Zeitpunkt mit Algier anknüpften.

Noch am 30. März berichtete Colquhoun, dass man in England an einen Erfolg des Kreuzzugs gegen Algier zweifle und dass der Generalkonsul in Tanger, Hay, von England beauftragt sei, für die Hansestädte mit Marokko zu unterhandeln, und, wenn er damit zum Ziel gekommen, zu demselben Zweck die anderen Raubstaaten zu besuchen. Gleich darauf meldete aber Colquhoun, dass die englische Regierung einen Aufschub in den Verhandlungen für gut halte. Nunmehr wurde am 14. April im Hamburger Senat beschlossen, die Verhandlung mit Marokko langsam zu betreiben, die mit Algier, Tunis und Tripolis aufzuschieben.

Die bekannten Ereignisse in Algier, die endgültige Niederwerfung dieses Staates durch Frankreich machte bald jede Unterhandlung der Hansestädte mit Algier überflüssig. Die Glückwunschschreiben, die Bremen und Lübeck an die französische Regierung richteten, kamen dort inmitten der Julirevolution an; Hamburg, das zuerst von einer solchen Beglückwünschung überhaupt nichts hatte wissen wollen, konnte die seinige noch rechtzeitig zurückhalten.

Auch von Verhandlungen mit Tunis und Tripolis war nun nicht mehr die Rede.

Inzwischen hatte aber mit Marokko die Verhandlung nicht stillgestanden. Der schon genannte Generalkonsul Drummond Hay

---

¹) Dareste II. 450.
²) Amsinck an Gütschow 20. März 1830.
³) Smidt an Curtius 13. u. 24. März, an Amsinck 24. März.
⁴) Amsinck an Gütschow 3. April.

hatte in Befolgung der ihm im März von London zugesandten Instruktion sogleich Verhandlungen mit Marokko angeknüpft[1]), die unmittelbar zu einem Waffenstillstand führten. Dies war geschehen, ehe er die in Folge der algierisch-französischen Ereignisse an ihn ergangene Weisung, „to proceed slowly", erhalten hatte. Da die Verhandlung nun einmal eingeleitet war, glaubte man sie nicht gleich wieder abbrechen zu können. Zwar lag die Sache ja hinsichtlich Marokkos im Grunde nicht anders als hinsichtlich der andern Raubstaaten; hörte die Piraterie der letzteren auf, so hoffte man dasselbe von Marokko. Aber dieses galt als sehr viel schwerer zu besiegen als Algier, da die Hauptplätze Marokkos im Innern liegen.

Nun forderte Marokko in der Verhandlung mit Hay zunächst eine Erledigung der Tributrückstände, die Hamburg angeblich noch schuldig sei. Hay wurde instruiert, auf die Beseitigung dieser Forderung hinzuwirken und im Übrigen sich zu bestreben, Zeit zu gewinnen.[2]) Dem Rat Colquhouns, ein Separatabkommen mit Marokko zu treffen, hielt man nicht für angemessen zu folgen, solange nicht über den künftigen Zustand der andern Raubstaaten und die etwaige Fortdauer des Raubsystems mehr Klarheit herrschte als bisher.[3]) Überdies sandte Hay eine Schilderung der marokkanischen Marine ein, die nur beruhigend wirken konnte; das Meiste dieser einst so gefürchteten Seemacht war verfallen, und was davon übrig geblieben, verstanden die Marokkaner ohne europäische Hülfe nicht auszurüsten.[4])

Dann kam bald die Nachricht von dem am 10. bezw. 11. August von Frankreich mit Tunis und Tripolis abgeschlossenen Verträgen, nach denen die Seeräuberei u. s. w. abgeschafft wurde.

Nun hatten die Hansestädte natürlich gar keinen Grund mehr, mit diesen Staaten Verträge zu schliessen. Dänemark, das den Tripolitanern noch immer tributpflichtig war, beeilte sich, diesem Zustande ein Ende zu machen.

Mit Marokko waren aber die Beziehungen solcher Art noch immer nicht abgeschlossen. Dänemark bezahlte fortdauernd seinen Tribut in Gemässheit des Vertrags von 1767.

---

[1]) vgl. Schäfer S. 77f.
[2]) Colquhoun an Hay 6. Juli 1830.
[3]) Senatsprot. 27. Aug.; Amsinck an Gütschow 28. Aug. 1830.
[4]) Hay an Colquhoun 9. August.

Im Mai 1834 hörte man plötzlich, dass Marokko gegen die hamburgische Flagge kreuzen wolle und auch gegen Neapel rüste. Der neapolitanische Konsul in Tanger versprach seit Jahren die Entrichtung des Tributs, ohne dass sie erfolgte. Nun fiel es dem Kaiser ein, den Konsul zu arretieren; er rettete sich nur durch die Flucht.[1]

In den Hansestädten, wie auch in England, wo Colquhoun sich amtlich erkundigte, war man der Ansicht, dass der Waffenstillstand zwischen den Städten und Marokko noch bestehe. Hay hatte Mangels Instruktionen auch nichts gethan, was zur Herbeiführung eines wirklichen Friedens dienen konnte. Die nun auftretenden beunruhigenden Nachrichten hatten zur Folge, dass in Hamburg wieder ernsthaft an einen Frieden mit Marokko gedacht wurde. Der Senat ging von dem Gesichtspunkte aus, „dass auch noch in jetziger Zeit ein Friedensschluss mit den Barbaresken-Staaten, in specie aber mit Marokko, gegen pecuniaire Opfer ratsam sein möchte." Doch wollte man nichts übereilen und vorläufig nur eine Erörterung über die Tributrückstände anregen. Colquhoun sollte sich nach der Meinung der englischen Regierung erkundigen.[2]

Lübeck und Bremen waren durchaus gegen irgendwelche Anknüpfung von Verhandlungen; an den Ernst der Feindseligkeiten wollte man nicht glauben.[3] Dagegen wies Hamburg auf die in seinem Raubsystem unveränderte Stellung Marokkos hin; dies System war jetzt für die Hansestädte noch gefährlicher, als seit 1830, wenn auch nicht viele, so doch immerhin mehrere Schiffe unter hanseatischen Flaggen das Mittelmeer befuhren.

In einem interessanten Schreiben[4] an Syndikus Curtius erörterte Amsinck die Gründe, die gegen und für einen durch Geldopfer zu erkaufenden Frieden mit Marokko sprächen. Gegen einen solchen Kauf sei die öffentliche Meinung, die solchen Abmachungen jetzt abgeneigt sei; es würde als unerfreulicher Rückschritt betrachtet werden. „Aber was helfen solche Ansichten, wenn die Philantropie nicht so weit geht, um auch den Schwachen zu schützen, und wir bey allen schönen Worten am Ende der leidende Theil sein sollen!" Amsinck deutet auf Österreich und Neapel hin, die noch kürzlich

---

[1] Pauli in Kopenhagen an Gütschow 2. Juni 1834.
[2] Senatsprot. 26. Mai 1834.
[3] Heineken an Curtius 17. Mai, Curtius an Amsinck 24. Mai.
[4] 28. Mai 1834.

einen Frieden von Marokko für Geld erkauften; der Unterschied gegen früher sei nur, dass jetzt die Form möglichst gewahrt werde. Trotzdem gebiete die Klugheit, solchen Kauf möglichst zu vermeiden. Namentlich dürfe man England nicht verstimmen.

Alle diese Erwägungen erwiesen sich schliesslich als hinfällig, da beruhigende Nachrichten einliefen. Allerdings hatte der Kaiser von Marokko Befehl zur Ausrüstung von Kapern gegeben; doch zeigten sich diese als nicht seetüchtig; auch wurde der Konflikt mit Neapel schnell beigelegt; endlich drohte die Cholera. Dennoch warnte Hay vor den Riffpiraten, die der Kaiser selbst nicht im Zaum hatte, und vor den Launen des Kaisers. Noch am 5. November 1834 beschloss die lübische Kommission für Handel und Schiffahrt: es sei „möglichst zu temporisiren und eintretendenfalls sich dem anzuschliessen, was Hamburg seinem Interesse gemäss achten werde, und im Fall einer zu verabredenden, jedenfalls durch gemeinschaftliche Übereinkunft festzusetzenden Zahlung auf möglichste Minderung der Summe Bedacht zu nehmen."

Man stand also dem Gedanken einer durch Geld zu erwerbenden Übereinkunft sogar in dem am wenigsten beteiligten Lübeck selbst damals noch immer nicht ganz fern.

Aber allmählich trat doch die marokkanische Gefahr für die Seefahrt mehr und mehr in den Hintergrund. Die kümmerlichen Überbleibsel der Seemacht jenes Raubstaates moderten in seinen Flüssen. Zwar liefen noch wiederholt, so in den Jahren 1836, 1837, 1841 Meldungen von marokkanischen Seerüstungen ein; das Einzige, was man ihnen gegenüber zur Sicherheit zu thun für gut fand, war, dass hinsichtlich der Schiffspässe einige Vorkehrungen getroffen wurden.

Was in Hamburg allenfalls noch beunruhigte, war das Schreckbild der angeblichen Tributrückstände. Hay wurde deshalb instruiert, möglichst niemals ihrer Erwähnung zu thun. An Verträge wurde nicht gedacht. Als der hanseatische Minister-Resident in Paris, Rumpf, im Dezember 1845 anregte, die bevorstehende Anwesenheit eines marokkanischen Gesandten in Paris zu benutzen, „um unsere Verhältnisse mit Marokko durch Vermittlung des hiesigen Hofes zu regulieren," wurde ihm schleunigst von allen drei Städten angedeutet, dass man keine Veranlassung habe, mit Marokko die Verhandlungen zu erneuern

Wir sind am Ende unserer Darstellung. Es ist kein erfreuliches Bild, das dem Leser vorgeführt werden konnte. Mit wenig Abwechselung in der Scenerie schleppt sich durch mehr als hundert Jahre das projektenreiche Drama der hansestädtisch-raubstaatlichen Misere hin Alle Mittel, zu denen gegriffen wird, ihr abzuhelfen, – eigene Verträge, Aufnahme in fremde, Benutzung fremder Pässe u. s. w., — es sind alles mehr oder weniger altbekannte Inventarstücke der See- und Handelspolitik der Hansestädte zu einer Zeit, wo sie mehr denn je auf sich selbst und ausserdeutsche Hülfe angewiesen sind.

Aber dies Schauspiel ist doch nicht frei von tragischen Momenten; mehr als einmal stehen die Städte, steht vornehmlich Hamburg dicht am Ziel seiner Wünsche, glaubt es das erreicht zu haben, was anderen glücklicheren Seemächten vor ihm zu Teil geworden; immer kommt im entscheidenden Augenblick etwas dazwischen; wie ein Irrlicht rückt die afrikanische Freundschaft wieder in die Ferne; aber nicht schwindet zugleich der liebgewordene Gedanke an dies Ziel.

Und es wird nie durch die angewandten Mittel erreicht. Ein scheinbar ganz ausser Berechnung liegendes Ereignis macht schliesslich allen diesen Bestrebungen ein Ende.

Bei aller Prosa und Nüchternheit des verfolgten Zwecks und seiner Mittel liegt doch etwas Rührendes in diesem Ringen der Städte. Die wahre Sisyphus-Arbeit, die hier mit echt niedersächsischer Zähigkeit vollführt wurde, erweckt unser Bedauern wegen der in nutzlosen Mühen verschwendeten Kraft; sie war besseren Erfolgs würdig.

Beilagen.

I.
Promemoria des spanischen Konsuls Poniso,
dem hamburgischen Senat überreicht am 10. November 1751.[1])

Le soussigné Consul de Sa Majesté Catholique a reçû ordre de présenter au très-noble Sénat le memoire qui suit.

La ville de Hambourg jouissant en Espagne par effet de la grande bonté de Sa Majesté et de ses glorieux prédecesseurs du commerce le plus libre et le plus avantageux, sans qu'en retour des profits immenses qu'il produit aux Hambourgeois, les sujets de Sa Majesté retirent aucun avantage, il semble que la Ville et le très-noble Magistrat d'Hambourg devroit être pénétré de la plus parfaite reconnoissance pour l'Espagne et apporter la plus vive et la plus exacte attention pour ne pas donner le moindre sujet de mécontentement à cette monarchie. Sur cette considération le Roy a été très longtems sans ajouter foy aux avis réitérés qui lui sont venus d'une négociation entamée par les Hambourgeois, pour faire la paix et établir un commerce avec les Algériens, ennemis irréconciliables des Espagnols; mais aussi l'étonnement en a été d'autant plus grand, quand Ella a vu cet avis confirmé et qu' Elle a appris, que le traité étoit conclu.

Les Hambourgeois paroissent n'avoir rien omis dans ce traité, de ce qui pouvoit donner au Roy un juste ressentiment, puisque non seulement par cette paix ils ouvrent leurs ports à ses ennemis, qui à la faveur de cet avantage pourront s'étendre plus loin dans l'Océan et augmenter leurs pirateries, mais aussi parceque par ce traité ils leur fournissent une quantité considérable de mu-

---

[1]) Gedruckt im Mercure historique et polit. 1751. II. S. 684—689. Das Original ist nicht mehr vorhanden. Der Druck weicht von den Abschriften im Hamb. St.-A. und H. K. Archiv, denen oben gefolgt ist, in einigen unwesentlichen, rein stilistischen Wendungen ab.

nition de guerre, à la faveur de laquelle ils pourront commettre toute sorte d'hostilités. Entre des nations amies rester neutre, quand l'une d'elles est en guerre, se repute pour tiedeur en amitié; mais donner du secours à un ennemi, il n'y a personne qui ne le regarde pour moins que de faire la guerre.

Quel plus grand secours la ville d'Hambourg pourroit-elle donner aux Algériens, si elle étoit en guerre ouverte avec l'Espagne, que de leur fournir en abondance les seules choses dont ils ont besoin pour se défendre et pour faire la course. La ville d'Hambourg s'oblige par son traité à donner aux Algériens pour une fois une quantité fort considerable de canons de tout calibre, mortiers, bombes, boulets, poudre, mats, cables, agrets, et de plus tous les ans une autre quantité de ces mêmes effets pour renouveller leurs arsénaux.

Il est manifeste, que ce sont là les seules choses dont ces pirates ont besoin pour faire la guerre à la Chrétienté et que ce tribut des Hambourgeois ne pourroit être employé à aucun autre usage; n'est-il pas évident, que la plus grande partie de ce qui le compose seroit inutile aux Algériens, s'ils n'avoient de guerre que contre les nations avec lesquelles ils confinent? Ainsi les Hambourgeois en vue d'un avantage imaginaire pour leur commerce aident et secourent, autant qu'ils peuvent, les ennemis du nom chrétien, dont ils devroient avoir horreur, non seulement à cause de la religion, mais aussi à cause de leur mauvaise foy et de leur manière basse de faire la guerre.

Sa Majesté est convaincue par cette conduite des Hambourgeois, qu'ils manquent de reconnoissance pour les bienfaits qu'ils ont reçu et qu'ils continuent de recevoir de Sa couronne. Elle voit, qu'ils préfèrent à son ancienne amitié l'alliance et le secours de cet ennemi, et trouvant qu'il seroit contraire à Sa dignité et aux égards dus à Sa puissance souveraine, de souffrir, qu'après avoir favorisé les ennemis de son Royaume et leur avoir fourni tout ce qui leur est nécessaire pour faire des actes d'hostilité contre ses sujets, les Hambourgeois pussent venir recueillir dans ses États les avantages d'un commerce tranquil et tel, que celui qu'on accorde aux nations avec lesquelles on est en paix, Elle ne peut dissimuler plus longtems son juste ressentiment

Mais pour en mesurer la démonstration avec Sa grandeur d'âme, Elle a déterminé de rompre et interdire absolument tout commerce avec la ville d'Hambourg et avec ses habitans dépendants et sujets, ordonnant qu'ils ne soient plus admis dans les États et ports de Sa Domination aucunes marchandises des manufactures ou autres productions de la même ville et de son territoire; que son consul ou agent ou autre dépendant, quels qu'ils soient, ou ses sujets qui resident ou se trouveroient dans les domaines de Sa Majesté ayent à en sortir avec tous leurs effets; que les vaisseaux de Sa Majesté ne fréquentent plus le port d'Hambourg et ne commercent en aucune manière avec les Hambourgeois et qu'en conséquence son consul sorte incessament de cette ville: Sa Majesté accordant seulement le terme de trois mois, pour qu'en exécution de cette royale résolution tous les particuliers, qui y sont compris, ajustent et finissent leur affaires et sortent des États de Sa Domination; et le terme de cinquante jours pour admettre leurs embarcations et les marchandises qui se trouvent en voyage, de manière qu'après l'expiration de ces deux termes on procédera contre les contrevenants à la confiscation et aux punitions qui seront imposées selon le degré de la contravention.

Donné à Hambourg le 10. Novembre 1751.

(signé) Jaques Poniso.

II.
Der hamburgische Senat an den König von Spanien.
1751. November 12.[1])

Si quid unquam maxima animi perturbatione nos affecit, affecerunt literae, quas Jacobus Poniso, qui Hispanicis negotiatoribus a consiliis hic esse solet, ex jussu Majestatis Vestrae nudius tertius nobis redditit.

Tristissimus hinc, proh dolor! praeter omnem opinionem ad nos allatus est nuntius.

Placuit enim Majestati Vestrae vitio nobis dare pacem, quam cum Algiriensibus haud ita pridem fecimus, propterea quod secundum pacis hujus conditiones non possemus quin Algiriensibus, Majestati Vestrae infestissimis inimicis, belli instrumenta et apparatus subvehi curaremus.

Unde igitur constituit Majestas Vestra amplum, quod ab antiquissimis temporibus inter Regnum Hispanicum et nostram floruit

---

[1]) Dresd. Staats-Arch. — Ohne Adresse und Unterschrift.

Rempublicam commercium prorsus tollere, nec non sancire ut nostrates jam jam in ipsius terris degentes, tribus praeterlapsis mensibus inde discedant et naves hinc ad Hispaniam iter nunc facientes, quinquaginta dierum spatio, quidquid mercium ferunt, ibi deonerent.

In calamitate plane infinita versaremus, nisi quodammodo sperare nobis liceret, fore ut Majestas Vestra pro singulari sua clementia acerbissimo quo sumus statu commota humillimas nostras exaudire preces haud dedignetur.

Patiatur igitur Majestas Vestra ut verissimas initae cum Algeriensibus pacis adferamus causas, ex quibus dilucide constabit de nostra innocentia et de studio, quo flagravimus, mutuum inter Majestatis Vestrae subditos et nostram civitatem amplissimae negociationis usum magis magisque firmandi et absque omni impedimento promovendi.

Sumus ex iis, qui belli tempore medios se praestantes et neutram sequentes partem, navigationis beneficio ita solummodo gaudent, ut exinde Majestatis Vestrae vastissimae regiones nunquam iis caruerint rebus, quae ad largissimam mercaturam et lucrum ex ea proficiscens pertineant.

At enim vero quam frequentissimi pariter ejusmodi navigatio maximo cum periculo ob incursionem praedonum maritimorum fuit instituta.

Praesertim Algirienses navibus nostris insidias hucusque paraverunt easque cumulatim abduxerunt.

Ne dicamus quam infinita pecunia per tot annos in redemtionem captivorum fuit erogata.

Hanc gravissimam saepius perpessam jacturam, bene ad iteratam nostrorum civium efflagitationem praecauturi, omnem navavimus operam pacem cum Algiriensibus contrahendi.

Tantum sane abfuit ut cogitatione praecipere potuissemus hancce pacem Majestati Vestrae minima ex parte fore injucundam, ut potius fortunam nostram in ipsius approbatione posuerimus.

Quod ad subvectum instrumentorum quae ad bellum gerendum faciunt attinet, statim ab initio hanc pacis conditionem iterum iterumque deprecati sumus. Attamen Algiriensis gubernator, nulla habita ratione, durissimam hujusmodi legem definite nobis imposuit. Sic ille, cui negotia nostra ibi demandata erant, pacem denique confecit, inductus variorum principum exemplis, qui easdem conditiones in se susceperunt.

Maximum impendimus laborem et sumptum in dictae pacis acquisitionem, nec quidquam nobis in hoc conatu propositum fuit, quam ingenua et honestissima voluntas tam Majestatis Vestris subditis quam nostris civibus et incolis negotiantibus communem in faciliori mercatura et navigatione utilitatem comparandi. Quanto magis enim naves in libero cursu sublevantur, tanto vilior mercium vectura constat et tanto largius emolumento exinde diffunduntur in commercia. Accedit quod hactenus cives nostri ex justo metu praedonum Algiriensium non potuerunt navibus uti Hamburgensibus, sed obstricti potius aegre fuerunt in maximum detrimentum naviculatorum, classiariorum et omnium qui re nautica victum quaerunt sub exterorum vexillis navalibus merces suas tuto transmittere.

Sic maxima ex spe nobis nostrisque opportune adfulgente dum nos in Majestatis Vestrae odium et offensionem incurrisse audimus, subito deturbati jacemus.

Supplicibus igitur verbis Majestatem Vestram oramus et obtestamur, ut pro eximia sua indulgentia deplorandam nostram conditionem commiserari velit.

Si enim cogeremur pacem cum Algiriensibus initam illico dirimere, innumera hominum nostrorum multitudo una cum navibus in mari Mediterraneo velificantibus crudelissimorum hostium furori statim immolaretur.

Detrimentum inde nobis futurum estimari vix posset, et quam gravissimae calamitates cum immani servitute semper conjunctissimae miseros ex nostris Christo tamen nomen dantes, miserrimos in hac vita sine omni spe redemtionis redderent.

Haec anxie perpendentes metu ac terrore frangimur, nec datum nobis est sensum doloris affatim exprimere.

Liceat nobis, Rex potentissime, aperte confiteri, nos nunquam cum Algiriensibus pacem contracturos fuisse, si divinare exinde potuissemus Majestatis Vestrae succensionem.

De nulla autem magis re, quam de Majestatis Vestrae clementia solliciti, omni diligentia ac indefesso studio contendemus, ut a promissione apparatuum belli Algiriam porro mittendorum liberemur.

Quod ut ex sententia efficiatur, Majestatem Vestram quam humillime rogamus, ut ad exemplum beneficii, Hanseaticis civitatibus per tractatum de anno 1647 articulo 36 a Rege Philippo IVto gloriosissimae memoriae, dati, tempus adhuc quam gratiosissime nobis concedere, adeoque jubere dignetur, ne mandata contra nostrorum commerciorum continuationem trimestre duntaxat spatium praefigentia prius peragantur, quam valeamus rem ipsam conficere, ut omnia sine periculo ceteroquin nobis imminenti in Majestatis Vestrae voluptatem evadant. Atque in debitam nostrae erga Majestatem Vestram quam religiosissimae observantiae testificationem, ablegatum quendam proximo quoque tempore ad aulam Ipsius mittere audebimus, qui nos et nostram Rempublicam gratiae Majestatis Vestrae suppliciter commendet, nostramque officiosissimam mentem amplius exponat, ita in spe habemus optimae clementiae et maximae salutis recuperationem.

Quam regiam magnanimitatem, largissimum novae benignitatis signum nos in aeternum veneraturi summa cum animi reverentia demississime permanemus.

III.
Die Commerzdeputirten an den Senat über den Handel nach Spanien. 18. Februar 1752.[1]

In schuldigster Befolgung des mündlichen Antrages Eines Hochedlen und Hochweisen Rathes de 16to. hujus ratione der Suppeditirung einiger Argumente, mittelst welcher der vorzügliche Nutzen des Hamburgischen Negotii gegen der Holländer ihrem der Krone Spanien begreiflich gemacht werden könne: haben Deputati Commercii keinen Anstand genommen mit ihren Alt-Adjungirten und verschiedenen der spanischen Handlung kundigen Kaufleuten sofort zusammenzutreten und über diese so wichtige Angelegenheit zu conferiren, und vermeinen Deputati folgende rationes von gnugsamer Erheblichkeit zu seyn, den erwünschten Eindruck am Königl. Spanischen Hofe zu effectuiren, und zwar dass:

1) die Holländer die spanischen Landes-Producten, als Rosinen, Mandeln, Kastanien, Oehl, Wein, Früchte, Rosmarin und alle übrige Landes-Früchte nie in solchen Mengen consumiren können als Wir. Dafern es aber ja den Holländern gelingen sollte, das Monopolium darin zu erlangen, so würde die natürliche und bey ihnen gleichsam hergebrachte Folge seyn: dass sie sodann die Königlich spanischen Unterthanen aufs äusserste in den Preisen drücken würden;

2) dass, obgleich die Holländer jährlich ein ansehnliches Capital an Wolle in Spanien anlegen, doch darunter die spanischen Unterthanen anstatt verhofften Vortheiles einen wesentlichen Schaden leiden, angesehen sie den Holländern ihre von derselben Wolle

---

[1] Comm. Dep. Prot. (H. K. Arch. Hamb.)

fabricirte Manufacturen viel theurer nachhero wieder bezahlen müssen; zu geschweigen, dass ihren eigenen Wollen-Manufacturen durch die Ausfuhr der unbearbeiteten Wolle der empfindlichste Schaden zuwächset;

3) dass Hamburg, wie selbst die spanischen Zoll-Register zeugen können, das Aequivalent seiner nach Spanien gesandten Waaren grösstentheils und in weit grösserer Quantitet als die Holländer und alle andere Nationen in dasigen Landes-Producten ziehen, dahingegen die Holländer für ihre eingeführte Waaren fast nichts als contante Gelder oder auch Wolle herausziehen, die sie nachgehends in ihren eigenen Manufacturen wieder in Spanien einführen und dessen eigenen Landes-Manufacturen den grössten Schaden thun, und endlich, dass

4) Alles, was von hier nach Spanien gehet, als Getraide, alle Sorten schlesische, sächsische und westphälische Leinwandten, Holtzwaaren, als Piepen-Stäbe u. dergleichen, Wachs, Kupfer, Blechen, Böhmisch-Glass, Nürnberger Krahm-Waaren etc., lauter Producten sind, so an dem Elb-Strohme und angräntzenden Landen wachsen und fabriciret werden und mithin von hieraus allezeit wohlfeiler geliefert werden können als von den Holländern.

Deputati zweifeln nicht, Amplissimus Senatus werde, desselben hocherleuchteter Einsicht nach, diesen vorhergehenden noch andere wichtige Gründe beyfügen, und bitten nur, den Herrn Syndicum Klefecker durch möglichste Beschleunigung seiner Instruction aufs eheste in den Stand zu setzen, etwas Wesentliches nützliches für diese gute Stadt auswirken zu können.

IV.
Der hamburgische Senat an den Dey von Algier
1752. Juli 21.[1])

Très-Illustre, Très-Magnifique, Sage et Vertueux Seigneur.

Il sera déjà venu à votre connoissance, Très-Magnifique Seigneur, combien a tourné à notre désavantage le traité de paix fait et conclu l'année passée entre la Régence d'Alger et notre République.

Nous ne nous en serions certainement pas imaginés les moindres suites facheuses!

---

[1]) Reichsarch. im Haag; von Buys am 8. August eingeschickt.

Mais il en est arrivé contre toute notre attente un accident, dont nous avons le coeur vivement pénétrés de chagrin et d'inquiétude.

Ce n'est que par l'alliance nouvellement établie avec Vous, Très-Magnifique Seigneur, que nous nous sommes attirés la disgrace de Sa Majesté Catholique.

Nous ne sentons que trop son indignation par l'effet du decret, qui a été publié l'année dernière pour l'interdiction de tout notre commerce en Espagne.

Sa Majesté Catholique veut absolument, que par rentrer dans ses bonnes graces et le libre commerce espagnol nous renoncions entièrement au traité de paix ci-dessus mentionné.

Permettez-nous, Très-Magnifique Seigneur, de Vous avouer à coeur ouvert, que nous avons trop d'attention pour les bienfaits, dont ce grand Monarque et ses Augustes Prédécesseurs ont daigné honorer notre République, pour lui donner de notre part le moindre sujet de se facher contre nous.

C'est pourquoi nous ne saurions nous dispenser de Vous déclarer, Très-Magnifique Seigneur, que malgré tous les avantages, que la dite alliance avec Vous nous a fait espérer, il nous faut anéantir le traité de paix contracté l'année passée entre la République d'Alger et la notre, de sorte que nous le cassons ici en toute sa substance, et le regardons comme s'il n'avoit jamais été fait et conclu.

Comme ces circonstances ne demandent donc plus l'entretien d'un consul à Alger de la part de notre République, nous venons de décharger le Sr. John Ford de cet employ et de tout son engagement envers nous, par la lettre du congé, que nous lui avons donnée là dessus dans les formes.

Au reste nous ne laissons point de Vous remercier, Très-Magnifique Seigneur, de toute la bonne volonté, que Vous avez bien voulu nous témoigner jusqu'ici.

Nous sommes très parfaitement,

Très-Illustre, Très-Magnifique, Sage et Vertueux
    Seigneur

Vos très-humbles et très-obéissants serviteurs
les Bourguemaitres et Sénateurs de la République de Hambourg.

Donné sous le sceau de notre Ville le 21. Juillet 1752.

V.
Instruktion zur Unterhandlung eines Friedens Hamburgs mit Algier. 1785. Dezemb. 2.[1])

Mémoire.

Il convient de particiver au Ministre du Département des affaires étrangères le désir de la ville de Hambourg, d'établir une paix solide entr'Elle et les puissances barbaresques dès l'instant que les cours de Madrid et de Lisbonne auront terminé définitivement les négociations entamées depuis quelque tems, dont on doit attendre le développement chaque jour. De même il convient de le supplier à cet effet, de reclamer le consentement de Son Auguste Souverain, pour employer à une négociation le Consul de Sa Majesté demeurant à Alger.

Mr. de la Flotte étant instruit des motifs de cette négociation, si le Ministre les demande, il ne s'agit que des détails et instructions pour Mr. Kersy, Consul de S. M. T. C. à Alger, dans la supposition, que le Roi permettra de recourrir aux bons offices de Son Consul dans cette affaire.

En conséquence il seroit question de se mettre au fait de deux choses principales.

1) Il faudroit savoir, si la Régence d'Alger incline à faire la paix avec Hambourg,

2) à quelles conditions on veut la faire? c'est à dire, à combien l'on évalueroit les présents annuels, ainsi que la gratification à payer d'abord?

Comme Hambourg forme un état, qui a beaucoup de ménagemens à gardes envers toutes les puissances, la gratification, que l'on accorderoit, seroit payable en espèces sonnantes. Car outre que les munitions navales ou de guerre, ou autres articles propres pour ces quartiers-là ne peuvent être établis à Hambourg qu'aux mêmes conditions à peu près, aux quelles on les établiroit à Alger, en les tirant en droiture, il y a un autre inconvenient; c'est que ces articles à coup sûr seroient déclarés de contrebande par les puissances européennes, qui pourroient être en guerre soit avec les puissances barbaresques même, soit avec d'autres puissances de l'Europe et l'on empêcheroit même ces envois, comme le prouve l'exemple de l'année 1751, où la paix avec Alger fut conclue for-

---
[1]) Prot. der Commerz-Dep.

mellement; mais la ville n'a pas pu en tirer parti, à cause de l'opposition de l'Espagne, alors en guerre avec Alger. D'ailleurs dans les dernières guerres de l'Europe tout commerce et transport d'articles de contrebande, même pour les ports neutres, souffrirent beaucoup d'entraves.

Ensuite cette gratification, de même que la retribution annuelle ne sauroient être considérables:

1) parceque la République d'Hambourg n'ayant ancune possession dans les deux Indes, ni aux Antilles, ni ailleurs, le commerce de cabotage de sa marine marchande le long des côtes de France dans la Manche pour les côtes de l'Angleterre, de la mer du Nord et de la Baltique, n'occupe que fort peu de matelots Hambourgeois, et la plupart des équipages sont des étrangers. Hambourg, une seule ville, presque sans territoire, n'a pas d'habitans en assez grand nombre pour ce service et ne fait pas, comme les puissances du Nord, naviguer son pavillon, pour donner de l'emploi et du pain à ses marins.

2) Par la même raison son commerce ne feroit absolument aucun accroissement par cette pacification. La preuve en est, qu'il n'a pas été interrompu malgré la cessation de la bonne intelligence entre ces puissances et la ville, et la dernière prise, que les Algériens ont fait sur Hambourg, date depuis 28 ans, seulement l'on s'est servi à Hambourg des pavillons des puissances en paix avec les Barbaresques. Ce n'est donc principalement que dans la vue d'entretenir la petite navigation avec le Portugal, les ports de l'Océan Atlantique et de la Méditerranée, que la ville recherche cet arrangement avec Alger. Cependant s'il ne peut avoir lieu à des conditions réciproquement convenables, elle sera obligée de continuer à se servir des pavillons étrangers dans l'Océan Atlantique et la Méditerranée, et depuis près de trente années l'on n'a pas vu son pavillon dans cette dernière. Elle suivroit aussi dans ce cas la même marche pour son commerce de Portugal, fait avec son pavillon seulement depuis cinq ou six ans, pendant que l'Espagne en guerre avoit partout ses vaisseaux et frégattes, et par là on étoit presqu'assuré, que les corsaires Algériens ne passeroient pas le Détroit.

Dès lors les Algériens, l'arrangement proposé n'ayant pas lieu, n'en retireroient aucun avantage, puisqu'il est constant, comme il est dit ci-dessus, qu'il n'a été fait depuis 28 ans aucune prise sur les Hambourgeois. Et bref Hambourg ne peut être mis en comparaison avec les puissances maritimes de l'Europe. Par exemple la République d'Hollande a pour le moins vingt ports, dont la plupart ont chacun en leur particulier une marine marchande plus considérable, que celle d'Hambourg. Une raison encore, pourquoi l'on ne sauroit payer la même retribution annuelle accordée dans le précédent traité avec Alger, c'est que dans ce temslà les Algériens ont pris chaque année plusieurs batimens et même beaucoup, ce qui n'est pas le cas à présent, ni ne peut même le devenir par nombre de raisons, qu'il seroit superflu de détailler ici.

Il est essentiel au reste de recommander à Mr. Kersy le plus grand secret sur cette négociation, à cause des puissances rivales de notre navigation, et de même qu'il sonde avec toute la précision possible le terrain sur les conditions, que l'on exigeroit, afin qu'au moment, où l'arrangement entre l'Espagne et Alger sera consommé, l'on puisse d'abord mettre la main à l'oeuvre pour conclure également. En attendant Mr. Kersy est prié de vouloir bien observer et nous marquer jusqu'à quel point les négociations actuellement sur le tapis seront avancées et tout ce qui passera d'intéressant relatif à ce sujet.

à Hambourg, le 2. Decembre 1785.

VI.
Richauds Bericht an den hamburgischen Senat.
Marseille. 1787. Februar 24.[1])

Messeigneurs.

Monsieur de la Flotte m'a fait passer à Alger la copie de la lettre, que le noble Sénat lui a écrit en réponse de celle, où il lui rendoit compte de l'inefficacité de ma mission. Je crois devoir aujourd'hui avoir l'honneur de lui communiquer directement le résultat des diverses observations que j'ai fait sur le pays, tendantes si non au but que Vous vous éties proposé, du moins à l'éclaircissement plus détaillé des raisons qui s'y sont opposées, comme aussi sur la course des Algériens et des batimens qu'ils y employent.

J'ai vu, Messeigneurs, dans cette lettre, que le noble Sénat s'étoit décidé à ce que je parus plus à découvert dans ce payslà, puisque le Portugal étoit loin de pouvoir entamer quelque négociation, et qu'il me permettoit pour cela de m'adresser à quelque membre prépondérant dans le gouvernement. Mr. de Kersy, porté

---

[1]) Prot. der Commerz-Dep.

de la meilleure volonté, fit appeler son drogman, et nous lui donnames ensemble les instructions nécessaires pour cette ouverture. Il s'addressa au premier ministre qui est son ami particulier, mais sa réponse, que nous présagions, ne seconda pas l'envie que nous avions, que cette première entrevue ou conférence peut nous conduire au terme désiré, et ce ministre, sans nous laisser aucun espoir, nous fit dire, qu'il en parleroit au Dey. Dans la crainte que mon objet pouvoit lui être connu il ne lui scut mauvais gré de ne le lui avoir pas participé. Vivant dans l'espérance, mais n'osant me flatter de rien je n'étois pas moins impatient de sçavoir le résultat du dernier coup, qui se portoit. Il fut tel malheureusement, que je devois l'attendre, et le Dey me fit dire que je pouvois partir aussitot que je voudrois.

Vous sentez, Messeigneurs, que ne me sentant pas assez fort d'un autre côté pour pouvoir le tenter quoique inutilement, si j'avois pu lui offrir d'avantage, que je me décidai à retourner, puisque toutes les portes m'étoient absolument fermées et je fus trop convaincu que ma bonne volonté seule ne pouvoit pas suffire à réaliser l'espérance que vous aviez du succès de mes démarches.

Cependant si les Portugais se soutiennent dans les croisières qu'ils ont commencé l'été dernier, vous aurez, Messeigneurs, une protection très-efficace; ils ont senti, que la paix d'Espagne cessoit de les protéger à leur tour, et le chebeck qu'ils ont brulé sous le canon de Gibraltar, leur donnera l'émulation nécessaire pour faire encore mieux. Il n'est pas douteux, que les huit chebeks ou barques qui restent à la foible marine d'Alger n'entreprennent de passer le détroit au printems prochain et il ne me paroit pas douteux aussi qu'il n'y aye quelque affaire entre ces deux nations soit à la sortie comme à la rentrée du détroit. La première croisière des Algériens commence après l'Équinoxe du Mars. Ils n'ont pas sorti le détroit depuis longtems parcequ'ils trouvoient dans la Méditerranée à piller avec les Espagnols et qu'ils scavoient d'ailleurs que leurs parages étoient gardés; aujourd'hui que leurs ennemis ont beaucoup diminué dans nos mers, l'espoir du vol et du brigandage les poussera dans l'Océan; mais il n'y a plus d'hommes parmi eux capables de naviguer dans cette mer comme autrefois, et les batimens qu'ils ont ne les y encouragent pas. On ne les verra plus comme jadis au delà du Cap St. Vincent ou de Finisterre. J'ai vu à Alger à propos de la perte du chebeck quelque chose de bien humiliant j'ose dire pour les Anglois, qui ne sont pas si doux avec des ennemis plus forts. Non contens de la démarche que fit le Général Elliot de reambarquer l'équipage Algérien sur un batiment précedé d'une frégatte qui vint annoncer l'événement et qui assura le payement du chebeck, qu'ils reprendront certainement pas dans la bourse du Portugais, j'ai vu encore arriver une autre frégatte venant de Londres avec une lettre du Roi pour le Dey, où S. M. témoignoit, combien elle avoit été fâchée de l'événement arrivé, qui n'auroit pas eu lieu, disoit-elle, sans la maladie du Général Elliot, qui auroit empêché l'insulte des Portugais faite sous son canon. Les Algériens, qui comptoient déjà sur le payement de leur corsaire, et qui par cette raison en étoient déjà consolés, ont eu la bonnehomie de rapporter cette démarche à leurs forces et n'ont pas craint de faire entendre que le Roi d'Angleterre paroissoit les craindre. Il est vrai qu'on craint tout avec ces gens là, parceque la satisfaction qu'on voudroit se faire soi-même couteroit trop et qu'il n'y a rien à gagner avec eux.

Vous aurez vu, Messeigneurs, soit par les avis que le noble Sénat avoit reçu de ma part, soit par les raisons, que je viens d'avoir l'honneur de vous déduire, l'impossibilité morale de conclure la paix avec Alger. Ces mêmes raisons seront, j'ose dire, plus fortes après la mort du Dey régnant. Le voisinage de l'Espagne, le mal que cette puissance a causé à plusieurs reprises à la marine des Algériens, les tentatives quoique infructueuses qu'elle a fait pour tacher de les reduire par la force et la somme énorme de deux millions de Piastres environ qu'elle a consenti de payer pour acheter la paix; tous ces motifs ont porté le Consul et le Dey surtout à conclure cette paix si intéressante pour l'Espagne, dont la proximité de ses ennemis ne pouvoit que lui être toujours dangereuse.

Cette même paix auroit pû être plus difficile à l'avenir par plusieurs motifs, celui de la religion et celui de la nécessité d'employer la milice; je dis celui de la religion, parceque c'est dans le fondement de la constitution de faire la guerre aux Chrétiens, et il est nécessaire d'employer les troupes, parceque les soldats ne s'enrolent en Levant que par l'apas qu'on leur montre d'une fortune assurée. Un autre motif, qui est le plus essentiel, est celui qu'un Dey plus fanatique et moins avare que celui qui régne, qui n'eut vu dans la destruction de quelques corsaires qu'une vengeance de plus à assouvir, ne se seroit pas rendu à l'argent qui a fait cette paix et des prises momentanées l'eussent entretenu dans l'esprit de rapine et de haine qui l'auroit consolé des pertes que la Régence ou des particuliers, qui arment, eussent pu faire. Fier et rassuré d'ailleurs par la force intérieure, que les Espagnols n'ont pu ou n'ont pas voulu vaincre dans trois reprises, parce-qu'elle n'est pas invincible, comptant aussi sur deux mille canons, qui entourent ou dominent la Baye, et n'ayant pas besoin des Espagnols pour des secours en munitions de toute espèce, aux quels d'autres puissances ont pourvu jusqu'à présent, n'auroit pas fait encore un coup cette paix, que la puissance la plus inutile en ce genre pourra être dans le cas de beaucoup regretter. La mort du Dey qui regne sera une raison qui manifestera plutot la crainte ou elle doit être, et la rupture de cette puissance qui est Venise pourra être le signal de l'avénement du successeur.

La milice du pays, que l'on évalue à quinze mille hommes, n'est pas à la vérité toute employée à la course, elle est repartie à la garde d'Alger et à ses dépendances, comme dans les trois provinces du Royaume, qui s'étend le long de la mer l'espace de cent quatre vingt lieux. Ces trois provinces sont celles de Constantine à l'Est, de Titery au midi et des Mascara à l'Ouest; elles sont régies et administrées par des Beys que nomme la régence. Les impots qu'elles supportent sont d'autant plus considérables qu'ils le plus souvent arbitraires, et le Maure, qui les paye, intimidé par le despotisme ne peut que plier sur le joug qui l'opprime à voir grossir un trésor, qui venant s'enterrer dans Alger, et n'entrant plus dans la circulation, ainsi que la constitution l'exige, ne lui laisse que ce qui lui faut pour vivre. Le manque d'encouragement que le gouvernement est d'autant moins porté à lui donner pour ne pas augmenter l'agriculture, qui aiderait à la population, établit ainsi d'autant plus son pouvoir fondé sur l'appauvrissement des naturels du pays, que l'on remontre souvent dans l'intérieur du royaume en petites peuplades éparses sous des tentes à portée des champs qu'elles ont cultivés. Voilà comme une source de bien prodiguée dans les mains des Turcs produit une source de misère

Vous scavés, Messeigneur, que le Portugal n'a encore rien communiqué directement aux Algériens et que ce n'a été que par le canal des Espagnols, qu'il a temoigné le désir de se rapprocher d'Alger. On assuroit à mon départ, qu'un envoyé de cette cour devoit venir, mais que toutes ses demarches seroient vaines. Le roi de Naples auroit fait des ouvertures depuis longtems, si le roi d'Espagne ne l'avoit pas flatté, qu'ils en tireroient ensemble meilleure parti à la suite des forces qu'il se proposoit d'envoyer; mais la confiance trop assurée du père en renvoyant bien loin les espérances du fils a augmenté la morgue des Algériens qui n'écouteront peut-être aujour-d'hui avec moins de dédain les offres du roi de Naples que parcequ'elles seront faites par la médiation de l'Espagne et peut-être appuyées de la cour de France, mais le succès n'en est pas moins incertain par les conditions, que l'on exigera et auxquelles il est douteux que la cour de Naples veuille souscrire.

Les esclaves Chrétiens sont dans ce pays-là une double richesse pour le gouvernement et pour les particuliers qui en achêtent. C'est par eux que se font tous les travaux publics. C'est par eux que l'on parvient à les perfectionner. Tel esclave prodigue ses talens, tel autre travaille bien mieux qui n'en a l'envie que pour adoucir autant qu'il peut son malheureux sort. On exige d'ailleurs le baton à la main que celui qui scait peu de chose fasse beaucoup plus.

Le second motif de richesse pour le gouvernement et pour les particuliers est dans le prix du rachat, qu'ils font monter aujourd'hui au delà de ce qu'ils ont valu suivant la qualité ou l'age du captif. On ignoroit encore à mon départ, si le roi d'Espagne aura acquiescé aux prétentions du Dey pour la rançon de quatre cent Espagnols qui sont encore dans les fers et pour lesquels on demande quinze cent mille livres.

Aux huit barques ou chebecks qui composent la marine d'Alger il faut ajouter encore trois galiotes. Ces premiers sont montés depuis dix huit jusqu'à trente deux canons et armés depuis cent quatre vingt jusqu'à trois cent hommes d'équipage. Les galiotes en ont cent. Tous ces bâtimens ont une marche supérieure éprouvée plus d'une fois et en plus d'une rencontre, et leur vitesse dépend autant de la coupe qu'ils ont, de la légèreté de leur construction que de la grandeur ou largeur de leurs voiles presque disproportionnées à la capacité du batiment qui les sauve d'une chasse avec un vent frais, mais qui feroit leur perte avec un vent trop fort; parcequ'ils seroient dans le cas craignant de périr en mer de ne pouvoir pas s'en servir avec la même utilité. Les barques ne diffèrent des chebecks que par la construction de l'arrière qui est connue. Dans ce moment il n'y a que deux de ces batimens, qui ayent le mat de miraine placé comme le grand mat, les autres ont leur mat de miraine courbé sur l'avant et leur grand mat est à l'une comme celui d'artimon.

Les commandans de ces corsaires ne sont que des gens affamés de rapine, ainsi que j'ai eu l'honneur de Vous le dire, Messeigneurs, fort peu entendus dans la manoeuvre que leur métier exigeroit, s'ils se montroient en braves et s'ils aspiroient à prendre un batiment de leur force, ils ne se refuseroient cependant pas, si étant en plus grand nombre que l'ennemi, ils pouvoient se flatter d'enlever à l'abordage un vaisseau aussi fort que chacun d'eux en particulier. Ils n'entendent rien au service du canon; mais ils sont plus téméraires que courageux corps à corps. Il n'y a qu'un Raix aujourd'hui qui commande le chebeck du Dey en état de pousser la croisière dans l'Océan plus loin que les autres; mais exerçant la pyraterie depuis longtems, et étant à son aise il n'aime plus à courir les grands dangers; et ce ne seroit que par la crainte du rapport des surveillans qu'il feroit plus dans l'occasion que ce qu'il auroit envie de faire, et à moins qu'il ne s'en forme d'autres comme dans les tems passés, on ne les verra plus pousser jusqu'aux Açores ou à Madère.

J'ai eu l'honneur de vous dire, Messeigneurs, qu'ils sortent après l'Équinoxe de Mars, ils rentrent deux mois après pour se préparer à une autre croisière qui finit en Octobre. On les a vu sortir quelque fois en hyver, mais ce n'est pas l'ordinaire. Ils sont fort jaloux de ne pas déterminer ou publier l'époque de leur départ; quand il est resolu, on met un Embargo pendant l'armement et il ne cesse que douze ou quinze jours après leur sortie pour prévenir les avis qui pourroient les précéder.

Quand ils ne sortent pas de la Méditerraneé, ils croisent soit sur le Cap bon connu sur les côtes d'Italie, de Sardaigne et de Corse. La cour de France aura cette année une frégatte en station sur les parages de cette dernière, pour éviter de querelles toujours disgracieuses avec eux. Ils rangeront à l'avenir les côtes d'Espagne, parcequ'ils ne les craignent plus.

On doit mettre sur les chantiers leur chebecks de trente à trente-deux canons. On coupe dans ce moment les bois sur la côte; mais il ne paroit pas vraisemblable que ces batiments soient prêts dans le courant de l'année. Ils arment leur corsaire avec la plus grande oeconomie. Un peu de légumes, des olives et du vinaigre, dans lequel ils trempent leur biscuit, suffit à tout; mais aussi font ils rarement grâce à un ami qu'ils rencontrent chargé de quelques comestibles de ne pas s'en attribuer une provision. De là viennent les plaintes que plusieurs consuls sont dans le cas de faire sur le rapport des capitaines, qui arrivés à leur destination déposent ces tyrannies.

Si on ne doit pas se flatter, Messeigneurs, de voir reduire ou s'anéantir bientôt d'elle-même la marine de ces pirates, on peut juger ou croire sauf les événemens qui peuvent arriver en leur faveur, que leur force n'ayant jamais été reduite à si peu de chose, elle sera encore infiniment moins à craindre dans l'espace de vingt à trente années. Le succès de la course donnant toujours moins d'espérance en raisons des paix qui se sont faites et l'espoir du pillage n'étant plus si grand, on peut croire avec quelque fondement que l'ésprit de la course qui règne parmi eux s'affoiblira en raison des moindres avantages qu'elle leur présentera; et d'un autre côté, si continuant à vexer leurs amis ils ne se comportent pas comme ils devroient, seroit-il impossible de croire qu'on entra chez eux avec des forces suffisantes pour pourger la terre d'une pareille vermine surtout lorsqu'on y trouveroit de quoi payer la dépense et remettre le pays au pouvoir des indigènes qui ne désirent qu'une pareille révolution.

Un mois avant mon dèpart la contagion s'étoit manifestée à n'en pas douter: nous en avons eu des preuves trop marquées pour que la conviction n'en fut assurée. Nous avons du dans le courant d'été et aux grandes chaleurs qui pour l'ordinaire amortissent la malignité, une épidemie moindre que nous ne craignions; mais ce fléau a repris ou de lui même ou par l'arrivée d'un envoyé de Constantine, qui n'ayant resté que huit jours dans Alger pour y apporter le tribut a repandu une autre germe de cette cruelle maladie qui enlevoit dans cette première ville plutôt petite que grande depuis cinquante jusqu'à quatre vingt personnes par jour. Plus d'une maison dans notre quartier ayant été attaquée, nous nous sommes renfermés pour moins craindre, mais tant de gémissements, que nous n'étions que trop à portée d'entendre nous ont representé l'horreur que les effets ou le nom de cette maladie inspire. Il est à désirer pour l'humanité que l'hyver soit assez rigoureux pour l'étouffer. Dans le cas contraire elle commencera sa force à l'approche du printemps pour ne finir que quand il plaira à Dieu d'en soulager le pays, parceque la religion s'oppose à prendre les précautions nécessaires.

Mr. de la Flotte m'avoit recommandé de prendre des informations sur la course des Tunisiens et des Tripolitains. Ce que j'ai pu en apprendre, soit à Alger ou ici n'est pas aussi exact que celles relatives aux Algériens, dont j'ai pu m'assurer par moi-même; mais en général on est assez d'accord que ces pyrates n'ont que les galiotes qui sortent dans l'été et qui ne se montrent que dans le Canal de Malte ou sur les côtes d'Italie. Ils sont les uns et les autres beaucoup moins à craindre que les Algériens.

Il me reste à vous dire, Messeigneurs, que, si je n'ai pas réussi dans ma mission, mon désir et mes soins n'en secondoient pas moins toute l'envie que le noble Sénat auroit eu d'un meilleur succès; mais si, comme vous avez la bonté de le témoigner, j'ai pu être digne un moment de votre confiance, en mettant sous vos yeux l'état des choses telles qu'elles étoient, je m'aplaudirai toujours de l'avoir méritée.

J'ai l'honneur d'être avec un très-profond respect, Messeigneurs,

du noble Sénat
le très-humble et très obéissant serviteur
Richaud

à Marseille, le 24. février 1787.

VII.
Vertrag Marokkos mit Hamburg von 1805.[1]

Gott allein gebühret Lob! Es ist keine Kraft noch Macht, als nur allein in Gott dem Allmächtigen und höchsten Wesen!

See- und Land-Handlungs-Tractat zwischen dem Kaiser der Gläubigen Moley Soleiman, König von Marocco, dessen Ruhm und Macht Gott verewige, und zwischen der Stadt Hamburg, derselben Magistrat und Unterthanen, abgefasst in acht Artikeln, wie folget als:

> Soleiman
> Ben Mohamed
> Ben Abdallah   (Siegel.)
> Gott sey seine
> Hülfe

---

[1] Archiv der Handelskammer Hamburg. Es ist eine Übersetzung aus dem Portugiesischen, wie sie 1806, wohl in Hamburg, hergestellt worden ist.

Art. 1.

Jedes dem König von Marocco angehörige Kriegs- oder Kauffahrtey-Schiff soll freywillig oder nothgedrungen ungehindert in den Hamburgischen Häfen, ohne etwas dafür zu entrichten und ohne der mindesten Mishandlung ausgesetzt zu seyn, einlaufen mögen. Auf gleiche Art sollen die Hamburgischen Schiffe und Unterthanen in den Staaten des Königs von Marocco behandelt werden und die zur Ausfuhr erkauften Waaren ungestört einkaufen können.

Art. 2.

Wenn ein hamburgisches Kriegsfahrzeug einem maroccanischen Kaper begegnet, so muss die Chaloupe des hamburgischen Schiffs an Bord des maroccanischen Kapers gesandt werden, um nach beendigter Unterredung mit dem Kommandanten wieder an Bord zurückzukehren; ist aber das hamburgische Schiff ein Kauffahrer, dann soll der Kaper sich in seiner eigenen Chaloupe an Bord des Schiffs begeben, um die Papiere zu untersuchen, und nachdem dieses geschehen, wieder zurück an sein Schiff fahren.

Art. 3.

Im Fall ein maroccanisches Schiff an den Küsten des hamburgischen Gebietes stranden möchte, so soll der Gouverneur einer solchen Gegend gehalten seyn, für die Rettung der Effecten und Ladung des gestrandeten Schiffs zu sorgen, ohne dass der Capitain desselben verpflichtet sey, ausser dem Lohn der Leute, die bey solcher Gelegenheit gearbeitet haben, sonst etwas zu bezahlen; und auf gleiche Weise soll es in den Königlich-Maroccanischen Staaten mit den hamburgischen Schiffen gehalten werden.

Art. 4.

Die in Handlungs-Angelegenheiten nach Hamburg reisenden Unterthanen des Königs von Marocco sollen daselbst ihre Waaren landen und verkaufen, auch nach eigenem Gefallen andere erhandeln können, ohne etwas mehr als die gewöhnlichen Zoll-Rechte und den Lohn derer bey dem Ausladen gebrauchten Arbeitsleute zu bezahlen; auch soll es ihnen frey stehen, ihre Waaren, solange es ihnen gefällt, in ihrer Behausung niederzulegen und aufzubewahren; und auf ähnliche Art sollen die hamburgischen Unterthanen und Schiffe in dem Königreiche und den Staaten des Königs von Marocco behandelt werden.

Art. 5.

Wenn die nach Hamburg reisenden maroccanischen Unterthanen die benöthigten Waaren daselbst nicht vorfinden, und solche in einem andern Ort dasiger Lande ankaufen möchten, so sollen sie nicht gehalten seyn, dieserwegen irgend etwas mehr an Abgaben, sondern nur bloss den Lohn an die Leute, welche sie zu ihrer Begleitung und Bewachung der Waaren unterweges angenommen haben, zu bezahlen, und sollen nur allein den bey Einschiffung der Güter festgesetzten gewöhnlichen Zoll erlegen müssen. Ein Gleiches soll in den Königlich Maroccanischen Staaten auch den Hamburgern zugestanden werden.

Art. 6.

Wenn in denen Hamburgischen Staaten irgend ein Unterthan des Königs von Marocco mit Tode abgehen möchte, so soll der Gouverneur des Orts dafür sorgen, des Verstorbenen Waaren, Güter und Kleidungsstücke in sicherm Verwahrsam zu bringen, um den Angehörigen des Verstorbenen übersandt zu werden, und auf ähnliche Art wird es in den Maroccanischen Staaten mit den verstorbenen Hamburgern gehalten.

Art. 7.

Die in Hamburg sich aufhaltenden Maroccanischen Unterthanen sollen nicht für Schulden anspruchlich seyn, die durch Andere contrahirt worden sind, auch nicht entgelten müssen, was andere Mauren verwirkt haben, und eben dasselbe soll in den Maroccanischen Staaten in Betreff der Hamburgischen Unterthanen Statt haben.

Art. 8.

Im Fall einer Veranlassung zum Friedensbruch sollen nur erst nach Ablauf von sechs Monaten die Feindseligkeiten von beiden Seiten Statt haben können, damit während solcher Zeit die resp. Unterthanen mit ihren Waaren und Gütern sich nach ihrer Heimath begeben mögen.

Declaration.

Dieser Friede ist unter der Bedingung zugestanden, dass die Stadt Hamburg dem Könige von Marocco jährlich fünftausend

Pesos duros entrichte; sobald dieser Tribut nicht erlegt wird, erreicht dieser Friede seine Endschaft, und jede Sicherheit Unserer-Seits höret auf. Ferner wird declarirt, dass besagter Friede am 20. des Monats Safar im 1218. Jahre der Hegira, den 10. Junii 1803, den Anfang genommen.

Anhang.

Ueber einige in Hamburg getroffene Massregeln zur Lösung von in die Sklaverei gerathenen Seeleuten.

I.

Die Sklavenkasse.

Die erste Nachricht über eine Sammlung für Sklaven in Hamburg finde ich im Jahre 1577. Am 31. August dieses Jahres erlaubte der Rath dem Michael von Fiatsentz (Vicenza?) und dem Mathias Weilgi, „alsse in der Turkeyen gewesenen Gefangen", in der Stadt Almosen behufs Aufbringung des von ihnen versprochenen Ranzionsgeldes zu sammeln. Vielleicht ist Ähnliches damals schon öfter vorgekommen.

Die Zunahme der Seeräuberei im 17. Jahrhundert brachte naturgemäss auch ein Anwachsen der Zahl der in Sklaverei gerathenen Hamburger[2]). So stellten im März 1612 „die gemeine handtierende Kauffleute und Schiffere hieselbst" dem Rath vor: es sei Ihm bekannt „wass massen leider vor diesem etliche dieser Stadt Bürgere und Einwonere in ihren vorhabenden Reisen hin und wieder von den Seeräubern und Türken gefangen und zu Algier und Thunis in Barbarien uff den Galleren in schweren Banden bey unmenschlicher Arbeit, Hunger und Kummer aufgehalten werden."

Die Klagen hamburgischer Bürger und Einwohner über das Loos ihrer Angehörigen in der Sklaverei mehrten sich. Der Rath sah sich deshalb bewogen, am 19. Februar 1619 seinen alten Bundesgenossen, den holländischen Generalstaaten einen Brief zu

---

[1]) Hamb. St. A.
[2]) Über einen Fall im Jahre 1601 berichtet Voigt in Mitt. des V. f.-hamb. Gesch. IV 26 ff (1881).

schreiben¹), in dem das Elend der hamburgischen Sklaven geschildert wird und die Generalstaaten gebeten werden, Hamburg bei der Befreiung der Leute zu helfen. Von den Holländern, die „durch ufgerichtete Verträge in gueter Verstendtnuss" mit den Barbaresken standen, hoffte Hamburg in dieser Beziehung sichere Abhülfe.

Doch war der Zeitpunkt für diesen Appell ungünstig gewählt. Die Holländer geriethen grade damals wieder in Feindseligkeiten mit Algier· und Tunis. Auch war es sicherlich besser, Hamburg verliess sich auf sich selbst.

Bald sah die Stadt sich genöthigt, selbständig Mittel zu ergreifen, um dem überhandnehmenden Sklaven-Elend einen Damm vorzubauen. Gleichzeitig schlug man zu diesem Zweck zwei Wege ein.

Erstens bestrebte man sich, der Schiffahrt der Hamburger nach jenen gefährdeten Gewässern grössere Sicherheit zu verschaffen; dazu diente die Gründung der Admiralität und die Einrichtung der obligatorischen Admiralschaft. Aber man befürchtete doch wohl, dass dieses auf die unmittelbare Stärkung jener Schiffahrt hinzielende Mittel nicht absolut genügen werde, um die Mannschaften der Schiffe vor den Gefahren und traurigen Folgen der Seeräuberei zu behüten. Es wurde deshalb eine Organisation geschaffen, die den der Sklaverei anheimfallenden Unglücklichen eine Gewähr verschaffen sollte, möglichst bald wieder in Freiheit zu kommen.

Die älteste dieser Organisationen in Hamburg ist die Casse der Stück von Achten,²) 1622 begründet. Aus der Mitte der Hauptinteressenten, der Schiffer, hervorgegangen, hat sie während der ganzen Dauer ihres Bestehens einen rein privaten Charakter behalten. Sie bezweckte und betrieb nur die Lösung der Schiffer und Steuerleute, nicht die anderer Personen.

Dieser Gründung folgte bald eine weitere, die der eigentlichen Sklaven-Kasse. Sie ist mehr öffentlichen Charakters und verdient eine etwas eingehendere Betrachtung.

Die Gründung der Sklaven-Kasse fällt in das Jahr 1624 und ist eine der ersten Schöpfungen der im Jahre vorher geschaffenen Admiralität. Nach Klefeker³) wurde diese Kasse am 29. März

---

¹) Reichsarch. Haag.
²) über sie vgl. vorläufig Westphalen, Hamb. Verfassung und Verwaltung (2. Aufl.) I. 486 Anm. Diese Kasse besteht als von den Schiffer-Alten verwaltete milde Stiftung noch heute.
³) Sammlung d. hamb. Gesetze u. Verfassungen (Hamb. 1765) I. 14.

1624 begründet; Klefeker wird aus dem Protokoll der Admiralität geschöpft haben, das jetzt leider für jene erste Zeit nicht mehr vorhanden ist. Eine „Ordnung" von dem genannten Datum ist nun nicht mehr vorhanden; die erste vollzogene „Ordnung" über diese Kasse stammt vom 1. November 1624. Aber wir besitzen doch noch einige Aktenstücke über die Kasse vor letzterem Datum; nämlich einen, wohl vom Rat oder der Admiralität herrührenden Entwurf zu einer Ordnung; sodann eine ausführliche, auf jeden Artikel jenes Entwurfes eingehende Erklärung der Oberalten und Alten der Schiffergesellschaft.[1]) Diese beiden Aktenstücke sind nicht datiert, stammen aber wohl aus dem Frühjahr 1624. Vom 18. März dieses Jahres ist aber datiert das dritte in Betracht kommende Aktenstück, die von der Admiralität beurkundete und veröffentlichte Einwilligung der Schiffer.

Ich lasse hier den Entwurf und die Erklärung der Schiffer nebeneinander folgen. Wir sehen aus dieser Zusammenstellung am Besten, worauf es den Hauptbeteiligten, den Schiffern, ankam. Allerdings sind ihre Motive, namentlich für ihre zu dem 1. Artikel gegebene Äusserung, nicht ganz klar. Dass die Schiffer vorläufig nur auf zwei Jahre sich auf diese Ordnung einlassen wollten, kann man ihnen bei der Neuheit der ganzen Sache nicht verdenken.

Erster Entwurf.[2])

1.

Es sollen alle und jede Schiffere, so von dieser guetten Stadt zur Sehewertts abzuesiegeln vorhabens oder von dorten wieder anhero gelangen, zue behuff, wie obgemeldt, nachfolgende Geldere einzubringen schuldich sein:

Erklärung der Schiffer etc.

Up den ersten articul erkleren die Schippern, woferne sich das Botsvolck wert holden, na Eines Erbarn Rades befehl, so willen sie geven von jeder Reise vor jedere Last alss dat Schip fohren mag, 6 Pfg. gahnde, und 6 Pfg. kamende, ist de gantze Reise 1 Schill. lubisch

---

[1]) Genau: „Erkleringe der Averolden und Olden der Schipper Gesellschop nebenst den semptlichen Schifferen und gemeinen Bootsvolcke up de avergegevene Articul, mit angehengter bitte und wollgemeinten erinnerungen." Letztere betreffen andere Dinge und sind deshalb hier nicht mit abgedruckt. Alle diese Aktenstücke befinden sich in der Berenberg'schen Sammlung (H. St. A.).

[2]) Als Einleitung steht ein längerer Passus, der im Wesentlichen der Einleitung der unten zu erwähnenden Ordnung vom 1. November 1624 entspricht.

führ sich selbsten: 2 Mark
führ den Steurman 1 Mark 8 Schill.
führ den Schrivern 1 Mark
führ den Haubtbossman: 1 Mark
führ den Schimman: 12 Mark
führ den Schiffs-Zimmerman: 12 Schill.
führ jeden 'Bossmann: 8 Schill.
führ jeden Puttjer und Kayutenwechter: 4 Schill.
Und sollen die Schiffere sothane geringe Pöste ihren schiffskindern an dero ihnen versprochenen Heure ein zue kurtzen und abzuezihen befuegett sein.

von der Last, tho Rantzionirung der Armen Gefangenen Botsgesellen, und woferne ehre Schepes Rehdere solckes in Reckeninge nicht wollen passeren laten, willen sie solckes uth ehren egenen Buedel bethalen.

Hiernebenst consenteren de gevolmechtigten edder uthschott der gemenen Botsgesellen, dat sie van ehrer halven hure, de sie uthgahnde entfangen, van jeder Marck 1 Schill., imglicken van der anderen halven huere, de se wedder inkamende entfangen, ock 1 Schill. lubsch van jeder Marck tho diesem wercke willen bethalen, welckes den ock also von den jennen, welcke buten landes eine oder mehr Reisen uthwehrts anfahren, nomlich van jeder Marck 1 Schill. tho bethalende allemahl schöle geholden werden, jedoch alles thom versöcke nu vorerst up twe Jahr langk. Idt hefft ock de Uthschott der Boyer-Schippers sich erkleret, dat se, na erer Gelegenheit, tho diesem werck willen contribueren, alss solckes Ein Erbar Raht wert moderreren und verenderen, damit desulvigen ock diesem hochnoedigen wercke tho hulpe kamen.

2.

Uber das sollen die Schiffere alles dasjenige, was bey schliessung der rechnung ethwa uber-

2.

By dem anderen Articul hebben se tho dieser tidt nichts tho erinneren.

schiessen oder sonsten die schiffsfreunde aus christlicher Liebe zue diesem wercke verehren werde, vermuege eines von einem oder mehren gedachter schiffsfreunden unterzeichneten Zettuls richtig einzulieffern schuldich sein.

3.

Diese Gelder sollen von der Admiralitet bestaltem und beeidigten Schreiber in beysein der bürger, so ihm adjungirt, eingenommen, ordentlich zue buche verzeichnett und dehnen von der Admiralitet hierzue jedesmahl in sonderheitt deputirten Herren oder Burgern alle 4 Wochen richtig berechnet, nach beschehener Rechnung in einen sonderl. hierzu verordneten Kasten verschlossen und daselbst so lange verwahrlich enthalten werden, biss man dieselbe durch bequeme Wechsel übermache, und damit die Gefangene redimiren und frey machen könne.

3.

Den derden Articul laten se sich ock woll gefallen, jedoch bidden und erinneren se hierbey, dat der Schreiber nicht van diesen vor de armen Gefangenen gesammelten Gelderen möge besoldet, sondern solcke besoldunge anders worher genahmen werden, darmit diese Armen-Cassa desto mehr möge prospereren.

4.

Es sollen und werden aber alsolche bey der Rechnung anwesende Persohnen sich höchstes fleisses angelegen seyn lassen, damidt dieses Contribution-Werck und wie viel es ungefehrlich tragen könne in höchster Geheim gehalten werde, damidt man in Turckeyen (da

4.

De Inholdt des veerden Articuls, nömblich den kunftigen Vorrath dieser Cassa in groter geheimb tho holden, ist sehr hochnoedich.

es sonst schwerlich verholen bleiben kan) kein gewisses facit darauff machen undt die Gefangene desto höher halten muege.

5.

Damit auch auf dies Contributions-Werck das Schiffs-Volk nicht zu hart zu verlassen oder ihnen Ursach dadurch gegeben werden möge, sich den See-Räubern oder Feinden desto eher zu ergeben, sollen diejenigen, welche beweisslich sich nicht haben wehren, noch dem Schiffer treulich Assistentz leisten wollen, sich dieser Contribution keineswegs zu erfreuen haben.

6.

Auch sollen von den Geldern, so vorgemelter massen contribuiret, oder sonsten von andern hiezu gegeben worden, keine andere Persohnen, als nur dieser Stadt Bürgern und Bürgers-Kindern, die Frembden aber nicht anders als da sie beweisslich 3 Jahr nach einander von dieser guten Stadt zur See gefahren und uff Hamburger Schiffen gefangen worden, gelöset werden.

7.

In Lösung der Gefangenen soll es ins gemein also gehalten werden, das der am lengesten

5.

Aver den voften Articul moth ock mit ernste geholden werden.

6.

Den sosten Articul können se gantz nicht bewilligen, uth diesen orsacken, dat bereits groth Mangell an Botsluden ist, und wenn disse Articul vaste gehen scholde, das alssdenne keine frembde sich finden wurden, de begerden mit unseren Schipperen tho segelen, und dewile ock ein jeder Botsman, wo baven gemelt, mit tho diesem wercke lecht, so musten sie ock jo alle desulvigen tho geneten hebben.

7.

Den sovenden Articul laten se sick so widt gefallen, dat der am lengesten geseten am gesessen am ersten gelöset werde, es sey dan das dessen, so jungster in gefengnus gerathen, qualiteten und im fechten verubete dapfferkeit dermassen bekandt sey, dass man seiner billich fuhr andern sich anzuenemmen hette, welches den zue E. E. Raths und der Verordneten zue der Admiralitet vernunftiger discretion gestalt wird.

8.

Alle und jede Persohnen, so uff itz gedachte masse redimirt und uff ihren freyen fues gestellet, sollen schuldich sein, ein gantzes Jahr fuhr die übrige Gefangene zur sehe zue fahren, dergestaldt, das die helffte ihres Verdienstes und Heure fuhr die Gefangene, die andere helffte aber zue ihrer eigenen notturft angewandt werde.

ersten gelöset werde, den anderen anhang averst können sie keines weges bewilligen, dewile groter missgebrucke darunder vorgahn, ock andere ungelegenheit, hader und twist under dem Botsvolke deswegen verorsacket werden konde, und sonsten idt billig by dehme tho lathen, wat im vofften Articul gemeldet und verordnet ist.

8.

Up den achten Articul er kleret sich de Uthschott der Botsgesellen, dat se nicht willigen können, dat de arme gefangene, wen se gelöset, ein gantz Jahr langk de halve huere siner Reisen missen und solches vor de anderen gefangenen sin scholde, dewile he ane dat arm und blodt tho huss kumpt und so vele nicht entraden kan, derwegen se den semptlich, alss baven gemeldet, 1 Schill. van jeder Marck huere gewilliget, sonsten hebben se nicht hoeger als 6 Pfg. van der Marck gahn willen.

Ausserdem fügten die Schiffer noch die Bitte hinzu, dass doch die Frauen der Gefangenen bis zu deren Lösung „aller Unpflicht möchten entfryet werden", d. h. steuerfrei sein möchten.

Schliesslich war dann folgendes das Resultat und wurde, wie bereits bemerkt, am 18. März verkündet:

Der Schiffer und des Schiffsvolks Zusteur zur Lösung der Gefangenen in Türkey.

Nachdehme von den Ober- und Alten der Schiffer-Gesellschaft, wie auch den sembtlichen Schiffern und Schiffs-Volke zur Erlösung dero Gefangenen in Türckeyen eine christliche Zusteur gewilliget, als ist selbige alhie zur Jedermannes Wissenschaft anzuehencken befohlen:

1.) Alle Schiffer, so nachm Westen zuefahren fuhrhabens, wie auch wan sie wieder anhero gelangen, sollen zur behueff dieses werckes von jeder Last 6 Pfg., ist in Alles einen Schilling lübisch, die aber so ostwerts als Hollandt, Engelandt, Frankreich, Norwegen und dero Orther gehen und kommen, halb so viel entrichten.

2.) Zum andern sollen die Schiffer bey übergebener Verzeichnus aller und jeder ihrer Schiffskinder Nahmen, wie auch was Ambt sie bedienen und was einem Jeden insonderheit zur Heure versprochen, die jenen zwar, so westwerts gehen und kommen, von jeder Marck einen Schilling lübisch, die aber so ostwerts fahren, halb so viel zue geben schuldich und selbiges Geldt ihnen, den Schiffskindern, wieder zue kürtzen bemechtiget sein.

In Urkundt haben die Verordnete zue der Admiralitet ihr gewonlich Insiegel hirunter wissentlich lassen trucken.

Actum 18. Mart. Ao. 1624.

Wie ersichtlich, unterscheidet sich dies Ergebniss sehr wesentlich von dem Entwurf; die Beisteuer der Mannschaft sollte nicht nach einem festen Ansatz erfolgen, sondern im Verhältnis zu der Heuer. Ganz besonders wichtig war der Unterschied hinsichtlich der Beitragspflicht nach Massgabe der Art der Reise. In dem Entwurf ist nicht einmal von der Westfahrt, die ja hauptsächlich, wenn nicht ausschliesslich, in Betracht kommen konnte, die Rede, hier wird nun jene den übrigen Fahrten gegenübergestellt und letztere als zu der Hälfte des Beitrages, den die Westfährt zu zahlen hat, verpflichtet.

Diese Bestimmungen vom 18. März konnten aber doch nicht ausreichend sein, sie sind wohl nur zu betrachten als eine vorläufige Vereinbarung. Am 1. November 1624 wurde eine ausführliche „Ordnung wegen der Gefangenen in Turckey" vom Rat erlassen und veröffentlicht. Diese ebenso wie die oben aufgeführten Aktenstücke bisher unbekannte Verordnung ist eine Verarbeitung des Entwurfs mit den Artikeln vom 18. März; sie lautet folgendermassen [1]):

---

[1]) Aus dem Hamb. St. Archiv, Berenb. Sammlung. Beinahe gleichlautend

Wir Bürgermeister und Rath der Stadt Hamburg urkunden und bekennen hiemit, nachdehm unterschiedliche Klagten einkommen, welchergestalt nun eine Zeit hero durch die Türkische und andere in grosser Anzahl streifende Seeräuber nicht allein den algemeinen Commerciis merklicher Abbruch und Schaden zugefüget, sondern auch über das nicht wenig Schiffer und Botsleute in Barbarien gefänglich hinweg geführet, daselbst in unerträgliche Dienstbarkeit verkauft und dermassen unbarmhertziglich und tirannisch mit ihnen umbgangen werde, dass, wofern nicht durch christliche Zusteur den andern Gefangnen einige Hoffnung ihrer Erlösung solte gemachet werden, zu befürchten stehet, sie wohl gar aus Verzweifelung von dem wahren christlichen allein sehligmachenden Glauben abfallen, zu der verfluchten Mahometanischen Gottes-Lästerung sich begeben und dadurch Leib und Seele zumahl in das ewige Verderben stürtzen möchten: als ist von uns uff vorgehabte Communication mit den Alter-Leuthen und sämbtlichen Anverwandten der Schiffer-Gesellschaft nachfolgende Ordnung beliebet, welche auch hiemit zu menniglicher Nachrichtung, jedoch mit Vorbehalt, solche nach Gelegenheit zu mindern und zu mehren, publiciret worden.

1.

Anfänglich sollen alle und jede Schiffere, so von dieser guten Stadt zur See westwerts abzusiegeln vorhaben oder von dannen wieder anhero gelangen, zur Behueff, wie obgemelt, von ihren Schiffe von jeder Last 6 Pf., dan auch ihrer Schiffskinder Heure von einer jeden Mark lüb. einen Schilling, welchen sie denselben von dero ihnen versprochenen Heure einzukürtzen und abzuziehen, einzubringen schuldig seyn

2.

Diese Gelder sollen von einem hierzu insonderheit beeidigten Schreiber in Beiseyn der Bürger u. s. w.
(wie Art. 3 in dem „Entwurf").

3.

Genau wie Art. 5 des „Entwurfs".

---

ist ein zweites Exemplar in Cl. VII. Lit Cª No. 2 vol. 3 fasc. 1; nur ist hier Art. 1 identisch mit Art. 1. des „Entwurfs."

Ordnung vom 1. November 1624. 211

4.

Genau wie Art. 6 des „Entwurfs".

5.

In Erlösung der Gefangenen soll ohne Ansehen der Persohnen, Gunst oder Freundschaft nur alleine der, so nach Beliebung dieser Collecten als den 1 April Ao. 1624[1]) und Publicirung dieses gefangen worden und am längsten gesessen, am ersten und also einer nach dem andern gelöset werden.

6.

Solte es sich auch begeben, dass uff einmahl mehr, als man Geld, dieselbe zu lösen, in Vorrath hätte, gefangen werden, soll das Geld dermassen ausgetheilet werden, dass Ein Hundert und Zwantzig Stücke von Achten uff eine Persohn geschlagen und alsdan ein unparteiisch Loss darumb gelegt werde, wer solliches Geld zu seiner Erlösung geniessen solle, welches also fortan, wann mehr Geld einkömt, mit dem übrigen auch also gehalten werde.

7.

Alle und jede Persohnen, so uff jetzt gedachte Maas redimirt und uff ihren freyen Fuss gestelt, sollen zur schuldigen Dankbahrkeit ein gantzes Jahr lang von ihrer Haur den zehnden Pfenning zu diesen Werke contribuiren.

Urkundlich haben wir Bürgermeistere und Rath obgedacht Unser Stadt Signet hierunter zu trücken befohlen. Decretum in Senatu et publicatum 1. Novemb. Ao. 1624.

Eine wesentliche Veränderung gegen den „Entwurf" und die Bestimmungen vom 18. März enthalten nur die Artikel 1, 6 und 7. Fallen gelassen ist darnach die Beitragspflicht der nach anderen Gegenden als nach dem Westen segelnden Schiffer; neu ist die im 6. Artikel beliebte Vertheilung etwaiger Ueberschüsse wie auch die im 7. Artikel verfügte Contribution des 10. Pfennigs Seitens der aus der Kasse Gelösten.

Während längerer Zeit ist diese Ordnung[2]), wie es scheint, in

---

[1]) Die Bestimmungen vom 18. März u. s. w. sind also am 1. April in Kraft getreten.

[2]) Einige Jahre später, 1629, wurde auch in Lübeck eine Sklavenkasse be-

Wirksamkeit gewesen; bei der Lückenhaftigkeit unseres Materials können wir nicht sagen, ob die Ordnung nie im Einzelnen angegriffen worden ist.

Aber verbesserungsfähig und -bedürftig war sie doch. Am 8. August 1639 berieth man in der Admiralität, „wie eine dienliche Ordnung zu liberirung der Gefangenen möge abgefasset werden." Der Zusatz, dass diese Anregung „auf Suppliciren des Schiffs-Volks" erfolgt sei, zeigt uns an, wen der Schuh drückte.

Es wurden eine ganze Reihe von Vorschlägen gemacht:

Die jenseits Ouessant segelnden Schiffer sollten von ihrer Heuer 1 β von der Mark für die Aus- und ebensoviel für die Heimreise geben; die nur bis Flandern, England, Frankreich diesseits Ouessant und in die Ostsee fahrenden Schiffer sollten je 6 Pf. für Aus- und Heimreise zahlen. Von den Kaufleuten hoffte man $1/2$ Procent Admiralitätszoll bewilligt zu erhalten; davon sollte jedem Sklaven eine Beisteuer werden. Den Bootsleuten, die ihren Beitrag nicht zahlten und in Gefangenschaft geriethen, sollte diese Beisteuer nicht zu Theil werden. Wenn die Schiffer auf der Reise neue Heuer machten, sollten sie davon ebenfalls beisteuern. Auch solle der Schiffer dem Schreiber auf dem Admiralitäts-Zoll eine Liste seiner Mannschaft mit Angabe der Heuer übergeben und von jeder Mark der letzteren 2 bezw. 1 β entrichten. Dies Geld solle in der Schiffergesellschaft in eine besondere Lade gelegt werden.

Alle Vierteljahr sollten in den Kirchen die Becken zur Aufnahme milder Gaben für die Lösung der Sklaven ausgesetzt werden. Als Lösegeld sollten aus der Boots-Leute-Kasse 150 Stück von Achten gezahlt, und aus den Beckengeldern den Unbemittelten ebensoviel, d. h. wenn es vorhanden, entrichtet werden. Wenn ein ganzes Schiff genommen werde, sollten die Leute loosen, wer zuerst gelöst wurde, u. A. mehr.

Manches in diesen Vorschlägen erinnert ja an die oben commentirten Aktenstücke. Bemerkenswerth ist namentlich, dass die Beitragspflicht nun doch wieder auf eine weitere Gruppe von Schifffahrtsrichtungen ausgedehnt wurde.

Wesentlich auf Grund dieser Vorschläge wurde dann eine

---

gründet; ihre Bestimmungen sind ähnlich wie die der Hamburgischen, weichen aber doch in manchen Punkten nicht unwesentlich ab. Vgl. über diese Kasse Wehrmann in Zeitschr. d. Ver. für Lüb. Gesch. u. Altertumskunde. Bd. 4. H. 3. S. 158 ff.

neue Sklaven-Ordnung ausgearbeitet, die, 17 Artikel umfassend, sehr ausführlich ist[1]). Sie entstammt wahrscheinlich dem Jahre 1641[2]) und ist wohl in der Hauptsache identisch mit der von Langenbeck[3]) veröffentlichten, kein Datum tragenden Ordnung.[4])

In dieser neuen Ordnung wurde zunächst das Lastgeld von 1 β für alle Schiffe auf der Fahrt jenseits, von 6 ₰ für die Fahrt diesseits Ouessant festgesetzt. Das war also eine Erweiterung der Abgabe auf Grund der Grösse der Schiffe. Aber auch die auf der Schiffsheuer ruhende Abgabe wurde verändert. Alle Steuer- und Bootsleute auf hamburgischen Schiffen sollten, wenn sie jenseits Ouessant führen, von jeder Mark lübisch 1 β hin und 1 β zurück zahlen, und binnen Ouessant jedesmal 6 ₰. Ausdrücklich befreit wurde von dieser Abgabe die Fahrt nach Weser, Ems, Waal bis zur Schelde, nach Dänemark und der Ostsee.

Damit war ein wichtiger Schritt in der Entwicklung dieser Abgabe gethan. Während einerseits die Höhe des Abzugs von der Heuer nun ebenso wie die Höhe der Lastabgabe sich nach der Frage, ob jenseits oder diesseits Ouessant, abstufte, hielt man es andrerseits für angemessen, die kleine Küstenschiffahrt nach dem Westen und Osten von der Heuerabgabe zu befreien; letztere Fahrt unterlag also nur der Lastabgabe.

Diese wichtigsten Bestimmungen der neuen Ordnung scheinen wesentlichen Widerstand bei den Interessenten nicht hervorgerufen zu haben. Am 14. Oktober 1642 sprachen sich die Kaufleute in der Admiralität sogar dahin aus, dass „die Ordnung zu loben."

Von den übrigen Artikeln sind noch folgende bemerkenswerth. Der 8. bestimmte, dass aus dem Admiralitätszoll jährlich 100 Thaler in die Kasse fliessen solle; der 9., dass die Becken alle

---

[1]) Publizirt ist sie wohl erst Ende 1642 (Admir. Prot. 1642. Nov. 4).
[2]) vgl. Supplik der Bootsleute vom 30. März 1642, wo es heisst, dass „in jungst verwichenen Zeiten E. Ehrnvester Hochw. Rath alhie mit Communication der Kaufmänner und Älterleute der Schiffer eine bestendige Schlaven-Ordnung diess ortes auffzurichten, sich löblich unterfangen und dieselbe in 17 Articuln abfassen lassen".
[3]) Anmerkungen ü. d. hamb. Schiff-u.See-Recht. 2. Aufl. (Hamb. 1740). S. 356 ff.
[4]) Jedenfalls stimmen Art. 6 und 12, auf die die Bootsgesellen sich beziehen, auch die Zahl der 17 Artikel stimmt überein. Ein Manuscript einer „Sclavenordnung vom 5. November 1647" (H. St. A., Richey) stimmt genau mit Langenbeck und ist wohl nur eine neue Redaktion der Ordnung von ca. 1641.

halbe Jahr in den Kirchen ausgesetzt, und ihr Ertrag in die Sklaven-Kasse fliessen sollte.

Eine wichtige Veränderung erhielt der 10. Artikel, nach welchem von den zusammengebrachten Geldern jedem Gefangenen zu seiner Lösung ein Betrag von nicht unter 100 Thalern gereicht werden sollte. Früher war über die Höhe der auszuzahlenden Summe überhaupt nichts verordnet. Diese 100 Thaler waren als Minimalbetrag festgesetzt; seine Erhöhung war nicht ausgeschlossen und hat oft stattgefunden. Natürlich war es, wie Art. 12 aussprach, einem Vermögenden nicht benommen, sich auf eigene Kosten loszukaufen. Ueber die Reihenfolge der Lösung bestimmte derselbe Artikel, dass der zuerst Gefangene auch zuerst befreit werden sollte, es sei denn dass Jemand sich durch eigene Mittel befreite.

Wie Art. 7 des alten Entwurfs, so setzte auch Art. 12 der neuen Ordnung fest, dass, im Fall ein Schiff von den Barbaresken genommen werde, man sich genau erkundigen solle, „wie sich ein jeder bey Defendirung gegen den Feind, wie auch sonsten in seinem Dienste jedesmahl verhalten, damit in der Wieder-Lösung man sich darnach möge zu richten haben." Es ist bezeichnend, wie oft dem Prinzip, die Tapferkeit unter der Mannschaft zu fördern, in den die Schiffahrt betreffenden Ordnungen jener Zeit Ausdruck verliehen wird; der 16. Artikel bestimmte noch besonders, dass die, welche „beweisslich sich nicht haben wehren, noch dem Schiffer oder deme, so an seine Stelle commandiret, so lange es demselbigen gut dünckt, würcklich beystehen und fechten wollen" die Beisteuer nicht erhalten, „auch ihrer Ehre verlustig seyn" sollen [1]).

Die einzige Opposition fanden die Artikel 6 und 12. Der 6. steht mit der Sklavenkasse nur in sehr losem Zusammenhang; er bestimmte nämlich, dass Strafen für gewisse Vergehen, die mit Geld zu erledigen waren und Verzug litten, nach der Heimkehr vor der Admiralität vollzogen werden sollten [2]), und die Strafgelder halb den Gefangenen und halb den Seefahrer-Armen zu Gute kommen sollten. Der Widerspruch richtete sich nun nicht gegen letztere Bestimmung, sondern gegen die Verhandlung vor der Ad-

---

[1]) vgl. auch meine Convoyschiffahrt S. 283 ff.
[2]) vgl. ebenda S. 226.

miralität[1]). Die Opposition gegen Art. 12 ist nicht ganz verständlich. Uebrigens wurde dem Einspruch keine Folge gegeben und verfügt, „dass es bey der Schlaven-Ordnung müsse verbleiben."
Sie ist dann fernerhin lange in Uebung geblieben.

Zur Ergänzung der Sklavenordnung erliess ferner der Rath am 21. September 1653 ein Mandat, durch das jeder Steuer- und Boots-Mann, er sei ein- oder ausheimisch, wenn er mit hamburgischen Schiffen fahre, zur Zahlung jener Heuergelder verpflichtet wurde[2]). Man nannte Dies: sich in die Sklaven-Kasse einschreiben lassen.

Hiergegen wurde nun, wie begreiflich, sehr oft gefehlt. Im December 1698 verfügte deshalb die Admiralität, dass, wer sich nicht einschreiben lasse, nicht über 50 Mark für die Lösung erhalten dürfe. Am 26. Januar 1702 erfolgte sogar der schärfere Beschluss, dass in solchem Falle garnichts gegeben werden sollte[3]). Wiederholt wird über Verstösse gegen diese Anordnung geklagt; doch scheint der Beschluss von 1702 nicht so streng beobachtet worden zu sein. Am 28. Oktober 1723 erklärte die Admiralität, dass sie den nicht eingeschriebenen Matrosen „nicht so reichlich, wie bisher geschehen, aus der Schlaven-Cassa reichen und mittheilen würde."

Ueberhaupt waren hinsichtlich des Zwanges zum Einschreiben die Ansichten geteilt. Die Commerzdeputirten sahen die eben erwähnte Erklärung der Admiralität sogar als „impracticable" an; es sei, so legten sie dar[4]), nicht der Wille des Ehrb. Kaufmanns, die Matrosen dazu zu zwingen, da es der ohnedies täglich abnehmenden Schiffahrt hinderlich sein würde; namentlich die fremden Matrosen, die doch nicht entbehrlich seien, würden durch jenen Zwang nur abgeschreckt oder würden höheren Sold fordern.

Bei diesem Zwiespalt der Meinungen war an energische Massregeln, um jene Anordnung durchzuführen, natürlich nicht zu denken. Die Klagen dauerten fort.

Im Jahre 1725 wurde verfügt, dass die Admiralität „zur Lösung derjenigen, welche mit garnicht armirten und zu keiner Defension eingerichteten Schiffen gingen und vom Türken gefangen würden,

---

[1]) Darauf werde ich an anderer Stelle näher eingehen.
[2]) Langenbeck S. 361 ff.
[3]) Bei Langenbeck S. 320 Irrtümlich: 1712.
[4]) 3. Novemb. 1723.

nichts hergeben würde"[1]) Es ist dies der einzige Fall, wo die Sklavenlösung mit der Montirung der Schiffe in Verbindung gebracht wird. Ob jene Anordnung sehr strenge durchgeführt worden ist, erscheint zweifelhaft. Unmontirte Schiffe kamen in jener Fahrt vor[2]).

Nur ein Plan einer gründlichen Reform der Kasse liegt vor. Im Jahre 1745 übergab Andreas Holm[3]) einen Entwurf „zur Verbesserung der hiesigen Schlaven-Cassa"; er enthält im wesentlichen folgendes:

Das allgemeine Einschreiben in die Sklavenkasse fällt weg; wer schon in der Stück — von Achten — Kasse eingeschrieben ist, hat nicht die Verpflichtung, in erstere zu steuern. Sonst sollte aber jeder Seemann jeder Rangesstufe, Hamburger oder fremder, wenn er unter hamburgischer Flagge fuhr, der Sklavenkasse seinen Beitrag leisten. Und zwar sollte dieser für die Fahrt nach der Ostsee, Schweden, Dänemark, Norwegen, Russland, Grönland, Grossbritannien, Holland, bis Ouessant je ein — und ausgehend von jeder Mark $1/4\,\beta$ sein; für die Fahrt jenseits Ouessant bis auf die Höhe von Cap Finisterre $1/2\,\beta$; und endlich für die Fahrt jenseits Cap Finisterre bis ins Mittelländische Meer einer-, die Canarischen Inseln andererseits $1\,\beta$. Auch wurde anheimgestellt, ob nicht auch die Amsterdamer und Bremer Börtfahrer, die bisher ganz frei gewesen waren, mit einer Beisteuer zu belasten wären. Überhaupt aber sollte die Abgabe von der Heuer zur Hälfte von den Rhedern und zur andern Hälfte von den Schiffsleuten getragen werden. Mit kurzen Worten lässt sich dieses Projekt folgendermassen kennzeichnen: Ausdehnung der Beitragspflicht auf die gesammte hamburgische See-Schiffahrt; grössere Abstufung der Beiträge der westlichen Fahrt; stärkere Belastung der Rheder zu Gunsten der Seeleute.

Die Admiralität trat diesem Plan in seinen Hauptzügen bei[4]). Die einzigen Interessenten, die gegen die neue Einrichtung

---

[1]) Blanck, Mandatensamml. II. 1058.

[2]) meine Convoyschiffahrt S. 153.

[3]) Er war als alter Schiffscapitän Mitglied des Convoycollegs. Der Entwurf im H. St. Arch. Auch der Schiffer Richter hat einen Entwurf übergeben (Admir. Prot. 1745. Oktob. 28); er ist nicht bei den Akten, scheint sich nicht wesentlich von dem Holm'schen unterschieden zu haben.

[4]) 1745. Okt. 28.

Einspruch erhoben, waren die Grönlandfahrer, die stets zur Stelle waren, wenn es galt, wirkliche oder vermeintliche Vorrechte zu vertheidigen. Sie wehrten sich sehr entschieden dagegen[1]), dass man ihnen die „Last" des $^1/_4$ β. aufbürden wolle; die Grönlandfahrt habe nichts mit der Türkengefahr zu thun; ihre Matrosen, die meist fremde seien, würden eine solche Auflage nicht tragen wollen; Altona werde den Vorteil davon haben, u. s. w.

Der Ehrb. Kaufmann trat diesem Protest bei und meinte, die Grönlandfahrer seien aus der Kasse auszuschliessen; im Übrigen liess er sich die Neu-Einrichtung vorläufig auf 2 Jahre gefallen.[2])

Es ist seltsam: ob sie in Kraft getreten ist, kann nicht gesagt werden. Noch am 12. Januar 1747 mahnte die Admiralität den Rat, die neue Organisation in Wirksamkeit treten zu lassen. Später wird der Sache nicht mehr Erwähnung gethan. Die Frage muss deshalb eine offene bleiben.

Nur hinsichtlich der sogenannten Einkaufsgelder wurde eine Änderung getroffen.

Über den Ursprung der Einkaufsgelder sind wir genau nicht unterrichtet. Zuerst erwähnt finde ich den Einkauf in die Kasse in den „Vier revidirte Articuli der Bootsleute—Schlaven—Gelder-Einnahm" vom 27. Januar 1679;[3]) der 3. Artikel bestimmte, dass, wenn einer, der zur Sklavenkasse gehöre, nicht binnen Jahresfrist nach seiner Heimkehr ihr seine Schuld abtrage, er nicht eher wieder angenommen werden sollte, „er habe denn zuvor seine Schuld abgetragen und über das von Neuen sich in die Cassa eingekauffet". In der Auskunft über die Sklavenkasse, die im Jahre 1736 der Rath dem schwedischen Residenten v. Strahlenheim erteilte, heisst es: jeder Schiffer, Steuermann oder Matrose, der in die Sklavenkasse eintrete, müsse beim Eintritt 12 Thaler, ein junger aber oder wer die erste Seereise mache, 4 Thaler bezahlen „als eine Premie".

Im Jahre 1748 wurde, da die Sklavenkasse sich in sehr schlechten Verhältnissen befand, beschlossen, dass nunmehr die, welche 8 Thaler für „Einschreibung" bezahlten, 500 Thaler, die

---

[1]) 2. Septemb. 1746 an die Commerzdep.
[2]) Admir. Prot. 1746. Okt. 12.
[3]) Sie enthalten nur einige weniger wichtige Bestimmungen über das Verhältniss der Mitglieder der Kasse zu derselben. Die Artikel sind nur separat gedruckt. — In den alten Sklavenordnungen findet sich über das Einkaufsgeld nichts.

aber, welche nur 7 Thaler bezahlten, weniger aus der Kasse erhalten sollten.[1]) Nach einer Aufzeichnung von 1753[2]) zahlten Schiffer und Steuermann als Einkaufssumme je Species 36 Mark, Bootsleute, Matrosen und Jungen je Species 24 Mark, „ein Bruders-Sohn von der Kasse"[3]) Species 12 Mark.

Eine Entlastung der Schiffahrtsinteressenten, eine Belastung der Admiralität bedeutete dann eine 1757 von letzterer getroffene Massregel; seitdem wurde von ihr die Hälfte der Einkaufsgelder für die ganze Mannschaft eines Schiffes übernommen.

Für ein Jahr wissen wir auch die Zahl der in der Sklaven-Kasse eingekauften oder eingetragenen Personen; im Jahre 1753 waren es 38 Personen. Es ist anzunehmen, dass früher diese Zahl sehr viel grösser gewesen ist.

Über die Verwaltung der Sklaven-Kasse können wir uns kurz fassen. Sie geschah gemeinsam von der Admiralität, den Älterleuten der Schiffer und den Bootsleuten.

Der betreffende Bootsmann, wohl meist ein Invalide, scheint eine Gratifikation von 100 Thalern dafür bezogen zu haben. Im Jahre 1653 präsentirten die Bootsleute zu diesem Amte 4 aus ihrer Mitte; die Admiralität wählte Bartold Schulte; dieser versprach, seinem Mitbewerber Joachim Martens, weil er gebrechlich war und nur eine Hand hatte, 2 Jahr lang jährlich 20 Thaler von seinem Jahr-Geld abzugeben; „und ist Bartold Schulten ausdrücklich verboten, auch von ihme angenommen, keinen Krog zu halten". Man hatte wohl schlechte Erfahrungen mit der Vereinigung dieses Amtes mit einer Gastwirthschaft gemacht.

Im Jahre 1656 übernahm der Admiralitätsschreiber die Verwaltung der Kasse. Er pflegte behufs Annahme von Geldern zweimal wöchentlich je 1 Stunde zu „sitzen".

Im Jahre 1698 erscheint zuerst ein angestellter „Schlaven-Vater"; der erste hiess Jürgen Waremund und erhielt ein Gehalt von 300 Mark. Er hatte mit den Sklavenbüchern in der Stadt herumzugehen, Rechnung zu führen u. s. w.

Später wurden ausser ihm noch nach Bedürfniss Collecteure angestellt.

---

[1]) Admir. Prot. 1748. April 23. Das Verhältniss des „Einschreibens" zum Zahlen des „Einkaufsgeldes" ist nicht ganz klar.

[2]) Hamb. St. A.

[3]) D. h. wohl der Sohn eines verstorbenen Mitgliedes (Bruders) der Kasse.

Der letzte Sklavenvater und Interessent der Kasse war Claus Gerckens, Er wird zuerst 1748 als gelöster Sklave erwähnt, wurde 1770 Sklavenvater und starb im August 1801. Schon vor seinem Tode, 1787, hatte die Admiralität sich schlüssig gemacht über die Frage, wer eventuell die Erbschaft der Kasse anzutreten habe. Es konnte kein Zweifel sein, dass sie ihr selbst zufiel; das Vermögen der Kasse betrug damals 132,500 Mark.

Damit hatte die Sklaven-Kasse aufgehört selbständig zu existieren; mit ihrem Vermögen gingen ihre Funktionen an die Admiralität über.

Über die Beckengelder ist nicht viel zu sagen. Vom Jahre 1702—28 incl. brachten sie 113845 Mark 6 β. ein, d. h. durchschnittlich 4216 Mark Später nahm dieser Ertrag immer mehr ab, obwohl durch von der Kanzel verlesene „Notifikationen" unablässig auf die Notwendigkeit dieser Beiträge hingewiesen wurde. Zum Theil wurde die Ursache dieser Abnahme darin gefunden, dass man meinte, dass diese Gelder für die Lösung von Sklaven nicht mehr angewendet würden, was allerdings richtig war, da höchst selten noch Matrosen zu Sklaven gemacht wurden. Aber die Gelder dienten zur Versicherung gegen Türkengefahr, also im Grunde demselben Zweck. Im Jahre 1780 wurde die „Notifikation" in dieser Weise verändert. Es heisst nun in dieser Kundgebung: „Diese Fürsorge, welche dem Seemanne die Freiheit, das ädelste Gut der Menschen, vor allen Zufällen befestigt, giebt Weibern, giebt Kindern oftmals ihren Ehemann, Vater und Versorger wieder, schafft Mut, befördert den Seedienst, erhält die noch blühende Schiffahrt nach der Westsee und vermehrt den Wohlstand des Kommerzii".

Auch die Collecten mit den Sklavenbüchern nahmen immer mehr ab. Im März 1761 äusserten sich die Commerzdeputierten dem Rath gegenüber: „die Schlaven-Bücher bringen wenig ein, und Deputati sähen gerne, dass E. E. Kauffmann mit dieser Betteley so viel möglich verschonet bliebe".

Die Höhe der Summen, die Sklaven aus der Sklaven-Kasse erhielten, schwankt in Gemässheit der Ansprüche, die an die Kasse gemacht wurden; diese Ansprüche wurden bedingt durch die Zahl der Sklaven und die Höhe der von den Barbaresken geforderten Preise.

Im Oktober 1653 setzte die Admiralität fest, dass Sklaven „durch die Banc" für 300 Stück von Achten[1]) gelöst werden sollten, und dass, was der eine weniger koste, dem, der theurer sei, zugelegt werden sollte; doch sollte es auf 50--100 Stück von Achten nicht ankommen. Schon am 10. Juli 1654 fand man, dass diese Berechnung zu gering gewesen, und es wurde beschlossen, eine Anzahl von Sklaven für 2—500 Stück von Achten zu lösen.

Später stiegen die Preise weiter. Im Jahre 1707 wurde der Schiffer Joh. Henr. Voss durch den englischen Konsul in Algier, Cole, für 3262 St. v. A. = rund 11600 Mark Cour.[2]) gelöst.

Im Jahre 1723 wurde das Lösegeld für 2 von Algier nach Constantinopel verschleppte Sklaven mit 2100—2200 Thaler festgesetzt.

Mitte des 18. Jahrhunderts betrug die Lösung eines Schiffers in Algier etwa 2500 Stück von Achten, wozu dann noch die Unkosten und die Wechselcoursdifferenz kam, sodass die Lösung sich auf rund 9000 Mark belief. Ein Steuermann kostete 5400 Mark, ein Matrose 2175--2900 Mark, d. h. 600--800 St. v. A.

Im Jahre 1751 wurde ein aus Schwarzburg stammender Sklave für rund 1200 Mark gelöst.

Die Unterschiede dieser Preise wurden bedingt nicht nur durch Angebot und Nachfrage, sondern natürlich auch durch die Qualität der Sklaven, ob alt, ob jung, ob Schiffer, Lootse, Handwerker u. s. w.; ferner ob er Eigenthum des Dey war oder eines Privatmannes.

Die Sklavenkasse hatte im 17. Jahrhundert als Beitrag zur Lösung bald 100, bald 150, 200 Thaler bezahlt. Letztere Summe war allmählig die übliche geworden. Im Februar 1707 wurde auf Antrag des Sklavenvaters die Summe auf 300 Thaler erhöht. Bald stieg sie auf 400; und im Jahre 1726 constatirte man bei einer

---

[1]) 1 Stück von Achten oder Peso von 8 Reales de Plata hatte 1654: 46β, 1697: 51β (Gaedechens a. a. O. S. 204), fiel aber später wieder. Um etwa 1730 wurde er in Algier bei der Berechnung des Lösegeldes mit 44 Stüver holl. Courant berechnet, d. h. 28β.

[2]) Der Peso also berechnet zu etwa $3^{1}/_{2}$ Mark, ein sehr schlechter Curs für Hamburg.

Revision der Kasse, dass jetzt meist 500 Thaler gezahlt wurden, was von der Admiralität genehmigt wurde.

Das konnte die Kasse aber nicht lange vertragen. Im Juni 1730 wurde vorgeschlagen[1]), in Zukunft zu zahlen:

1000 Mark an einen Schiffer,
800 „ „ „ Steuermann und Barbier,
700 „ „ „ Zimmermann, Segelmacher, Küper,
. Bootsmann und Constapel,
600 „ „ „ Matrosen.

Noch 1747 wurde dieses wieder beschlossen. Nach Klefeker[2]) erhielt um das Jahr 1765 ein Matrose 600 Thaler Species.

II.
Die Reklamationen fremder Regierungen und die Versicherung gegen Türkengefahr.

Die Sklavenordnung schrieb bekanntlich, wie für die heimischen, so auch die fremden Boots- und Steuerleute, die auf hamburgischen Schiffen fuhren, die Pflicht der Beisteuer zu der Kasse vor. Ohne Unterschied pflegte Hamburg alle auf hamburgischen Schiffen Gefangene zu ranzionieren, d. h. ihnen einen Beitrag zu ihrer Lösung zu geben. Ausserdem wurde die Erlaubnis erteilt, mit sogenannten Sklavenbüchern in der Stadt herumzugehen und milde Gaben zu sammeln.

In manchen Fällen wurde auch ganz fremden Leuten, die in keiner Weise in dieser Hinsicht einen Anspruch auf hamburgische Hülfe hatten, gestattet, Collecten anzustellen, um Angehörige der Sklaverei zu entziehen. Die Stadt hat wiederholt andern deutschen Regierungen erlaubt, in Hamburg für die ihrem Unterthanenverbande angehörigen Sklaven Sammlungen anzustellen. Als im December 1737 der Lübecker Rath ein solches Gesuch stellte, erlaubte der Hamburger Rath es, wies aber darauf hin, dass die Admiralität mit den „Ausgaben zur Rantzionirung der Sclaven anjetzo so sehr überhäuffet, dass sie kaum im Stande ist, zur Befreyung der hiesigen in der Barbarey geführten Stadtkinder etwas beyzutragen."

Aller dieser Aufwendungen ungeachtet kam es doch zuletzt

---

[1]) Prot. des Convoycollegs 1730. Juni 21.
[2]) Sammlung I. 16.

zu fremden Beschwerden und Reklamationen ernsterer Art. Die Stadt hätte sich um sie, wenn nur von Privatleuten ausgegangen, wahrscheinlich wenig gekümmert; aber Regierungen, auf deren Freundschaft Hamburg viel Wert legte, nahmen sich ihrer Unterthanen an.

Die schwedische Regierung war die erste, die den hamburgischen Modus des Sklavenloskaufs angriff. Im Jahre 1731 berichtete der schwedische Konsul in Algier nach Hause, dass 10—12 Sklaven schwedischer Nationalität, die auf hamburgischen Schiffen gedient hätten, teilweise seit langer Zeit, einige über 20 Jahre, in algierischer Gefangenschaft schmachteten und von Hamburg bei der Lösung stets übergangen würden. Der schwedische Minister in Hamburg, v. Strahlenheim, forderte am 31. August von dem Rat mit Berufung auf den seit „undenklichen Jahren her" bei allen „Puissancen, Republiquen und ansehnlichen Handels-Städten" üblichen Brauch die Lösung auch der schwedischen Sklaven.

Syndicus Lipstorp erwiderte hierauf am 17. September: in Hamburg sei stets nach der von Strahlenheim verlangten Weise verfahren, nie sei aber üblich gewesen und die Sklavenkasse sei auch dazu nicht im Stande, dass die ganze Ranzion für Sklaven aus öffentlichen Geldern bezahlt werde. Verhalte es sich so, wie der Konsul behaupte, so solle jenen Sklaven das Übliche aus der Sklavenkasse zu Teil werden.

Damit gab sich die schwedische Regierung aber nicht zufrieden; sie verlangte, Hamburg müsse die Sklaven ebenso ranzionieren, wie Schweden in demselben Falle thue, nämlich durch Zahlung der ganzen Summe.

Wirklich stellte es sich heraus, dass von den 9 Sklaven 1 im Jahre 1711, 2 : 1712, 2 : 1719 und je einer 1725, 26, 27, 31 in Gefangenschaft geraten waren[1]). Doch blieb im Princip der Rat trotz der schwedischen Drohungen fest; für jeden dieser Sklaven bewilligte die Admiralität die üblichen 100 Thaler.

Zwei Jahre darauf berichtete der Konsul Logie wieder über das Elend der in Algier sitzenden Sklaven. Strahlenheim erhielt Befehl, dem Rat ernsthafte Vorstellungen zu machen, und gab im September 1734 letzterem zu verstehen, „dass, widrigenfalls und

---

[1]) Im Convoyprotokoll 1741. Mai 26 wird aber auch ein hamburgischer Sklave erwähnt, der schon 23 Jahre in algierischer Gefangenschaft sass.

daferne innerhalb dieses Jahres Verlauf es mit solcher Rantzionirung zu keiner Werkstellung kommen sollte, Ihro Königl. Majestät allen dero Unterthanen verbieten werden, nicht weiter in hamburgische Dienste zu gehen".

Der Rat erklärte hierauf, dass der Steuermann schon befreit sei und auch mit den Übrigen es sich wohl ebenso verhalte, jedenfalls habe ein Jeder aus der Kasse 6—700 Mark erhalten, und die Admiralität wolle jedem noch nicht Gelösten weitere 100 Thaler geben. Strahlenheim liess aber nicht ab, wiederholte seine frühere Drohung und wollte mit jenem Geld-Anerbieten sich „der ordinairen Stadt-Verfassung ohngeachtet" nicht zufrieden geben. Erst als der Rat anordnete, dass jeder der in Algier sitzenden schwedischen Sklaven, wenn er an Christen-Seite und noch nichts erhalten habe, weitere 500 Mark haben solle, erklärte sich die schwedische Regierung für befriedigt, doch drückte Strahlenheim am 23. Mai 1735 die Hoffnung aus, „dass zu sothaner Sclaven vollkommenen Rantzion auf alle thunliche Art und Weise durch Kirchen-Collecten oder sonsten beygetragen werden möge".

Die schwedischen Reklamationen waren damit nicht zu Ende. Im Januar 1745 ersuchte der schwedische Agent König um Ranzionierung von 2 schwedischen Matrosen, die auf einem hamburgischen Schiff in die Sklaverei geraten seien. Der Rat erklärte sich zu Allem, was möglich, bereit, empfahl aber, wie früher geschehen, auch eine Kollekte in Schweden, indem die Admiralität die Lösung nicht allein übernehmen könne, zumal da diese Leute sich in die hiesige Sklavenkasse nicht einzeichnen liessen.

Nachdem König auf wiederholte ähnliche Forderungen dieselbe Antwort vom Rat erhalten hatte, drohte er im Oktober 1746 wieder mit dem oben erwähnten Verbot. Als der Rat aber dann vorstellte, dass die Admiralität zur Zeit unvermögend sei, weitere Gelder anzuschaffen, erging an König am 18. Februar 1747 ein Schreiben der schwedischen Reichskanzlei, dass S. Majestät „es dabey gnädigst beruhen lassen"; es wurde nun in Schwedisch-Pommern und Wismar für diese Sklaven gesammelt.

Eine Differenz schwebte dann noch zwischen dem Rat und dem Agenten über den Termin der Zahlung des Lösegeldes. In Hamburg galt schon seit langer Zeit die Praxis, dass die Lösungsgelder erst ausgezahlt wurden, wenn Nachricht da war, dass die Sklaven auf Christenseite angekommen waren. Das geschah in der

Erwägung, dass solche Gelder andernfalls ganz verloren wären, wenn ein oder der andere Sklave vorher starb, und dass dann Schwierigkeiten in Betreff der Sklavenbücher u. s. w. entstehen könnten. König verlangte aber sofortige Zahlung, wurde auch in dieser Forderung von der schwedischen Reichskanzlei unterstützt; letztere beauftragte am 29. April 1747 den Agenten, eventuell die mehrerwähnte Drohung abermals zu wiederholen. Darauf drückte am 1. Juni der Rat der Admiralität seine Ansicht dahin aus, „dass das gewöhnliche Quantum, welches die löbl. Admiralität zur Lösung der unter hiesiger Stadtflagge von den türckischen See-Räubern genommenen und zu Sclaven gemachten Personen auszuwerfen pfleget, sogleich ausgezahlet würde, sobald als der zu Algier seynde schwedische Consul hinlänglich attestiret, dass dieser oder jener schwedische Unterthan auf freyen Fuss gestellet worden". Und darnach scheint sich die Admiralität in der Folgezeit gerichtet zu haben.

Mit Schweden sind späterhin keine weiteren Differenzen mehr über die Ranzionierungsfrage entstanden. Die Erfahrungen, die Schweden in dieser Beziehung mit und in Hamburg machte, sind wohl nicht ohne Einfluss auf die schwedische Praxis gewesen. Am 1. Juli 1748 wurde eine königliche Verordnung[1]) erlassen, die die „Ranzion der schwedischen unter fremden Flaggen dienenden Seeleute" betraf; in dieser heisst es ausdrücklich, „dass, wann ein schwedischer Unterthan unter fremder Flagge aufgebracht und gefangen wird, derselbe es sich selbst zu danken habe, wann er sich bey der Rhederey, in deren Dienst er gebraucht wird, nicht eine freye Ranzion vorbehalten"; alle schwedischen Unterthanen wurden vor Annahme fremden Dienstes gewarnt, weil, im Fall sie dabei in Sklaverei gerieten, sie nicht ohne viele Schwierigkeit auf andere Weise könnten ranzioniert werden, als insoweit sie sich jene Ranzion vorbehalten hätten.

Das bedeutete im Wesentlichen einen Verzicht der schwedischen Regierung auf weitere Verwendung für ihre Unterthanen, soweit diesen nicht ein privater oder gesetzlich anerkannter Anspruch zur Seite stand. —

Ungefähr zu derselben Zeit, wo Schweden weitere Schritte in der Ranzionierungsfrage aufgab, rückte Dänemark in die nun frei werdende Stelle eines Beschwerdeführers.

---

[1]) Gedruckt im Hamb. Relationscourier 1748. Juli 26. No. 116.

Dänische Forderung.

Im März 1747 übergab der Gesandte, von Johnn, eine Liste von dänischen Unterthanen, die unter hamburgischer Flagge genommen waren, und beschwerte sich, dass man zwischen den Hamburgern und Dänen einen so grossen Unterschied mache, jene stets baldmöglichst löse, „um die Befreiung der Dänen aber wenig oder garnicht sich bekümmerte."[1] Der Rath wies diese Anschuldigung entschieden und mit dem Hinweis auf die allgemein bekannte Praxis zurück. Johnn antwortete mit der Erklärung, dass der König eventuell seinen Unterthanen die Fahrt auf hamburgischen Schiffen verbieten würde.

Ob erst durch diese Drohung bewogen oder durch neuerliche Erkundigung eines Bessern belehrt, kurz, der Rat eröffnete am 22. März den Commerzdeputirten: Er glaube nun auch, dass „von den hiesigen Schiffsrhedern nicht allemahl dafür gesorget werde, dass, zum Besten der mit ihren von den See-Räubern genommenen Schiffen in die Sclaverey geführten Seeleute von der dänischen oder sonst einer anderen Nation, gleichwie es für die aus Hamburg gebürtige Sclaven geschiehet, in den Häusern der hiesigen Bürger und Einwohner collectiret werde." Der Rat ermahnte den Ehrb. Kaufmann, dass die Schiffsrheder auch für ihre Matrosen fremder Nationalität Collectenbücher in der Stadt herumtragen lassen möchten, und hoffte, dass sie sich dazu um so eher verstehen würden, als der durch das angedrohte Verbot Dänemarks oder auch Schwedens zu befürchtende Schaden viel grösser sei.

Die Commerzdeputirten antworteten hierauf: hiesige Rhederei wäre stets bestrebt, auch für die fremden Matrosen in der angegebenen Art zu sorgen; wenn solche Matrosen die ihnen angebotenen Kollektenbücher ablehnten oder nicht abholten, sei das nicht Schuld der Rhederei.

Damit war vorläufig die Sache erledigt. Im Sommer des Jahres 1752 rührte sich Johnn wieder[2], und am 22. Dezember überreichte er dem Rath ein langes Promemoria.

In ihm wird der Anspruch, den früher bereits Schweden er-

---

[1] Auch der hamburgische Consul Dathe in Cadiz berichtete am 27. September 1746 nach Hamburg: Der Graf von Danneskiold-Samsoe habe bei seiner Anwesenheit in Cadix seinen Unwillen gegen Hamburg geäussert, dass es die dänischen Sklaven in der Sklaverei schmachten liesse.

[2] vgl. Buys 29. Aug. 1752; auch aus dem Johnn'schen Promemoria ergiebt sich, dass er schon kurz vor diesem Vorstellungen gemacht hat.

hoben, wieder aufgenommen, dass nämlich Hamburg die Lösung der auf hamburgischen Schiffen gefangen genommenen fremden, hier also dänischen Matrosen, voll und ganz besorgen müsse. Es sei dies „eine Pflicht, welche aller Orthen für so verbindlich und in der natürlichen Billigkeit so feste radiciret angesehen wird, dass kaum ein Exempel würde angeführet werden können, da selbige nicht auf das sorgfältigste beobachtet worden." Mit der Lösung der dänischen Sklaven verfahre Hamburg so saumselig, dass mindestens noch 20 in der Gefangenschaft seien, verschiedene schon seit 7 und mehr Jahren. Es solle das beruhen teilweise darauf, dass das Lösegeld nicht genüge, teilweise auf dem geringen Erträgniss der Privatcollecten. Der König könne aber eine solche Behandlung seiner Unterthanen nicht länger dulden und verlange die möglichst schleunige Lösung dieser Sklaven und zwar vor Ablauf des Juli 1753, „längstens ohne einige weitere Verzögerung."

Johnn begnügte sich nicht mit dieser Reklamation, sondern machte auch einen sehr beachtenswerthen, allerdings in Form einer Forderung gekleideten Vorschlag; im königlichen Auftrage verlangte er, dass dänische Matrosen und Seeleute, die auf hamburgischen nach Spanien und dem Mittelmeer gehenden Schiffen dienten, sei es nun, dass sie in Hamburg oder anderswo angenommen wurden, in Zukunft ohne Unterschied von den Rhedern versichert würden, damit, wenn sie in Gefangenschaft geriethen, ihre Lösung sofort und wenigstens binnen ½ Jahr nach hierselbst eingelaufener Nachricht beschafft werden könne und sie freie Reise in die Heimat hätten.

Die Sprache dieses Verlangens war sehr viel energischer als die der schwedischen Regierung. Namentlich kränkte es den Rat, dass ein Termin, innerhalb dessen die Forderung zu erfüllen sei, gesetzt wurde; eine solche Zumutung lehnte er ab. Doch wurde die Admiralität veranlasst, ausnahmsweise die 12 dänischen Sklaven ganz auf eigene Kosten zu lösen: Über die Sache äusserte sich der Rat in einer Darlegung[1]) an die Admiralität: es sei hart und die Stadt von Rechtswegen nicht verpflichtet, die völligen Kosten der Lösung von Leuten, „die sich wissentlich und willig in solche Gefahr begeben," zu tragen.

---

[1]) 5. Februar 1753.

Auch sei Lösung in so kurzer Frist nicht möglich. Andererseits meinte er, „die Billigkeit rede doch für diese Unglückliche, welche sich gleichwol zum Besten der Kaufmannschaft gewaget."

Ausführlicher legte der Rat den in erster Linie competenten Commerzdeputirten seine Ansicht dar[1]). Er ging vollkommen auf den dänischen Vorschlag ein. Alle Rheder, die nach Oporto und weiter „um die West" und durch die Strasse gingen, sollten ihr sämmtliches Schiffsvolk versichern lassen, und solche Schiffe keine Pässe erhalten, bevor das nicht geschehen sei. Wenn ein hamburgisches Schiff von einem fremden Hafen nach jenen Gegenden fahre, so solle der Rheder zu späterer eventueller Lösung des Volks „angestrenget" werden. Zur Erleichterung des Kaufmanns sollte die Admiralilät statt wie bisher eine bestimmte Summe dann die halbe Praemie oder, wenn das Schiff von einem der in Betracht kommenden Häfen zum anderen führe, ein Viertel derselben tragen. Zwecks Bestimmung dieses wie auch der Summe, worauf jeder Seemann zu versichern, hätten sich die Rheder an den ältesten Admiralitäts-Bürger zu wenden. Die Versicherungssumme müsse geheim gehalten werden, damit die Algierer nicht den Preis der Sklaven darnach einrichteten und vielleicht steigerten. Sollte die Forderung in Algier einmal die Versicherungssumme übersteigen, so müssten die Angehörigen das Mehr beschaffen. Auch bei denen, die nach Raubnestern gebracht werden, wo eine Lösung nicht stattfinden könne, sei doch der hiesige Assekuradeur zur Auszahlung der Gelder an die Sklavenkasse, „wenn etwa noch die Lösung gelegentlich durch die Patres misericordiae oder dergleichen[2]) geschehen könnte," verbunden; erst wenn 10 Jahre ohne Hoffnung auf Lösegeld verstrichen, werde nach der Assecuranz-Ordnung zu verfahren sein, d. h. die Assekuradeure bekamen die Summe zurück, zahlten aber an die Frau und Kinder des Sklaven 10 Procent derselben aus.[3])

---

[1]) 16. April 1753.

[2]) vgl. Bonet-Maury, Les précurseurs français du Cardinal Lavigerie. Revue des deux mondes. Tome 136. S. 899 ff. — Schon im Juni 1703 wurde im hamb. Rath auf Empfehlung des Grafen von Eck beschlossen, den Patribus S. S. Trinitatis „zu Lösung der Gefangenen Sclaven" einen Beitrag von 300 Thalern zu geben. (Admir. Prot. Juni 25).

[3]) Grasmeyer, Materialien zu einem allg. Plan für die Assekuradeurs in

Diese Neuregelung empfahl der Rat den Commerzdeputirten angelegentlichst, und machte auch noch darauf aufmerksam, dass ja in Friedenszeiten die Fahrt in jenen Gewässern unter hamburgischer Flagge nur gering sei, während bei Kriegszeiten „wegen des alsdann zu hoffenden Nutzens diese Abgabe nicht nachtheilig seyn würde".

Die Commerzdeputirten stimmten dem Vorschlag zu; die einzige Änderung, die sie anregten und vom Rath gutgeheissen wurde, war die, dass von der Admiralität die **halbe Prämie** zu zahlen sei auch bei Schiffen, die von einem jener Häfen zum andern führen.

Widerspruch erhoben nur die Oberalten; sie fanden diese Neuordnung vorteilhaft weder für das Commercium noch für die Rheder; die Seeräuber würden die Lösungspreise fortdauernd steigern, kein Kanfmann mehr in ein unsicheres Schiff laden, die Assekuradeure die Prämien erhöhen. Es gelang dem Rath, diesen Widerstand zu überwinden; im Gegenteil werde, so behauptete er, die hamburgische Schiffahrt in jenen Gewässern dadurch erhalten werden, vorzüglich im Kriege; wolle man erst Kriegszeiten abwarten und dann solche Einrichtung treffen, sei es meist zu spät. Wenn auch noch immer hamburgische Rheder ihre Schiffe in jene unsicheren Gewässer zu senden wagten, so würden doch andere noch sehr zurückgehalten. Was die Erhöhung der Prämie betraf, so wies der Rat darauf hin, dass ja auch früher schon ganze Besatzungen versichert worden seien, es auch Gelegenheit genug gebe, hier und auswärts Versicherungen zu erlangen.

Durch Notifikation vom 24. April 1754[1]) wurde die neue Ordnung eingeführt. Der Ehrb. Kaufmann hatte Alles genehmigt.

Hamburg (Hamb. 1809) S. 224, hielt später diese 10 Procent für zu wenig und schlug anstatt dessen die Hälfte der Praemie vor.

[1]) Blanck, Mandaten-Sammlung IV. 1966. vgl. auch Klefeker, Sammlung I. 17. VII. 577. Eine Instruktion zur Ausführung der in der Notifikation enthaltenen Anordnungen teilte am 25. Juni der Rath der Admiralität, am 29. den Commerzdeputirten mit. Interessant ist in dieser Instruktion namentlich die Bemerkung, dass die Rheder zu ermahnen seien, „die Assecuranz vornehmlich alhier zu suchen", im Fall sie aber fremde nähmen, sie die vorgeschriebenen Bedingungen erfüllen müssten. Im Jahre 1760 klagte ein Rheder, dass er hier die Assecuranz in Hamburg nicht bekommen könne, dass aber jene Bedingungen in Holland nicht angenommen würden.

Nach dieser Notifikation ist dann weiterhin verfahren worden. Viel Gelegenheit, sie anzuwenden, war allerdings zunächst nicht. Die Fahrt südlich von Oporto galt für äusserst gefährdet. Und wollte wirklich ein hamburgisches Schiff weiter gehen, so machte die Beschaffung der Assecuranz grosse Schwierigkeit. Als deshalb im Herbst 1755 der Rheder Martens sein Schiff nach Malaga schicken wollte, aber keinen Assecuradeur fand, der die Mannschaft weiter als nach Porto versichern wollte, billigte die Admiralität dem Rheder nur dann die Hälfte der Prämie zu, nachdem er und der Schiffer sich eidlich verpflichtet hatten, „nicht weiter als von hier nach Porto und von da wieder zurück auf hier ihr Schiff gehen zu lassen, und solches dem gesamten Schiffsvolk kund zu thun". — Im nächsten Jahre wurden mehreren Schiffen, die nach Cadix und Malaga wollten, die Prämie ausgezahlt.

Schon damals, im März 1756, liess der Rath durch fünf seiner Mitglieder die Frage erwägen, ob eine Abänderung der Verordnung empfehlenswert sei; es sollte insbesondere in Betracht gezogen werden, ob etwa die weiter als Oporto gehenden Schiffe mit Back und Schanze versehen werden müssten. Zu der Assecuranz gedachte man also auch noch die kriegerische Sicherheit hinzuzufügen. Man konnte sich aber nicht entschliessen, von der Verordnung abzugehen, vornehmlich, wie es scheint, aus folgenden Gründen:[1)]

1. Weil die Verordnung auf Dänemarks Veranlassung gemacht war.

2. Käme zur Assecuranz der Mannschaft auch noch der Zwang, die Schiffe in Vertheidigungszustand zu setzen, so werde die Kaufmannschaft zu sehr beschwert.

3. Dies und wenn man die Fahrt dahin ganz untersage, könne den Kaufmann leicht bewegen, das Convoygeld nicht mehr zu bezahlen.

4. Die Rüstung der Schiffe müsste mindestens so stark sein, dass man einen mässigen Kaper abhalten könnte, „sonst hätte sie gar keinen Nutzen, und in diesem Falle exponirt man das Leben dererjenigen, welcher Freyheit man retten will".

[1)] Nach einer Aufzeichnung, die wohl aus jenen Berathungen hervorgegangen ist (H. St. A.).

5. „Das Argument des Mitleidens ist so stark nicht, so bald man bedenkt, dass die Leute sich mit Wissen und Willen zu der gefährlichen Reise vermieten".

6. Es wäre seltsam, wollte man die bis Oporto gehenden Schiffe zwingen sich ebenso zu rüsten wie die bis Malaga gehenden; und doch sei jene erstere Fahrt nicht ohne Gefahr.

7. „Wenn Friede wird, so ist die Schiffahrt ohnehin für die Hamburger zu Ende".

8. „Steigern die Algierer den Lösungspreis, so muss die Admiralität grosse Versicherungs-Summen fordern. Alsdann wird die Schiffahrt von selbst aufhören". —

Im Jahre 1757 wurde dem Rheder Abraham Willinck die Prämie für ein Schiff vom Sund nach Lissabon und zurück gezahlt.

Als dann im Mai 1758 ein hamburgisches Schiff von algierischen Räubern unweit Lissabon genommen und die Besatzung in die Sklaverei geführt worden war,[1]) veranlasste dieser Vorfall eine Erörterung, die von Interesse ist. Die Versicherung war vorher ordnungsgemäss erfolgt; das geforderte Lösegeld aber überstieg mit sammt den Kosten die Versicherungssumme um ein Beträchtliches. Die Rheder erklärten, dass man ihnen nicht zumuthen könne, das daran fehlende aus eigenen Mitteln zuzulegen. „Diese den Rhedern auferlegte Versicherung der Seeleute ist so schon eine Last, die unsere Vorfahren in der Rhederey niemals getragen haben"; früher habe Convoy die Schiffe beschirmt, die jetzt ohne Schutz jedem Seeräuber preisgegeben seien. Die Assecuranzprämie sei gestiegen, die Versicherung der Mannschaft hinzugekommen; nun sollten sie auch zu den höhern Lösegeld beitragen u. s. w.

Die Admiralität wollte aber von einer Bestreitung des Lösegeldes aus den Convoygeldern nichts wissen, der Rath auf eine Abänderung der Verordnung von 1754 nicht eingehen; dagegen schlug er vor:[2]) es sei dem Rheder, der sich meldete, die höchste Summe, die zur Lösung der Sklaven angewandt werden müsse, zur Versicherung vorzuschreiben, ihm aber ausdrücklich zu bedeuten, dass er vorkommenden Falls die Lösung zu besorgen habe, ohne ferneres Zuthun der Admiralität; man

---

[1]) vgl. oben S. 62.
[2]) 1760. Jan. 7.

müsse „denn zusehen, ob bey der Vergrösserung der Kosten und Beschwerden in diesen Punkten die Rhederey auf die westlichen Gewässer nicht von selbst eingehe". Fast scheint es, als ob der Rath es gern gesehen hätte, wenn letzteres erfolgt wäre; man wäre dann aller Sorgen dieser Art ledig gewesen.

Die Admiralität erklärte sich bereit, auf ein Jahr es mit diesem Vorschlag zu versuchen.

Als aber im August 1760 sich vier Schiffer, die nach Oporto, Lissabon und Malaga wollten, um die Hälfte der Assekuranz-Prämie bewarben, wollte die Admiralität diese nur bewilligen, wenn die Rheder schriftlich jedem weiteren Anspruch entsagten und das etwaige Mehr der Lösungssumme aus eigenen Mitteln bestritten. Darauf wollten sich aber die Rheder nicht einlassen; auch konnte man sie dazu ebenso wenig zwingen, wie die Admiralität, mehr zu leisten, als wozu sie durch die Verordnung von 1754 verpflichtet war. Trotzdem letztere sich klar und deutlich aussprach, war die Praxis doch unsicher geworden. Es wurde von den Rhedern gradezu als ein Recht gefordert, dass die Admiralität das bezahle, was von den Algierern über die Versicherungssumme hinaus verlangt wurde[1].

Das Recht stand unzweifelhaft auf Seiten der Admiralität, und der Rat pflichtete ihr bei; er befürchtete namentlich, dass eine weitere Übertragung der Lösegeldzahlung an die Admiralität zur Folge haben werde, dass die Algierer das Lösegeld ins Unendliche steigern würden. Er sprach deshalb den Kommerzdeputierten die Erwartung aus, dass die Rheder von ihrem Anspruch ablassen würden.

Auch die Kommerzdeputierten erkannten die Berechtigung des Standpunktes der Admiralität an, hielten aber, sollte nicht die Schiffahrt nach Portugal und dem Mittelmeer ganz eingehen, die Verordnung für veränderungsbedürftig. Sie schlugen vor[2]:

Bisher bezahlte der Assekuradeur gemäss seiner Verpflichtung und dem Wortlaut der Police die gezeichnete Summe nicht eher, als bis der Sklave in einem christlichen Hafen, d. h. „an der Christen Seite" angekommen war. Den Seeräubern aber musste das Lösegeld bei der Freigebung der Sklaven ausgezahlt werden. Die Kommissionäre in Algier oder Livorno, die das Lösungsgeschäft

---

[1]) Rathsprot. 1760. Okt. 31.
[2]) 11. März 1761.

betrieben, übernahmen also das Risiko für den Fall, dass der Gelöste unterwegs starb oder das Schiff verunglückte; für dies Risiko berechneten sie 12 Prozent. Diese konnten erspart werden, wenn die Assekuradeure in der Police verpflichtet wurden, die gezeichnete Summe sogleich nach der Abreise des Sklaven aus den barbarischen Häfen zu bezahlen, die ja doch unmittelbar der Lösung zu folgen pflegte. Die Kommerzdeputierten regten eine solche Änderung in den Policen an.

Ferner schlugen sie vor, die Besorgung der Ranzionirung einer bestimmten Person in Livorno zu übertragen, die entweder als hamburgischer Konsul oder als Kommissionär der Admiralität zu fungieren habe; die Rheder sollten verpflichtet sein, sich vorkommenden Falls an diese Person zu wenden; letztere habe in Algier einen Korrespondenten zu bestellen.

Übrigens meinten die Kommerzdeputierten, dass, wenn wirklich einmal die Versicherungssumme für die Befreiung nicht ausreiche, die Admiralität wohl einen Zuschuss bis 100 Dukaten für einen Sklaven leisten könne.

Die Admiralität war mit Allem einverstanden und erbot sich „für jeden Sklaven, er möchte Schiffer, Steuermann oder sonst sein, was er wollte, zu dessen Lösung 100 Rthlr. Banco herzuschiessen".

Nun hatte aber der Rat Bedenken[1]); er genehmigte nur die von den Kommerzdeputierten vorgeschlagene Änderung der Police. Dass aber die Admiralität noch mehr als früher belastet werde, wollte der Rat aus dem schon oben angegebenen Grunde nicht zugeben. Ebensowenig billigte er den Vorschlag, das Lösungsgeschäft ausschliesslich durch eine dazu bestimmte Person betreiben zu lassen; er hielt im Gegenteil es für empfehlenswerter, wenn die Lösung „durch viele und verschiedene Canäle" erfolge, und wollte jeden Schein, als ob das Lösungsgeschäft eine öffentliche und keine private Angelegenheit sei, vermieden wissen.

So blieb es denn im Wesentlichen bei der alten Verordnung. Übrigens wurde die Kasse der Admiralität zunächst wenig für Prämienzahlungen in Anspruch genommen.

Nachdem im Jahre 1760 für 4 Schiffe die halbe Prämie bezahlt war, kam eine längere Pause; erst 1767 wurde an 2 Schiffe nach Lissabon, 1768 an 1 Schiff, 1770 an 3 Schiffe nach Lissabon, 1772

---

[1]) 15. Mai 1761.

an 3 Schiffe nach Lissabon und Oporto, 1775 an 1 nach Oporto die Prämie bezahlt.

Erst 1779 wuchs mit der zunehmenden Westfahrt die Inanspruchnahme der Admiralitätskasse. Sie zahlte halbe Prämien aus in diesem Jahre an 18 Schiffe; keines derselben ging weiter als Setubal. In Summa kosteten der Admiralität diese 18 Fahrten 3861 Mark Courant. In den folgenden, für die West- und Mittelmeerfahrt Hamburgs sehr günstigen Jahren stiegen die Ausgaben. Vom 1. April 1782 bis ult. März 1785 wurden in Hamburg für Türkengefahr 90 Schiffe versichert, wofür die Admiralität an halben Prämien 18572 Mark 9 β vergütete, von welcher Summe sie allerdings aus der Sklavenkasse 14726 Mark 11 β ersetzt bekam.

Bisher hatte hinsichtlich der Summen, die auf die einzelnen Personen der Mannschaft versichert wurden, eine feste Taxe nicht bestanden. Im Jahre 1753 hatte der Rat nur vorgeschlagen, dass die Summe „jedesmahl zwischen dem mindesten und meisten desjenigen, was bisher dafür bezahlet worden, genommen werden müsste". Im Jahre 1759 deutete die Admiralität einem Rheder „ernstlich" an, dass er die Mannschaft so hoch versichern müsse, als die Lösungskosten sich beliefen. Aber diese schwankten ja fortwährend. Als nun im letzten Jahrzehnt des Jahrhunderts, wie wir oben geschildert, die Gefahr drohte, dass die Meerenge von Gibraltar sich den Barbaresken öffnen und die atlantische Fahrt dadurch sehr unsicher werden würde, empfand man das Bedürfnis, hierin eine feste Praxis in Gestalt einer Art Taxe zu begründen. Von der Admiralität wurde deshalb vorgeschlagen, dass versichert würde:

Bco. Mark 8000 auf einen Schiffer,
„ „ 4000 „ „ Steuermann,
„ „ 3000 „ „ Zimmermann,
„ „ 2400 „ „ Bootsmann und Koch,
„ „ 2400 „ „ Matrosen,
„ „ 1600 „ „ Kochsmaat,
„ „ 1600 „ „ Jungen.

Um dieselbe Zeit machte die Ausdehnung der hamburgischen Schiffahrt auch eine Erweiterung der Versicherung notwendig. Für die Fahrt nach Nordamerika, die von der Barbareskengefahr kaum bedroht war, scheint man nie die Mannschaft gegen diese Gefahr versichert zu haben. Dagegen wurde im Jahre 1794 die Frage aufgeworfen, ob für die Fahrt nach Ostindien auf Türkengefahr versichert werden sollte. Die Frage wurde bejaht. Die ganze Fahrt nach Ostindien unter hamburgischer Flagge war etwas Neues.

Im Jahre 1801 machte der älteste Admiralitätsbürger den Vorschlag, die Admiralität möge selbst die Versicherung des Schiffsvolkes übernehmen. Dazu kam es aber nicht; es sprachen auch viele Gründe dagegen. Noch im Jahre 1806 wurde der Vorschlag entschieden bekämpft, namentlich als ein Eingriff in die Freiheit der Rheder, sich die Assekuradeure, bei denen sie versichern wollten, nach ihrem Belieben auszusuchen.

Die Versicherungsprämie war damals, 1806, auf 2—3 Procent gestiegen, während sie seit vielen Jahren nur 1 Procent betragen hatte. Die Admiralität beschloss im September ausdrücklich, die halbe Prämie weiter zu bezahlen, auch wenn die ganze 1 Procent übersteige.

In den 25 Jahren 1781—1805 verwandte die Admiralität für diese Prämienzahlungen die stattliche Summe von 270581 Mark Banco, in den Jahren 1801—5 jährlich etwa 17000 Mark Banco[1]).

Nach der französischen Zeit, um 1816, war zeitweise bei der Zunahme der Seeräuberei überhaupt keine Versicherung gegen Türkengefahr unter hamburgischer Flagge zu erhalten. Die Zahlung der halben Prämien kam ausser Gebrauch.

III.
Art und Umfang der Sklavenlösung.

Nicht immer ist die Art, wie die Lösung der Sklaven in den Raubstaaten erfolgte, dieselbe gewesen.

Anfang des 17. Jahrhunderts nahm der Rat, wie es scheint, englische Hilfe in Anspruch[2]).

Es muss kurz vor dem Jahre 1612 gewesen sein, als in Hamburg Kaufleute und Schiffer auf Mittel und Wege sannen, „solche Gefangene Personen von den Feinden Christi Namens zu erloesen"; sie traten in Verbindung mit einem Schweizer aus St. Gallen, der in Marseille eine angesehene Stellung einnahm, mit Hans Löffler. Marseille stand in engen Beziehungen zu dem gegenüber liegenden afrikanischen Festlande.

---

[1]) Senatsprot. 1816. April 5.
[2]) Voigt a. a. O.

Aber Löffler konnte nicht ohne Weiteres auf eine Unterhandlung mit den Barbaresken eingehen. Der König von Frankreich hatte seinen Unterthanen streng jeden Handels- und Geldverkehr, wie auch jede Korrespondenz mit den Raubstaaten verboten[1]). Löffler erklärte deshalb, nur dann dem Wunsche Hamburgs nachkommen zu können, wenn zuvor dieses und Lübeck oder eines von beiden bei dem König die betreffende Erlaubniss auswirke. Interessant ist es, dass dieser Briefwechsel zugleich den hamburgischen Kaufleuten Anlass bot, die Anstellung eines Konsuls, und zwar des genannten Löffler, in Marseille zu beantragen[2]).

Was schliesslich aus der ganzen Sache geworden, ist nicht klar. Später, im Jahre 1624, schloss der Rath einen förmlichen Kontrakt ab mit dem Dr. Cornelius Finckes, kgl. dänischen und fürstlich holsteinischen Rat und Resident in den Niederlanden, und dessen Stiefsohn Franz von Jperseel. Letzterer wollte Geschäfte halber nach Afrika reisen und verpflichtete sich nun, die ihm namhaft gemachten hamburgischen Sklaven daselbst zu lösen. Wechsel von jedesmal 1000 Stück von Achten sollten ihm über Livorno zugehen. Als Gegenleistung für seine Bemühungen versprach der Rat dem Jperseel jährlich 600 gute holl. Gulden, zu 20 Stübern gerechnet. Auch sollte er von jeden 100 Stück v. Achten, die er zur Lösung verwandte 4 für sich bekommen. Dieser Kontrakt sollte versuchsweise auf ein Jahr gelten[3]). Wir hören später nicht mehr davon.

Später ist die Lösung der Gefangenen vielfach durch die Vermittelung der fremden, in den Raubstaaten domizilierten Konsuln erfolgt. Um 1684 und 1685 durch den holländischen Konsul. Damals konnte der holländische Resident in Hamburg, Kuysten, dem Rat mitteilen, dass zwischen Holland und Algier Friede sei und die lübischen und hamburgischen Sklaven nun für denselben Preis gelöst werden könnten, wie die holländischen, wenn die Gelder an den dortigen Konsul übermacht würden.

Noch im 18. Jahrhundert hat der holländische Konsul vielfach die Lösung betrieben, wiederholt aber auch der englische. Im Jahre 1735 empfahl sich der schwedische Konsul in Algier für dies Geschäft; 1753 wurde dem holländischen Konsul in Algier

---

[1]) Fagniez in Revue historique XVI. 31 f. Plantet a. a. O. I. S. XXXVII.
[2]) 1612. März 28. vgl. oben S. 202.
[3]) H. St. Arch.

die Lösung aller dort befindlichen hamburgischen Sklaven übertragen; 1759 löste der dänische Konsul Ployart in Algier mehrere.

Sonst geschahen diese Geschäfte nicht selten durch Privatleute, oft Juden.

Eine Rechnung[1]) vom Jahre 1759 möchte der Mitteilung wert sein; sie folgt hier.

Nota für die hochlöbliche Admiralitaet der Kosten die zur Lösung des Sclaven Steuerman Claus Petersen bishero angewendet worden und noch folgen werden, als:

	Piaster	
An den Dey zu Algier für seine Ranzion	1200	—
Zoll von gedachter Summe 10 Pct.	120	—
An den Caffetan des Dey	15	—
Für die Ketten abzunehmen	17	—
Für die Ober-Schreiber	8	8
An die Drogman und Chaeres [2])	2	—
Thürschliesser-Lohn	7	4
Courtage 1 Pct.	12	—
An die Sbirren des Bagne	2	3
An den Steuerman für seine Ueberfahrt nach Livorno	10	—
Piaster	1393	15
An Provision zu Algier 3 Pct.	41	9
Die Schulden des Steuerman Petersen während seiner Gefangenschaft	3	—
Algierische Piaster	1438	—

Den Algiers Piastre gerechnet circa zu 2 Mark $2^{3}/_{4}$ β Banco.
= Bco Mark 3123. 3 β

Sehen wir endlich, was sich statistisch über den Umfang ergiebt, in welchem hamburgische Schiffe und ihre Bemannung den Barbaresken und ihrer Gefangenschaft anheimgefallen sind. Die Ausbeute, die unser Material bietet, ist nur gering. Es versagt völlig für das 17. und lässt auch für das 18. Jahrhundert grosse Lücken.

---

[1]) H. St. Archiv.
[2]) Scheriff?

In den Jahren 1719—47 wurden zu Algier 50 hamburgische Schiffe aufgebracht mit einer Besatzung von 633 Mann; nur von einem dieser Schiffe flüchtete die ganze Bemannung, von einem bis auf 3 Mann. Auf die 49 Schiffe verteilt sich die in die Sklaverei geführte Bemannung folgendermassen:

auf 1 Schiff: 1 Mann,
„ 2 „   : je 7 „
„ 3 „   : je 8 „
„ 2 „   : je 9 „
„ 8 „   : je 10 „
„ 5 „   : je 11 „
„ 12 „   : je 12 „
„ 3 „   : je 13 „
„ 4 „   : je 14 „
„ 2 „   : je 15 „
„ 1 „   18 „
„ 1 „   20 „
„ 1 „   21 „
„ 1 „   24 „
„ 3 „   : je 29 „

Die Kosten der Lösung dieser Leute wurden am Ende dieser Periode auf rund 1,809,200 Mark geschätzt, worin der Wert der Schiffe und Ladungen natürlich nicht enthalten ist.

Von hamburgischen Schiffen, die zwischen dem 30. September 1745 und 19. Oktober 1746 in Hamburg anmusterten, wurden nachher 16 genommen.

Wobei zu bemerken ist, dass dies die schlimmste Zeit des 18. Jahrhunderts in dieser Beziehung war.

Im Jahre 1752 waren in Algier noch 58 auf hamburgischen Schiffen genommene Sklaven[1]), davon 43 dem Dey und 15 Privatleuten gehörig; die Zahl 58 ist ferner dahin zu verstehen, dass man über die Gefangenschaft dieser in Hamburg sicher unterrichtet

---

[1]) Bei 2 ist der Heimatsort nicht angegeben; die übrigen 56 verteilen sich ihrer Heimat nach folgendermassen: 10 Hamburg, 7 Altona, 1 Glückstadt, 1 Wilster, 5 Holstein, 1 Ratzeburg, 1 Fehmarn, 1 Schwerin, 2 Mecklenburg, 2 Eutin, 1 Oldenburg, 1 Delmenhorst, 1 Greifswald, 1 Freyburg, 2 Eschwege, 1 Anhalt, 1 Sachsen, 1 Ansbach, 2 Schweiz, 1 Ameland, 1 Christiania, 1 Drontheim, 1 Drammen, 1 Arendal, 1 Norwegen, 1 Karlskron, 1 Karlshaven, 1 Norrköping, 1 Schweden, 2 Venedig, 1 Corsica, 1 St. Crux.

war; es können also noch mehr gewesen sein. Dagegen ergab eine Berechnung, die im März 1749 angestellt wurde, dass sich damals sicher 104 hamburgische Sklaven in Algier befanden, vielleicht aber noch 10—12 mehr. Im März 1753 war die Zahl der unter hamburgischer Flagge gefangen genommenen, in Algier sitzenden Sklaven 47, unter denen 12 Dänen[1]). Und im Dezember 1754 konnte festgestellt werden, dass alle in Algier befindlichen Sklaven gelöst seien[2]). Seitdem sind nicht mehr viel Hamburger in die Sklaverei geschleppt; aus dem Jahre 1765 liegt eine Äusserung vor, dass damals keine Sklaven mehr in der Gefangenschaft waren[3]).

In den später verhältnismässig ja nur seltenen Fällen, in denen Schiffe von den Barbaresken genommen wurden, erfolgte die Lösung meist ziemlich schnell.

---

[1]) Admir. Prot. März 21.
[2]) H. St. A.
[3]) Klefeker, Sammlung I. 17 f.

Zusatz zu Seite 2.

Erst während der Drucklegung dieser Schrift ist eine mir bisher entgangene Anregung zu einer friedlichen Einigung mit den Barbaresken mir bekannt geworden.

Ende Mai 1711 liess der hamburgische Rat den Kommerzdeputierten, aus deren Akten ich dies mitteile, erklären, dass er auf den Gedanken gekommen sei, ob nicht die Stadt durch englische Vermittlung einen Frieden mit den Raubstaaten erhalten könne. Die Kommerzdeputierten verhehlten ihre Bedenken nicht, rieten aber doch zu einen Versuch; und der Rat verhandelte deshalb mit dem englischen Residenten Wich. Dieser regte im Jahre 1713 persönlich in England die Sache an, starb aber gleich darauf; das Projekt verlief dann im Sande, obwohl die Kommerzdeputierten wiederholt an eine Weiterverfolgung mahnten. Sogar der Abschluss eines Vertrages mit Algier wurde erwogen. Erkundigungen, die auf privatem Wege über Holland in Algier eingezogen wurden, liessen jedoch, namentlich wegen der grossen Kosten und Unsicherheit des Vertrages, die Ausführung für unthunlich erscheinen; im Frühjahr 1715 liess man den Plan fallen.

www.ingramcontent.com/pod-product-compliance
Lightning Source LLC
Chambersburg PA
CBHW022227010526
44113CB00033B/605